京津冀皮革技术发展探析

赵国翔　王利君　著

天津出版传媒集团
天津科学技术出版社

图书在版编目（CIP）数据

京津冀皮革技术发展探析 / 赵国翔，王利君著. -- 天津 : 天津科学技术出版社，2023.7

ISBN 978-7-5742-1157-5

Ⅰ. ①京… Ⅱ. ①赵… ②王… Ⅲ. ①皮革工业－技术发展－研究－华北地区 Ⅳ. ①F426.85

中国国家版本馆CIP数据核字(2023)第083828号

京津冀皮革技术发展探析
JINGJINJIPIGEJISHUFAZHANTANXI

责任编辑：吴文博
责任印制：兰　毅

出　　版：天津出版传媒集团
　　　　　天津科学技术出版社
地　　址：天津市西康路35号
邮　　编：300051
电　　话：（022）23332377
网　　址：www.tjkjcbs.com.cn
发　　行：新华书店经销
印　　刷：张家口亚鑫彩印有限公司

开本 787×1092 1/16 印张 12.125 字数 280 000
2023年7月第1版第1次印刷
定价：70.00元

前　言

时光飞逝，不知不觉本书已至付梓之际。在本书的写作期间，得到了多方的支持和帮助，在此向支持我的家人、朋友、领导及出版社的各位老师谨表诚挚的谢意。

皮革与人类的生活息息相关，是人类生产活动的产物。人类利用兽皮的历史遥不可考，为了生存、御寒、行走、遮体，早在原始社会就学会用兽皮护体、裹足。从自然使用到自觉利用，经过了漫长的历史演进。近代以来，我国现代皮革工业开始萌芽，但动荡的时局阻滞了行业的发展。新中国成立后，京津冀地区皮革行业克服了原料皮短缺等困难，大力提倡开剥猪皮，极大地满足了军事、工业和人民生活的需要。特别是改革开放后，京津冀皮革行业抓住机遇，快速发展，成为全国公认的皮革生产、销售集散地，制革、制鞋、皮衣、皮件、毛皮及制品等主体行业的产量在全国名列前茅，皮革机械、皮革五金、皮革化工和鞋用材料等配套行业也取得了长足的进步。京津冀地区皮革行业的辉煌成就，是全行业人筚路蓝缕，长期奋斗的结果，既有科技工作者的艰苦探索，又有普通工人的无私奉献，也离不开各级领导的运筹决策，无论是知名的还是不知名的，他们在行业发展史上留下了诸多值得后人永远铭记的感人事迹。进入21世纪后，京津冀地区皮革行业发展到了转型升级的关键时期，既面临着发展机遇，也遇到了严峻挑战。两位作者从事京津冀地区皮革学术研究多年，收集了大量京津冀地区皮革行业的资料，最终编写《京津冀皮革技术发展探析》。本书回顾梳理了我国近代以前的皮革发展史，并详细描述了京津冀地区皮革行业的发展历程，总结发展的宝贵经验，以期发现并把握皮革工业的发展规律，对行业的未来发展有所裨益。全书分三个部分，第一部分为中国皮革发展史，第二部分为京津冀皮革发展史，第三部分为河北皮革特色区域研究。全书有总有分，详略相彰，从不同视角，审视行业发展的方方面面，每篇自成体系，便于读者翻阅。作为整体，篇与篇之间偶有重复，但侧重点不同，力求使内容浑然一体，而又脉络清晰。

本书共分八章，写作的具体分工如下：第一章、第二章、第三章、第四章、第五章第一节由赵国翔撰写，共计 10 万余字；第五章第二节、第三节、第四节，第六章，第七章、第八章由王利君撰写，共计 10 万字。

由于机构变迁、部分研究对象关闭或破产，历史资料匮乏，加之时间仓促、作者水平有限，书中不足之处在所难免，欢迎读者多提宝贵意见，以利不断完善。

赵国翔　王利君

2023 年 3 月 13 日

目 录

第一章　中国古代皮革史（　　-1840）

我国有着悠久的皮革历史。随着时代的发展，科技的进步和人们生活水平的不断提高，皮革业得到快速发展。在人类发展进程中，皮革史记载了我国皮革行业的古老历史，谱写了皮革业所创造的伟大奇迹。

在漫长的中国古代发展进程中，皮革在人类服装中的应用要早于棉、麻、丝等材质。在历史古籍中对皮革的应用也有所记载。如《礼记·礼运》中有“未有丝麻，衣其羽皮”；《后汉书·舆服志》有“上古穴居而野处，衣毛而冒皮”。在北京猿人文化遗址中挖掘出的旧石器中，我们发现在距今五六十万前以前人类在剥取兽皮时使用了刮削石器，并开始简单地利用动物毛皮。古代人类服饰分为首衣、上衣、下衣和足衣。其中，足衣是古代先民对鞋与袜的统称。在《韩非子·五蠹》中有“妇人不知（织），禽兽之皮足衣也。”由此可见古代人多以禽兽的皮足为衣。

古代的皮革业经历了一个漫长的历史时期，从原始社会、奴隶社会到封建社会，与人类文明史的发展有着密切的关系。

第一节 中国古代皮革的起源与兴起

一、中国古代皮革的起源

中国皮革业起源于远古时代（公元前300万—前1万年）。人类利用动物皮的历史要追溯到旧石器时代，原始人类在捕食动物过程中使用各种简单的石制工具，即“食其肉而用其皮”。但是在对使用动物皮的过程中也曾出现不同的问题，首先是湿的生皮在经过较长时间后出现腐败，其次是生皮在干燥后会出现僵硬。为了解决这些问题，人类逐渐摸索出一些规律，即用野兽的油脂或脑浆、骨髓涂抹在生皮肉上面，再经过揉搓等方法使其变软，这样穿起来就比较舒适了。后来人类在火的使用过程中发现了一些防腐方法，即用木材点燃后的烟熏生皮能够使其较好的保存。再后来人类又发现了长时间搭在树枝或木材上的湿生皮会逐渐显出颜色，于是古人便将树皮放在热水中浸泡，晾干后的生皮既没有腐烂和收缩，而且能够制成各种坚韧而柔软的工具，便用保存和使用。

皮革是人类最早的文化产业，皮革业的发展与人类进化息息相关，所以，探讨皮革业的发展过程就要从人类的进化开始。远古时代的人类生活于距今300万至1万年前，人类也经历了能人、直立人和智人三个阶段。

能人阶段（距今300万—60万年）时的原始初民是以自身体毛保持体温的。原始人类利用简单的石制工作捕获动物，并带到洞穴中，“食其肉饮其血”。这就是历史上“茹毛饮血”（连毛带血生吃捕获的动物）的能人阶段。

直立人（猿人）阶段（距今 60 万—25 万年），考古学上属于旧石器时代早期。据我国史料记载，在“食草木之实，衣禽兽之皮”的“被毛寝皮”时期，人类祖先吃的是植物果实，晚上睡觉身上盖是动物毛皮，下铺还是动物毛皮。这说明人类祖先在距今五六十万年前已经会使用刮削石器剥取兽皮了，并开始最简单地利用动物毛皮了。

在智人阶段（距今25万—1万年），人类从简单原始的对皮革的利用到真正地制作革制品，至少经历了数十万年以上。据我国史料记载，人类在进入智人阶段后已经能够人工取火和制造石器。由于智人体毛渐渐退化，为了能够适应生存环境，他们发现动物皮毛能够取暖，保护身体。《礼记·礼运》中提到“未有丝麻，衣其羽皮”；《墨子·辞过》也有“古之民，未知为衣服时，衣皮带菱”的说法。自此，人类祖先完成了从裸体到遮体的进化。

远古先民还知道用兽皮来保护脚，就是用兽皮简单地将脚裹住，可以保护足部皮肤在狩猎时及劳动中不受石块和热沙的伤害。这种裹脚动物皮，实际上是一种“兽皮袜”“脚皮”，这就是最早的“足衣”。可以说，这种“裹足兽皮”就是皮鞋的鼻祖，人类由此完成了从赤脚到裹脚的进化。

古时将服饰分为上衣、下衣、足衣。足衣是鞋和袜子的统称。鞋古称“足衣”，是人生活的必需品。可是兽皮在使用中会变得十分僵硬，简直如盔甲一般，穿起来非常不舒服；而刚刚剥下的兽皮虽然很软，但非常容易腐烂，过不了几天就烂掉了。所以，先民们就想方设法提高兽皮的可用性。当时人们发现用牙咬兽皮的皮上脂肪就能够使皮子保存时间长，而且柔软性和润滑性也较好。后来他们又发现用野兽的油脂、脑浆、骨髓涂在皮上，通过太阳光的照射（油脂在空气中氧化而产生油鞣作用），再经过揉搓，就会变得不那么硬挺了，也不容易腐烂了，原始的油鞣法就在人类祖先长期的实践和揣摩中诞生了。这种原始的处理兽皮的方法，使人类祖先能够较好地利用兽皮。后来通过兽骨制成的骨针进行缝制，围裹在身上，这也是人类最早产生的皮衣。此后，人类又用兽皮构造帐篷和“船”等，从此人类利用兽皮的范围更加宽泛了。皮革在人类服装中的应用要远远早于丝、麻、棉等。大约在公元前 5 万至前 1 万年间，在人类开始学会用火以后，偶然发现了曾皮经过烟熏后能够有效防止腐烂，这也为新式甲醛鞣法的最初萌芽。人们还发现湿生皮在经过长时间干燥后出现颜色，从中知道了部分树皮具有鞣革性。后来人们将树皮泡在热水中，再将兽皮放到泡过树皮的水中，干后的生皮不仅防腐烂收缩，而且能够长时间保存，由此也产生了后来的植物鞣法。在北京郊区周口店北京猿人文化遗址中，发现一枚刮削磨制而成的骨针，这根骨针长 8.2 厘米，针身最粗地方的直径 0.33 厘米，针眼处直径 0.31 厘米。由于人类当时还不会纺纱织布，只能用骨针来缝制兽皮。一根小而珍贵的骨针，足以说明早在 10 万年以前，人类已经开始使用兽皮了。骨针也成为皮革史发展的重要线索。在 1955 年西安出土的文物中，也发现了多枚精致的骨针和兽骨，由此说明处于母系氏族公社时代的人类祖先，已经会用兽皮缝制简单的皮革制品了。骨针的发现直接证明了人类祖先缝合兽皮的历史，从大量出土文物中可以看出，最早的缝纫线为筋纤维，即通过晾晒动物身上的筋，再用木棒捶打，进而获得动物纤维。骨针和纤维的使用，也出现了早期最简陋的鞋履。

二、中国古代皮革的兴起

制革技术进入到上古时代和中古时代，由于发汗脱毛法的发明，提高了皮革的质量，从而拓宽了皮革的用途。在黄帝时代就出现了具有严格意义上的皮鞋。兽皮是当时最主要的服饰材料。到了中古时代，灰碱法脱毛技术的发明，又进一步提高了皮革的质量。鞋子开始帮底分开，服饰纳入礼制范畴，皮革设专人管理，出现了关于皮革方面的文字。这时是我国古代皮革的兴起阶段。

（一）上古时代（原始社会）

中国制革技术到原始社会时期得到了较快发展，并开始兴起了原始的皮革业。早在公元前 10000 年 前 2500 年间，人类发明了发汗脱毛法，即湿生皮放在温暖潮湿的地方一段时间后，其毛会自动脱落。自此以后，带毛的毛皮皮革和不带毛的毛皮皮革开始共存。

相传距今约五六千年的黄帝时代，已经出现了严格意义上的皮鞋。《近代中国实业通志》有“伏羲制嫁娶以拢皮为礼。”在黄帝时代有记载：“大臣曹胡发明了上衣，伯余造了下衣，於（于）则做了鞋子。”在黄帝时代，人们穿着的也应是兽皮，因为当时还没有丝绸、布匹，说明兽皮是当时人们最主要的服装材料。就是人类发明丝绸、布匹后，皮革制品仍占重要地位，如历代皇帝最讲究的帽子，有的正是用兽皮制作的，名叫“皮弁”。在青海马家窑文化墓葬中，出土了一件陶器，足上所穿的便是最典型的古型，而马家窑文化属于新石器时代晚期文化。由此，在漫长的原始社会发展进程中，人类祖先不仅已经具备了原始制革方法，而且也掌握了皮毛制品的手工生产技术。

（二）中古时代（奴隶社会）

1. 夏商时期

到中古时代前期的夏商时，约在公元前 2200 年—前 1100 年，人类又发现了制革的石灰液脱毛法。其与发汗脱毛法原理基本相同，都是微生物酶在起作用，但石灰液脱毛法的效果更好。随后经过不断的改进，又出现了灰碱脱毛法，经过灰碱法脱毛处理后的皮革，质量又提高了一步。

在仰韶文化时期，人类所穿履并没有明显的男女差别。到殷商时期已出现了各种鞋履，并且皮、布、绵等材质十分齐全。在新疆铁板河地带古墓中发现的距今约 4000 年的女尸身穿牛皮短靴，这些靴子也是迄今留在世上最久远的皮靴，由此可见我国在古代已经有了较好的皮革和生产技术。在哈密五堡乡古墓出土的服饰丰富多彩，尤其是死者的衣着、鞋帽大多未腐烂，对研究原始社会生活提供了丰富资料。河南安阳出土的商代玉人也有履和鞋翘。从以上的考古实物可以发现，原始社会人类已经普遍掌握了基本的制鞋技巧，在帮底的选择和制作上都采用了不同的皮质。在我国的甲骨文中，“裘”字与披着皮毛的野兽形似，这也说明我国很早就开始生产毛皮，殷商时期的皮革生产技术已经有很大进步，并在当时的社会生活中占有一定地位。河南安阳出土的殷商时代戎革鼎上刻有的“革”字，很像一个披着盔甲的武士。于是人们猜想，最早使用的革一定是用于防御的皮甲。古书上记载较早的确实是皮甲，《尚书·费誓正义》引《世本》中，讲到皮甲始于夏代第六世帝杼。

河北辛集（束鹿）毛皮业历史悠久，据考证和口碑资料，始于殷商。辛集毛皮业的发祥地在回龙镇，故址在今辛集市木邱村，今尚存“回龙镇毛皮街遗址”。民间有谚语“比干制革广川郡，回龙镇上买轻裘”，反映了回龙镇远在殷商时代即有了毛皮业。由于滹沱河水患冲毁回龙镇，毛皮业逐渐北移廉官店（辛集旧称）。河北枣强裘皮业相传为商朝丞相比干在枣强大营为官时开始，他曾在大营一带射狐制裘，距今已有 3000 多年的历史，被视为毛皮业鼻相。秦始皇统一六国后，赐封枣强大营为“天下裘都”。古代文献中也有关于皮革的记载，《周礼·考工记》叙述皮革工分五部；《礼记·月令》记载，春之月（3 月）工审查五库器材的质量，其中有金、铁、皮、革、筋等物。据此，皮革形成专业工种应当始于距今 3600 年前的商代。

2. 商周时期（公元前 1600 一前 256 年）

周代时，人们的日常生活用品由官吏来管理，其中“皮”即是专门管理兽皮制品的（《中国实业通志》129 页）。我国古代的乐器“八音”即金、石、丝、竹、匏、土、革、木，其中的“革”就是指用皮制成的“鼓”，是我国古代主要的乐器之一。

周代时皮制鞋已经开始流行。在湖南长沙楚墓出土了一双距今 2000 多年的皮鞋，这也是我国现存最早的皮鞋。它的帮底使用的是简单鞣制的皮革，用皮线缝制而成。在塔里木盆地扎滚鲁克墓出土的西周革靴，全用革制成，并经过搭配缝制而成，由此也证明了当时制鞋工艺已经较高。在周代出现了一种毡靴，这是在北方地区使用的一种羊毛毡制成的长筒靴，不仅保温性强，而且穿着轻便暖和。在吐鲁番腹地苏贝希战国古墓还出土了一种独特的连腿皮靴，全靴为皮质，采用高筒形，紧紧套在毛布裤上，不仅结实耐用，还能起到防寒防水保暖的作用。

西周时统称“百工”中已有皮革工，当时皮革已用作军鞋。沈阳曾出土过周代铜泡钉靴，是我国出土的最早军鞋。沈阳还出土过一双战国铜泡钉靴，这双鞋是将铜泡钉装饰在皮靴上，是设计者从战时更高的防护要求出发构思而成。从山西侯马出土的周代跪像背面可清晰看到鞋底有整齐的一行行线迹，与今天纳的鞋底几乎完全一致。在河南汲县出土的水陆攻战铜鉴上的出现的士兵都以履为军鞋。长沙出土的武士俑和长治出土的铜武士俑，所着履饰为相同军鞋。军鞋所用材料因地而异，北方以皮为主，南方以草为主。可见当时军队上下皆以屦（草鞋）为军鞋。从服饰角度看，动物皮是最古老的衣料，在我国古籍中均有所记载。其中关于古人衣着的描述均指出早期人类穿着兽皮的主要原因是防寒护体。从中古时期伊始，裘皮不仅具有防寒保暖的功能，还是宗教、图腾崇拜、等级地位的象征。我国在封建社会确立了相应的服饰制度，裘皮也从最初的防寒保暖逐渐成为人们身份地位的象征。

商周时期人们通过熟皮的制作方法将兽皮制成了裘服，不仅穿着柔软，而且逐渐代表了不同的等级。在周代礼服制度中，根据裘服的皮质和颜色来划分等级，天子的大裘用黑羔皮制成，与冕和上衣同色。一般裘服以狐裘为最贵重，其中天子穿狐白裘，是狐中最珍贵者。狐青裘、狐黄裘为诸侯、大夫、士所穿。天子狐裘和羔裘不用袖饰，而臣下的狐裘、鹿裘都有不同兽皮做袖饰。《诗经》有“羊裘逍遥，狐裘以朝”之句。由此可见，不同的身份所穿戴的裘服是不同的，而白狐裘又是裘中最珍贵的。贵族穿裘在礼仪场合，不能用作外套穿，要罩上裼衣以增加服饰文采。庶人穿犬羊之裘不加裼。

殷商时期的贵族穿的是翘尖鞋，武士穿的是薄底翘尖皮履。商代时贵族才能够穿色彩华丽的革履，而平民则不能。商周时期的制革业和皮鞋生产已经初具规模。周代的鞋饰也被视为一种礼制。在西周时期的吏治机构中，有司裘和“掌皮”的官职，专职为王室贵族制作裘皮服。裘皮也被赋予了一定的政治意义，不同的裘皮服饰不同的阶层，用来识别不同人群的身份。此外，裘皮也被当成是送礼的贵重物品。

3. 春秋战国时期（公元前 770 一前 221 年）

《考工记》是现存最早的一部记录了皮革、皮甲、皮鼓等制造技艺的古代文献。书中不仅记述了齐国手工业各工种的设计工艺，还包括先秦时期大量的生产工艺资料和一系列的生产管理制度。《考工记》中记录的手工业分工细密，足以证明当时皮革生产较发达。在当时，皮革加工属于小手工业，皮革工同车工、陶工、冶金工、木工等一起被称为“百工”。《考工记》中不仅记载了鞣制皮革的工艺要求和检验方法，还明确提出了皮革鞣制要达到“观感洁白，手感柔滑”的工艺要求。其具体操作方法是：先刮除皮革里面的不洁物，皮革稍加洗濯，使成茶白色，并且要涂上油脂，使其柔化。《论语》中记载了“虎豹之鞟”，说明在春秋时期已经有了较成熟的脱毛制革方法。继灰碱脱毛法之后，人类发现了禽畜的粪便经温水发酵后能与生皮作用，使生皮更加柔软。但这种软化法容易损坏生皮，只有有经验的人才能掌握。后来也成为人们制造软革的关键技术，经历了一个漫长的积累过程。

公元前1100年—前800年（西周时期）人们就开始用石灰液浸渍兽皮进行脱毛，并用食盐和明矾进行鞣制，到战国时期，植鞣法就已经很普遍了。原始的植鞣法和铝鞣法把兽皮加工成革，质量有较大变化，皮革制品的质量也得到较大的提高。到春秋时期皮鞋的制作工艺已经十分成熟。在湖南长沙楚墓出土的一双春秋时期的革履，其设计工艺极具现代设计的构想，为日后中国的皮靴设计奠定了基础。与其同时出土的还有几件革制品，分别为一件革履，用现代的话来讲就是皮鞋；一件革囊，也就是相当于现代的皮包；一件叫箙，是古代武士用来盛放弓箭的皮具；还有一双距今2221—2475年的战国时代的皮鞋，是用脱了毛的皮革做成的。在新疆吐鲁番火焰山腹地的苏贝希古墓出土了大量战国时代的革制品和毛纺织品，由此可以证明战国时期游牧民族的兽皮加工和鞣制技术已相当成熟，也对研究游牧民族穿着特征具有深远意义。

战国时期是我国鞋履发展的一个重要的里程碑，即出现了靴。这也是我国古代劳动人民制革技术的体现。战国时期，战乱频繁，赵武灵王首先引进了北方民族和西域少数民族所着的胡服，战士们穿短衣、长裤、马靴，作战十分灵活。从此，皮靴不仅成为我国各朝代的军事用鞋，而且也传入民间，成为中原民族鞋饰的一部分，并沿用至今。春秋战国时期，裘皮在社会中的地位仍然很重要。《慎子·知忠》篇中有成语“集腋成裘”，意思是说：狐狸腋下的皮，虽然很小，但是把许多小块聚集起来，就能缝制成一件又轻又暖的上等皮袍。《论语》中也有“叶肥马衣轻裘”的记载。皮革常常和珍贵的珠宝归为一类，可见其贵重。战国时期，我国河北地区皮革手工业有很大发展。成书于东周时期的《禹贡》提到冀州“岛夷皮服”，“岛夷”概指东北一带的夷人，而《禹贡》又称其在冀州之境，则其似应在河北东北部一带。1974年河北平山县发现的战国时期中山王陵墓藏中，发现大批遗物，其中就有一套“皮篷”和大型帐架以及随帐应用的取暖用的用具和炊具、酒器等，说明早在2000多年前的战国时期，人们应用皮革制品已经比较广泛。

第二节 中国古代皮革的发展（下古时代封建社会）

自秦始皇统一中国以后，中国进入了漫长的封建社会（公元前221—1840年），皮革业得到长足发展。汉代创造了中国古代皮革业辉煌成就，魏晋南北朝时得到了普及和提高，到隋唐时中国古代皮革业的发展达到高峰，宋代继往开来，辽、金、西夏时期，形成民族风格，元代达到新的高度，明代呈现崭新面貌，到清代皮革业的发展达到极其繁荣昌盛的局面。这个时期是我国古代皮革及其用品广泛应用的阶段，但由于小农经济的固步自封，皮革技术一度停滞不前，在生产上仍沿用祖传方法，生产规模也没有发生根本改变，特别到封建社会后期的明、清两个朝代，中国的皮革生产技术水平远远落后于西方先进国家。

一、秦汉时期创造出我国古代皮革业的辉煌成就（前221一220年）

秦始皇建立了我国第一个中央集权的封建国家。当时的工业和商业得到蓬勃发展。秦汉时期的秦皇陵八千兵马俑、汉武帝时的染色钱币和皮影等，创造了我国古代皮革业的辉煌成就。

秦始皇建立第一个封建王朝后，创立了各种服制，在鞋履中也显现出封建的男尊女卑思想。当时男人穿方头鞋履，表尊贵；女人穿圆头鞋，表柔弱顺从。由于秦汉时期有较多的皮革资源，所以男人普遍穿生皮革鞋和熟皮韦鞋，女子多穿丝锦制成的丝履。在秦始皇陵出土的大量兵马俑中，所穿的鞋靴也依不同职业和兵种有不同样式。秦始皇陵兵马俑铠甲士兵俑所穿甲衣均有彩绘，也反映出当时娴熟的皮革染色技术。如此大规模的军鞋统一性，也有力地证明了秦代军鞋制作工艺已逐渐标准化。这些兵俑皆着方头履，方头履起源于战国，定型于素。将军和骑兵穿皮靴，沿用战国赵武灵王的军鞋，有利于骑射作战。在中国历史博物馆中有一双距今2206—1977年的西汉时期的牛皮靴。西汉时期（公元前206—25年），皮革与毛皮产业是比较发达的。毛皮也成了封建等级制度的象征。当时地处江淮二水间的安徽合肥地区曾是毛皮皮革集散地。到汉武帝时期（公元前140—前87年），皮革染色技术已经很高超。当时以白鹿皮为货币，这是一种信用货币，仅在出入朝廷的显贵人士中间发行。这种皮币染色坚牢，是我国纸币的始祖。另外，皮革匠人凭借聪明才智，以驴皮、牛皮为材料，裁成不同片形，制作出一种独特的皮影，再由皮影艺人手持拉杆舞动皮影，再配以唱调，创造出后世成为中华民族非物质文化遗产的皮影戏，揭开了皮革文化的新篇章。这一皮革文化的奇葩，在我国广大地区流传2000多年，在活跃广大人民群众的文化生活中起到不可估量的作用，至今广有流传。同一时期，在黄河中上游的甘肃、陕西、宁夏和内蒙古的河套地区出现了羊皮筏子，在湍急的黄河中，用作渡河工具，极大地方便了两岸人民，一直沿继2000多年，到现在，在兰州、西安等地还有这种羊皮筏子的使用。

在汉代，鞋靴的造型也发生了很多变化，无论是色彩和图案，还是造型，都越来越符合足部需求。汉代纺织技术的发展也促进了制鞋材料的发展。百姓以素履为鞋，多以革和葛草制作而成。新疆楼兰孤台古墓出土的革靴证明了当时发达的畜牧业和皮革业鞣制工艺的高水准。在英国人李约瑟所著《中国科学技术史》中，记录了东西方贸易的丝绸之路，由此也说明我国的毛皮出口历史悠久，在汉朝时期就已经出口了。

西汉初年，四川用皮革制造战车上的鞍、革带、佩饰以及生活用御寒衣物等，应用已相当普遍；在制盐和冶炼上用牛革制成囊，分别作为汲卤、鼓风之用。《汉书·东方朔传》记载了皇室交换礼品时的情况："西国王使至，献吉光毛裘黄色，盖神马之类用品，裘入水数日不沉，入火不焦，帝于是乃悟，厚咐使者而去，赐以牡桂、干姜等诸物，使西方国之所无者。"20世纪30年代新疆罗布淖尔古墓出土的楼兰文物中发现的靴的靴底和靴面都呈浅灰黄色，靴底长约25厘米，厚4—5毫米，靴面厚约1—5毫米。靴的底部和面部都没有脱毛，靴面的毛面在内，毛长约1厘米，靴底的毛面在外，质地较松软。从外观上看，靴底和靴面都是用同一种鞣制加工方法，很可能是以烟熏法为主，或再结合芒硝和明矾鞣法。秦汉之际，甘肃境内以游牧为生，衣戎为革的羌人就已经掌握了鞣皮技术。据《后汉书》记载，"夫余出国则尚缯绣罗袍、履革鞜"，"以皮靸（马缰绳）之历雪碛峻逐兽如驰"。其中的"革鞜""皮靸"则是较为古老的皮制履物。

汉代，处于吉林中西部地区的夫余国人就已"履革鞜"、"大人加狐狸，狖白、黑貂之裘"。《三国志》卷四《魏书》载，景元三年（262年）肃慎国遣使重泽人贡，献其国弓三十张，"长三尺五寸，苦矢长一尺八寸，石弩300枚，皮骨铁杂铠三十领，貂皮四百枚"。这是见于史籍中吉林地方关于皮革生产加工应用较早的文字记载。《三国志·魏书·乌桓传》载，肃慎国部族内部"各自畜牧治产、不相徭役"，"大人能作弓失鞍勒、锻金铁为兵器，能刺韦，作文绣，织缕毡罽"。从这些记载中可以看出，当时皮革、毛皮制作尚未走向专业化，部族内部成员大多数可自行制作弓矢鞍勒。公元225年，诸葛亮率部南征彝王孟获部，孟获部所着刀枪难人的藤甲，实物现存于成都武侯祠博物馆。所谓刀枪难入之护身藤甲，原来是用水牛皮割制成皮绳后，以专门工艺加工编织而成，轻巧而坚固。

二、魏晋南北朝时期是我国古代皮革业普及与提高的新时期（265 一 581 年）

汉代以后，经过三国鼎立、两晋王族之争，中国内部分崩离析。这个时期是我国历史上充满动荡、迁徙的时期。北部、西北部匈奴、羯、鲜卑、氐、羌族大量内迁，称为“五胡乱华”。由于战争和民族大迁徙，胡汉杂居，游牧民族文化和汉文化之间相互影响融合，衣冠鞋履也重新进行整合，促使我国古代皮革进入了一个普及与提高的新发展时期。

广东距今 3000 年前先民早就懂得用牛皮制衣、靴、帐和毯等生活用品。公元前 637 年，岭南的皮革制品就被作为礼品贡于晋国。三国至南北朝时期，广东皮革制品开始销往北方，被誉为“南货”。

三、隋唐时期我国古代皮革业发展达到高峰(581 一 907 年)

我国隋唐时期的鞋履文化啧出多元化、多轨制、多源性的繁荣景象。唐代是我国封建社会的鼎盛时期，这时的皮革业也达到了古代历史的顶峰。从整个鞋业发展历程来看，鞋业初级阶段始于隋唐时期，从家庭自制鞋逐渐向商品化市场转变。唐代在鞋履中运用了鞋号，也用“鞋”统称为足衣。

隋朝时期（581—618 年），皮靴逐渐普及，其中最早始于隋朝的六合靴较出名。六合靴在隋朝至明代期间穿用，以皮革为主。清代以后改为布靴。六合靴用六块皮缝制而成，有着东西南北天地六合之寓意。

唐朝（618—907 年）是我国封建社会中叶的鼎盛时期，民富国强，繁荣昌盛，官办和民办手工业相当发达，得到长足发展。当时家畜饲养业有很大发展，同时也促进了毛皮皮革业的发展。当时人们用毛皮做成的衣袄穿着到处可见，形象地展示了当时浪漫奢华的社会风尚。唐朝的毛皮、皮革业生产已有一定规模，北京古老的毛皮、皮革业就始于隋唐时期，制靴手工业及在当时已大量生产和使用。唐代靴制袭隋代的六合靴，唐代穿靴者较多，这与当时的社会风气有密切关系。初唐之后靴子的地位也有很大提高，不仅被钦定为宫廷官鞋，还可穿靴入殿。当时的靴子以黑色皮革为主。前唐时期多以高勒靴为主，后唐五代时期以低勒靴为流行款。时尚女子常以彩色皮革制成尖头短靴，或在上面镶嵌珠宝。唐制规定，武官必须着乌屐。“武弁穿乌皮靴，平巾帻穿乌皮靴。”将士服饰中的最大特点为大口裤，束吊腿，着战靴。唐代李贤墓画壁中武士所着团领袍均较短，故靴皆露于外。陕西博物馆所藏唐代武士石像身披两裆甲，束吊脚，着战靴，战靴一般为软靴。

唐代时东北吉林地方政权渤海国更是以貂、狐、狍、熊、虎等自然毛皮的加工为主要产业，其时，貂皮已成为进贡、商贸的大宗产品。当时，吉林地方民族的皮革制作技术有了很大的进步。皮革、皮毛制作的服装鞋帽已成为贵族和上流社会人们普遍的生活用品。

据《新唐书·渤海传》载，渤海国牲畜饲养业有极大发展，“太白之兔、扶余之鹿、鄚颉之豕、率宾之马”都负有盛名，加之境内狐、貂、狍、熊等自然毛皮资源极为丰富，为毛皮皮革加工生产提供了丰厚的原料基础。因此，畜牧业和皮革业已成为渤海国两大重要的经济产业，所生产的狐、貂、虎、熊等珍贵毛皮经常被作为贡品和外贸商品。据《新唐书·渤海传》记载，渤海国对唐朝、后梁的 133 次贡品除马匹、金银、水产外，主要是皮革和皮毛制品。渤海国出境物资绝大部分也为皮革和毛皮制品，而尤其以貂皮为大宗产品。据记载，早在我国南北朝时，渤海人的先世——勿吉人就已是男子猪犬皮裘。渤海国建国后，人们已能使用虎豹熊貂狐等动物皮制成高级的皮革制品，如皮裘、皮褥、皮靴等。一些产品还享誉日本，备受人们喜爱。20 世纪后半叶在吉林省敦化市和龙井县、集安县等地发掘和发现的渤海国及高句丽的古墓壁画中，很多人物“穿皮靴、束革带、佩革囊”，并分有褐、绿、黑、白等多种颜色。这充分证明，当时在属地居民中，穿着皮革、皮毛制作的服装鞋帽是一种时尚，在上流社会中还比较普遍。据唐杜佑所著《通典·四方乐》载，高句丽舞伎、乐工中，多有着赤、紫、乌等颜色皮靴、革带者，这就说明了当时的皮革制作技术已经达到了一定的高度，彩色皮革的生产和使用已达到非常普遍的水平。

四、宋朝时期是我国古代皮革业继往开来的时期(960 一 1279 年)

在宋朝时期，我国的科学技术相当发达，火药、指南针、印刷技术等科技在全世界处于领先地位，相关科学的发展也带动了皮革业的较快发展。

宋朝初年，为了军事需要，国家大力发展皮革业，在军器监这个部门设有大规模的制革场，当时，有一个管理皮革手工生产的“皮角场”，隶属于军器监。宋朝的鞋式初期沿袭前代制度，宋朝帝王按照规定着朝服时穿皮履。由于北方地区气候寒冷，所以允许老百姓冬季也可穿靴，但只能是生牛皮制成的简易靴，而社会下层的官妓之夫只能穿带毛的猪皮靴。宋朝武职将帅军鞋基本承袭唐制。宋时规定武将参朝谒见时须下穿大口裤，吊着软皮靴。武将出征时多服铠甲，下穿宽口战裤，束吊腿，足着战靴。女将帅也穿战靴。

南宋时期，浙江制革业已较兴盛，当时皮革制品多为军戎所用，采用手工制作烟熏皮。据《宋史》载，南宋时临安（今杭州）官府设有“皮百场”，专收皮革、筋角，以供作坊之用。浙江的毛皮硝皮南宋（1172 年）时也有记载，“湖羊兴，硝皮始之传”，至今已有 800 多年历史。

宋朝以后，大量生活在北方的游牧少数民族南迁。同时，北方的家畜和皮毛皮革手工业品被带到南方各地，促进了中原以南广大地区饲养业和皮革业的发展。著名的湖羊就是在宋朝以后饲养的。在这一时期，我国北方相继出现了契丹人建立的辽、东北女真人建立的金、西北党项人建立的西夏等强势的边疆少数民族政权。中原地区和边疆少数民族的融合促进了皮革业的发展。胡、汉交融的鞋靴流行开来，靴子由皮革和毛毡制成，花样较多。明朝宋应星著《天工开物》记载，妇女用的最早文胸，是公元940年（宋辽时期）妇女用皮革设计制作的。据说用麂皮制成的皮衣还有防防毒虫的功效。辽、金、西夏时期，燕京（今北京）传统手工业、兵器、农具、手工工具、车马挽具等产品中大量使用了皮革、毛皮。

五、元朝时期是我国古代皮革业的鼎盛时期(1206 一 1368 年)

元朝时期是我国古代皮革业发展的鼎盛时期，当时的植物鞣料鞣制皮革法已相当成熟。据《中国通史》记载，朝廷设有制革业部门，在燕京（今北京）设有供给军用的“甸皮局”。“细皮马”即毛皮皮革的加工场，通过植物鞣料鞣制皮革，熟造红甸羊皮。在成吉思汗的军队中，防御铠甲都是用坚硬的水牛皮制成，在作战中，驮运的大象身上也用坚硬的皮革进行保护。

元代军靴特点是窄口裤、长皮靴。故宫博物院收藏的元代卫士和武士俑，均为短衣长勒靴或腰系带，足着短勒靴；山西博物馆收藏的元代骑马武士俑，足着方头靴；元代水军则着窄口裤和靴。据《夷俗考》载，元朝天子冬服所用的紫貂、白狐、金棉等材质都十分珍贵。元代文武官员所着衣为窄袖、紧身，下作细褶式，脚上配穿络缝靴。元代蒙古族以靴了为主，又称为蒙古靴。蒙古靴的靴筒和靴帮相对称，靴筒与胫骨高度相同，靴帮较硬，靴底厚而硬，靴帮与靴底缝合紧密，没有褶皱。蒙古靴的设计是满足了骑马快速奔驰能够踩蹬支撑身体，并适应坚硬的轿鞍，还可以随时调整姿势。因此，蒙古靴的特点是结实耐用和不容易变形。

这一时期，元朝大都（今北京）是中国北方最发达的手工业中心城市，当时集中了主要的手工业，裘衣作为高档手工业产品逐渐由皇权贵族转向平民大众，但在原料皮品种上与富贵阶层的差异很大，华裘盛妆仍然是富贵权势的象征。东北的吉林地方民族继承了渤海国和辽国的制革技术，并融合了中原相对先进的制革技术，使当地的制革技术有了巨大的发展，皮革、皮毛的鞣制技术越来越成熟，靰鞡皮的生产、缝制技术也变得越来越完善。据《金史·乌春传》载，当地居民除了麻毛进行纺织外，还依靠毛皮加工进行纺织，“作为秋冬服饰之用，富人秋冬以貂鼠、狐貉皮或兰皮为裘，贫者秋冬亦以衣牛、马、猪、羊、犬之皮，或以獐、鹿皮为衫”。

六、明朝时期呈现我国古代皮革业的崭新面貌(1368 一 1644 年)

明朝是我国两千多年封建社会的后期王朝，明朝时期呈现出我国古代皮革的崭新面貌。

当时皮革业已相当成熟了，也呈现出皮革加工方法和皮革毛皮制品的优良用途。当时设有“皮毛细马局”专门管理皮革业（毛皮、皮革场）。

明朝是鞋履文化发展的成熟阶段，并奠定了中华鞋饰文化的基础。如今，我国各地戏剧舞台上仍以明代鞋饰作为中华传统鞋履的代表。明代对于鞋式有很严格的规定，无论官职大小，无论是在何种场合穿何种鞋式，都必须遵守服制。明代最有代表性的鞋履是军鞋，虽然它们形式多样，但是将、校、尉、士卒均等级严明：将校戍服着战靴，卫尉戍服着软靴，侍士戍服腿束行藤或绑腿并着战靴，兵卒足穿战鞋。明代还有皮靴、青布鞋、软底皮鞋等。

明朝裘皮服装已成为贵族士大夫阶层喜爱的服饰，“凡取兽皮制服，统名曰裘，贵至貂、狐，贱至羊麂，值分百等”。据宋应星的《天工开物》记载，明朝时毛皮的需求量大增，毛皮生产有了广阔的市场，毛皮成为边疆民族与外界交易的主要物资。

明朝时期，皮革业在全国发展起来。明朝初期，山东毛皮业在济宁、临清、定陶、聊城等地生产。济宁就有 4 家知名的毛皮作坊进行毛皮熟制和裘衣制作，以生产青猾皮而闻名；临清以盛产“千张袄”而闻名于世，当时有大小作坊百余家，无论大小，员工以回民为主；定陶以羊剪绒为主要产品，而后临清、定陶、聊城等地也有生产。济宁出产的青猾皮和定陶的羊剪绒等久负盛名。明朝初年的“灯鞋事件”曾经轰动一时，京城流放的皮革匠人抵达云南后，他们开始生产皮革。在万历年间，一批手工业鞋帽制成品如皇城双塔寺的李家冠帽、大栅栏的宋家鞋、东江米巷的党家靴等，成为当时的著名产品。

明代时，张家口是著名的毛皮皮革生产经营集散地，从业人员达到 12000 人之多。宣化地区有一种七星皮，是烟熏后用明矾和槐黄鞣成的，其中的槐黄是一种植物鞣料。

当时的吉林地方民族以海西女真的扈伦四部和长白山野人女真为主，已由游猎走向农耕，促使当时农业有较大发展，普遍推广应用牛耕，而所需耕牛多数是通过与辽东马市和属国朝鲜的边境贸易，以貂皮等物品交换的。据明《辽东残档》记载，万历十一年（1583 年）7 月至 9 月和万历十二年（1584 年）1 月至 3 月，在这 6 个月中海西女真（吉林地方民族）进入开源马市易货人员共计 11874 人次，卖出的货物中，除马匹、药材、皮革、木器之外，有貂皮 4774 张，狐皮 577 张，狍皮 761 张，羊皮 1743 张，还有鹿皮、水獭皮、狼皮以及其他毛皮制品。据朝鲜《李朝实录·燕山君日记》载，明万历二十三年（1595 年）“野人贵牛，两道之牛，尽于贸貂，民至有驾马而耕者”。“贸易皮物不可胜计，民持一牛换一貂皮，牛马几尽”。明《辽东残档》载有开原、广宁等马市关于当时商贸盛况的记载，“皮张山积，商贾趋之若鹜”。其时，每年北方入市的貂、鹿、狍等皮张数以万计，吉林境内的牛马等经建州（今吉林）、叶赫（今梨树）两条路径大量入市。据《束鹿县志》载："辛集一区，工厂如林，皮毛各行，每厂不下数十人，远近诸村，多依此为生活。"又载："辛集一区，素号商埠，皮毛二行，南北互易，远至数千里。"辛集在明朝时期已形成了完整的生产交易体系，成为当时的皮毛集散中心，"夜不闭城，日进斗金"是当时的写照。

明朝浙江西南一带的制革业多为小手工业作坊。弘治年间（1488—1506 年），浙江衢州贡赋便有皮 1973 张；金华有皮、棉布、麻等手工业品记载。万历年间（1573—1619 年），浙江义乌有熟皮匠二户，年产杂色皮 710 张。湖南在明朝时有制作熏烟皮、白底皮、牛片皮及马鞍、刀鞘、油鞋、木屐的手工作坊；四川的少数民族地区（今阿坝、甘孜、凉山自治州），已能用油鞣法制革；兰州当时的家庭皮革手工业作坊兴盛，主要制作衣、帽、鞋、袋、马鞍、刀鞘、水囊、牛羊皮筏子等。

明朝的制革技术仍然使用芒硝为主的硝面鞣法和古老的烟熏法。从那时起，随着封建制度的不断束缚，我国皮革加工技术的发展逐渐放缓，与西方资本主义国家之间的差距越来越大。

七、清朝时期是我国古代皮革业的繁荣时期(1616—1840 年)

清朝是我国封建社会最后一个王朝，这一时期是我国皮革业的繁荣时期，裘服的制作工艺水平达到了前所未有的水平，设计和风格丰富多彩，使用的材料也纷繁复杂，裘皮迎来了一个发展的高峰期。清朝是裘服的鼎盛时期，人们特别是贵族阶层穿戴裘服作为一种时尚，甚至皇帝也亲自发布了一项法令，京城的贵族、官员及其眷属纷纷添置裘服，刺激了皮革成衣业的快速发展。

明末清初，北京地区皮革皮毛业生产方式为家庭个体手工业或小作坊，以加工制作各种珍贵的高档细杂毛皮而见长，鞣制、染整、裁制、吊制四大工序配套完整，技术精湛，时有"北京裘皮甲天下"之美称。满族因出身寒冷之地的原因，对裘皮服饰异常喜爱，并用裘皮的种类、部位、皮毛用料多少以及所配丝绸的种类、色彩等区分皇家、公侯贵族的不同等级。按照清朝的典章制度具体规定，紫貂是皇帝的专用品，其余人非赐不得用，皇后、亲王和贝勒等贵族只能用熏貂。这一时期最为流行的裘服是"出锋裘"。曹雪芹所著《红楼梦》中就大量记载或描述了眷属们裘服的穿着。例如，王熙凤"家常穿着紫貂昭君裙"，"石青刻丝灰鼠披风，大红洋绉面银鼠皮裙"；史湘云"大毛黑灰鼠里子，里外发烧大褂子，头上戴着一顶挖云鹅黄片金里子大红猩猩毡昭君套，又围着大貂鼠风领"，里面还"穿着一件半新的靠色三厢领袖秋香色盘金五色绣龙窄褙小袖掩银鼠短袄，里面短短的一件水红妆缎狐肷褶子，腰里紧紧束着一条蝴蝶结子长穗五色宫绦，脚下也穿着鹿皮小靴”。史湘云的装束里里外外、上上下下都是裘皮或皮革。类似的描述还有许多，虽然是小说中的描写，有虚构的成分，但生活在清朝的作者能如此描写也反映了时人对裘皮的推崇。

清朝早中期，北京皇城皮革业已形成较大的行业，现在的吉林、天津、辽宁、山东、河北、山西、四川、湖北等地在当时也都是主要产区。山西的大同、交城地区当时皮革毛皮业进入兴盛时期，据交城县挂山天宇寺 1674 年《古罕碑记》记载，当时交城滩皮作坊分布于巷，制作的滩皮名扬中外，远销日本、欧美等国家和地区。

清初，由于朝廷对东边外实行封禁政策，只允许打牲总管这类的皇庄在龙兴之地捕猎。清顺治四年（1647 年），吉林贡交貂、狐、獭皮 840 张。此后，由于皇族及贵族对精细毛皮的需求，规定每丁岁征貂皮十五张，定制每丁岁输一貂于官，此后吉林每年入贡貂皮 6 万余张。康熙二十一年（1682 年），玄烨帝东巡入吉，高士其纂写的《扈从东巡录乌喇鸡陵》有载，“鸡陵人夏取珠，秋取参，冬取貂皮，其食甚鄙陋。其衣富者不过羔裘锦绦细布，贫者唯粗布及猫、犬、鹿、牛、羊之间，间有以大鱼皮为衣者”。到乾嘉年间，随着封禁逐步解除，毛皮加工业迅速兴旺起来。当时吉林将军所辖宁古塔（今黑龙江宁安）、三姓（今黑龙江依兰）、吉林及奉天将军管辖的泰宁（今吉林省洮南）成为北路皮重要的集散中心，每年贡貂之余，皆奉行以毛皮交易为主的楚勒罕盟会。吉林兽皮向外输送经海参崴者为多，有貂、狐、羊、狗、水獭、猞猁、豹、虎等皮，不仅质量上乘，价格也较高。

从明末清初开始，张家口的商号著名的有 8 家，嘉庆二十四年（1819 年）时增加到 230 多家。当时张家口主要以制作和经营中式皮衣为主，称为“北帮”；以山西人为主的称为“西帮”；以；以京、津和山东人主要制作女式裘皮大衣的称为“京帮”；以江苏镇江、扬州皮毛业为主的称为“镇扬帮”。

清中、晚期，山东、直隶两地闯关东的百姓开始流入吉林，吉林地方人烟日渐稠密，到道光二十年（1840 年），总计人口已达 32.4 万人。乾隆年间，吉林城已成为东北地区“北路皮”主要集散地，当时吉林城“靴、皮、铁、木”四大行业中皮革加工业独占两个行业。城内红、白皮制革业非常兴盛，城内最大的靰鞡铺“德成号”年生产靰鞡 4 万双。

清初，马皮革皮弦、皮绳及生产技术从陕西传入成都。到清朝中叶，成都、达县等地，皮革手工业商品生产逐渐形成规模，并扩展到射洪、遂宁、绵阳、雅安、西昌等地，光绪年以后，又扩展到江油、彰明、南充、新都、灌县、崇庆、内江、威远、泸州、自贡、万县、涪陵等地，各地都有一两家季节性个体作坊。清中、晚期，山东、直隶两地闯关东的百姓开始流入吉林，吉林地方人烟日渐稠密，到道光二十年（1840 年），总计人口已达 32.4 万人。乾嘉年间，吉林城已成为东北地区“北路皮”主要集散地，当时吉林城“靴、皮、铁、木”四大行业中皮革加工业独占两个行业。城内红、白皮制革业非常兴盛，城内最大的靰鞡铺“德成号”年生产靰鞡 4 万双。

随着蒙汉贸易的日益频繁，陕西的手工业产品畅销。当时的皮革业包括靴鞋业、马鞍业及皮绳业等，皮革制品中的蒙古靴鞋、车马挽具等更属俏货。其时，榆林等地的油脂鞣制皮革已相当盛行。甘肃毛皮制裘兴盛于明末清初。甘肃少数民族中回族、藏族、东乡族、裕固族、蒙古族、哈萨克族等素有手工熟皮和捻毛为线的传统，后来发展成为居民的家庭手工业。到清朝末年，天水地区张家川县已成为驰名西北地区的皮毛集散地。据乾隆二十五年（1760 年）汪绎辰的《银川小志》中记载，“宁夏各州，俱产羊皮，灵州出长毛麦穗，狐皮亦随处多产”，说明当时宁夏毛皮业也已经相当发达。

第二章　中国近代皮革工业史(1841 一 1949 年)

鸦片战争敲开了清朝王朝闭关自守的大门。受西方先进思想的影响，国人意识到，如果国家贫穷就会受欺负，所以开始学习西方走富国道路。他们开洋学堂，建立洋工厂，造洋枪洋炮，掀起了轰轰烈烈的洋务运动。这时，我国民族皮革工业开始蓬勃发展。到民国时期，中国沦为半殖民地半封建国家，皮革工业也受到严重破坏。在抗日战争期间，敌人占领地区的皮革企业或毁于战火，或落入敌手。直到抗日战争胜利后，皮革工业才得以复苏。然而，在国民党发动内战影响下，一些大型皮革厂相继倒闭，中小作坊也难以维持，中国的皮革业再次萎缩。

第一节 中国近代皮革工业的萌芽与兴起

一、中国近代皮革工业的萌芽(1841—1912 年)

（一）概况

1840 年鸦片战争之后，西方的现代皮革鞣制技术开始传入我国，中国近代民族皮革工业开始萌芽，出现了一批近代制革厂。1898 年，天津北洋硝皮厂成立，这是我国第一家近代制革厂。该厂是最早采用现代鞣革技术和机器设备的制革厂，当时采用的都是 19 世纪末期欧洲最先进的制革工艺和化工材料。

我国近代民族皮鞋业始于 19 世纪。由于我国的传统手工制鞋业受到西方的冲击，无论是技术、工艺还是材料都相差较大，因此中国皮鞋制造业也进入了一个新的历史时期。19 世纪 30 年代，上海人沈炳根制成了我国第一双近代皮鞋，并于 1876 年在上海开设了我国第一家皮鞋厂。1919 年，开在上海广东路的北京皮鞋厂首次实现了机器制造皮鞋。到抗战初期，上海已拥有 200 多家皮鞋厂，抗战胜利后达到 800 多家。

我国近代制鞋业体现了两个特征，首先是鞋业的发展充满了战争色彩，中国鞋履市场曾先后被抢占。其次是鞋业经历了两次技术革命。从 19 世纪 60 年代工业缝纫机问世到 20 世纪 40 年代出现制鞋胶粘工艺，此后我国的传统鞋业也从个体手工制作向机械化批量生产转变。

（二）晚清时期皮革工业状况

19 世纪 30 年代，我国皮革工业已遍及全国各地，并形成了若干个集中产区，主要集中在今天的上海、北京、天津、河北、辽宁、吉林、山西、山东、湖北等地。上海是我国近代皮革工业的发祥地，北京皇城有“裘皮甲天下”之美称，天津建有我国近代最早的制革厂，张家口有“北方皮都”之美誉，奉天细皮刀法闻名天下。

到19世纪50年代，已初步形成了上海制革和皮革制品行业。当时上海沿旧城河、西门和斜桥一带，生产栲皮及箱子皮的作坊数不胜数，其中不乏规模相关的作坊，并于1861年设厂生产中式衣箱。清光绪元年（1875年），浙江海盐人朱鸿元在南市小东门内东街176号开设朱合盛皮箱号，生产皮箱、皮包等产品。上海鞋楦生产最早始于前清，开始时生产不分左右脚的直脚型鞋楦，王生堂是现代弯脚型鞋楦、鞋跟的生产创始人，1875年他根据外国皮鞋制作出第一双弯脚型鞋楦。1890年上海人顾氏开设了第一家周记硝皮工场，后于1910年改建成华益硝皮厂，开始生产重革。1917年章仲文首创协兴皮草运动器具厂，主要生产三大球类产品，兼生产足球门将手套、拳击手套等运动杂件。19世纪70年代，外国商人在沪陆续兴办机制皮革工场；清光绪四年（1878年），英商全美洋行开设了上海熟皮公司；清光绪三十年（1904年），英商上海机器硝皮厂和日商江南制革公司相继开业。20世纪初，外商皮革厂的皮革产量约占上海总产量的50%以上。

清末民初，河北辛集皮店街有皮店400多家、皮庄70多家。1901年，皮货已经销往东京、大阪等地。同年，在辛集收购皮毛的外国洋行达到24家。辛集也汇集了大批国内外前来从事交易的人员，平均每日达上万人，民国时被誉为“河北第一集”。

张家口地区的阳原东靠京津、西联晋蒙，素有“皮毛之乡”之称，毛皮加工历史悠久，工艺领先。明清时期“毛毛匠”技艺闻名于世。早在明代隆庆年间阳原就已是全国有名的皮毛集散地，发达的皮毛加工业，产品供不应求。这一时期，作坊的制品主要是供应蒙古牧民所需的皮货。后来从最初的供蒙古牧民到销往上海和天津。光绪十九年（1893年）后销路逐渐扩展，皮毛行由原来不满10家增加到20多家，1915年时增加到50多家。

道光年间(1821—1850年)，河北蠡县大百尺、留史一带的毛皮店越办越多，经营规模亦越来越大，生产经营者不断扩大再生产。宣统三年（1911年），大百尺、留史一带已有“万通”、“泰昌”、“仁和”、“源昌”、“瑞盛”、“义兴”、“德源”、“泰和”、“玉泰”、“聚兴”、“丰泰”、“万兴”、“万隆”等13家大皮店。

这个时期，辽宁皮革业也比较兴旺，当时以农用马具的需求最多，城镇已开始有皮庄、鞋帽庄和作坊等。盛京（今沈阳）当时商贾行市异常活跃，旧城一些胡同周围行市林立。在八王寺附近曾有一条远近闻名的臭皮行胡同，那里大多数是加工熟皮子和做皮活的。昔日城内没有下水设施，据传说城里有“七十二条地煞”，所谓“地煞”就是当时排污水的通道。其中有一条较大通道正好在这条胡同里，因为熟皮子都得用水沤，所以当时熟皮子的店铺都用这个“地煞”的脏水沤皮子。胡同内平时污水横流，到了夏季更是奇臭无比，故叫“臭皮行胡同”。

道光年间（1821—1850 年），浙江衢州首家皮箱作坊王万泰开业；光绪元年（1875 年）杭州沈德顺皮场创建，同时温州的皮革制品生产也逐渐兴起。当时皮革多为军戎所用，采用手工制作烟熏皮、钉靴、油靴等；制革采用原始的烟熏和传统植物鞣制。浙江较早生产的皮鞋为清末杭州太旭皮鞋店的手工钳帮、针线缝绱西式皮鞋。20 世纪 20 年代末，西方制革技术传入浙江，逐渐推行了新式鞣法，并开始采用进口栲胶为鞣料。

1910 年，盛京（今沈阳）有皮革作坊共 236 家，多集中于小北门、大北街一带，其中硝房 55 间、白皮行 7 家、染皮铺 4 家、黑绿皮行 31 家、细皮房 13 家、靴鞋铺 38 家、靰鞡铺 33 家、毯毡铺 8 家、鞍韂铺 21 家、鞭杆铺 12 家、套包铺 8 家、皮胶房 6 家。这些手工作坊虽然设备简陋、生产工艺落后，但表明当时盛京（今沈阳）的制革、皮鞋、皮件和毛皮生产已经初具规模。光绪十一年（1885 年）至宣统三年（1911 年），在盛京（今沈阳）较大的皮革场就有 5 家，其中庆祥店成立于光绪三十年（1904 年）；奉天硝皮厂成立于宣统二年（1910 年）；永和皮店成立于宣统三年。这时的制作方法主要有烟熏法、硝皮法、张干法。当时位于盛京（今沈阳）城内的“内金生”鞋店，前店后厂，生意兴隆，一直颇有名气。

清代中期后，山东的毛皮业也进入兴旺发展时期。据《海关中外贸易年刊》载清同治十三年（1874 年）、光绪十年（1884 年），烟台海关向中国香港出口各类皮张，亦从国外引进皮货。随后，青岛、威海、龙口等港也陆续与各国开展皮货进出口贸易，来往的国家有新加坡、印度、埃及、英国、瑞典、芬兰、德国、日本、加拿大等。当时济宁有较大毛皮作坊 20 余处，季节性小作坊 100 余家，从业人员 2000 多人，年产各种皮货 30 多万件。据《济南市二轻工业志》记载：始于清朝末期，起源较早的是德州市崔中立开办的“中立斋”鞋店（1873 年），济南“大同”号鞋店（1907 年）次之。

清代晚期，吉林皮件制品开始形成规模生产，吉林将军署为加强对皮革业的管理，曾设置近代吉林皮革工业唯一的官方管理衙门—皮硝局，以监控制革药料的经营。清光绪二十年（1894 年）岳清山在吉林城河南街开设“永巨斋”，以“直针散楦”工艺制作西式皮鞋，开吉林省近代制鞋业之先河。到光绪三十三年（1907 年）吉林城内有靰鞡铺 46 户，从业人员 363 人；皮靴铺 94 户，从业人员 645 人；鞋铺 85 户，从业人员 727 人；鞍韂铺 16 户，从业人员 159 人。宣统元年（1609 年），吉林有制革、靴鞋、靰鞡、马具等专业店铺 238 户，从业人员 1992 人。

清末，成都的皮革手工业生产也已经相当繁荣，并成立了皮革帮会，称之为“皮行”，分广帮（湖南、湖北）、秦帮（陕西）、四川帮等。生产火鳅皮、箱皮、皮胶的作坊共有 100 余户。有的作坊多者达 20 余人，多数是一两个人。四川通省劝工局于 1903 年内附设制革厂，为四川新军生产装备。因规模较小，于 1905 年和 1909 年两次共拨款 22 万两白银，在成都东门外建厂、扩厂，名为“四川制革公司”，后又改为“四川省制革厂”“四川实业制革厂”。制革厂聘请日本技师，购买了日本机器、工具、材料，制革工人达 1000 余名，花色品种达 100 余个，成为四川第一个机械制革厂。

19 世纪中叶，湖北汉口、沙市、宜昌相继开埠后，300 余家牛皮山货行和商号聚集汉口，汉口遂成为全国皮张、毛皮最大的集散地之一，一部分皮张和毛皮销往国外，一部分留在本地加工。在交往中，欧美铬鞣制革和制鞋新技术陆续传入汉口，刺激了当地皮革业的发展。除汉口、武昌外，沙市、襄樊、宜都等地也先后出现了皮革作坊。湖广总督张之洞于 1902 年在武昌筹办南湖皮革厂，开始采用铬鞣制革。1907 年开办的武昌善技场、湖北陆军工作场及汉口劝工院均生产皮靴、皮鞋，随后新法制革和制革作坊纷纷兴起。光绪三十二年（1906 年），浙江宁波籍人方液仙创办龙华制革厂，是中国民族资本创办采用近代工艺生产熟革的第一家。宣统二年（1910 年）又有 8 家制革场先后开业。制革业的发展，带动了皮革制品业的发展。1888 年，新疆大牧主玉山巴依在伊犁建立了一个制革手工业作坊，不仅开创了新疆制革业的先河，也成为当时新疆极少数的地方民族企业之一。

二、中国近代皮革工业的兴起(1913—1937 年)

（一）概况

自 1915 年以来，由于第一次世界大战的爆发，帝国主义国家一直忙于战争，我国的皮革工业一直在发展，皮革工业再次活跃起来。当时，上海一地皮革厂猛增至 100 余家，但其中还不到十分之一的拥有机器和动力生产的厂家。从那时起，国内皮革的需求日益增加，大多数城市都设有皮革厂。在此期间，我国近代制革前辈们在科研方面取得巨大成就，出现了一批优秀著作，如《制革学》《植物鞣料与盐酸—乳酪素溶液沉淀的定量成分研究》等，他们在制革领域都取得了辉煌成就。

民国初年，遍及全国的制革工厂中，不但农村的硝皮作坊是手工生产，即使在大城市的所谓新法制革工厂，也仍然是手工生产居多数，虽然数量上超过外资，但是规模较小，设备简陋，机器制革厂集中在几个大城市，在产品的质量和实力上均无法与外商抗衡（何露《中国古代皮革及制品历史沿革》）。据统计，1933 年的全国皮革工业总产值中，手工业产值就占 73.8%（不包括农村硝皮坊），直至 1949 年这一情况并未有任何改变。1931 年（九一八事变）以后，日本帝国主义首先侵占了我国东北，后又占领了华北等大片土地。日本帝国主义入侵后就大肆进行掠夺，日资随之而入，民族皮革业遭遇了空前的排挤和打击，逐步衰落。至 1937 年“七七事变”抗日战争前夕，全国大约只有 30 余个机器制革厂和十多个皮鞋工厂，但皮革工业基础整体仍较弱。

（二）民国初期皮革工业的特点

1. 皮革工业的分布

民国时期，全国各地相继兴建一些皮革厂（作坊）、毛皮作坊和皮件作坊。例如，1898 年吴懋鼎在天津创办我国近代第一个皮革厂——北洋硝皮厂；1913 年浙江人李荣高在上海创办国内第一个球厂——李高记皮球厂；同年，四川督军胡景伊拨款 40 万元，从四川实业制革厂调去部分老技术工人，聘请日本技师，进口日本设备，建立了更大规模的陆军制革厂；1919 年，山东省第一个新式制革厂——济南胶东制革厂成立；1920 年军阀张作霖在奉天北关创办制革厂；1921 年天津又有私人集资建立了生产制球革厂的利生体育用品厂；1925 年 10 月，浙江绍兴人马水有创办了“马永记皮革坊”；民国二十年（1932 年）年军阀 53 军军长万福林开办了私营制革厂；民国二十四年（1936 年）上海凌立权创办了第一个皮件厂；等等。一些现代化皮革工业相继在全国主要省份建立起来。新法制革厂大部分集中在上海、天津、广州等沿海大城市，尤以上海最为集中，在新中国成立之前其产量约占全国总产量的 40%左右（不包括硝皮坊），但是这些地区原料产量都很少，多依靠外地供应。而原料皮产量多，质量好的地区，如河南和西北各省在新中国成立前几乎没有一个现代化的皮革工厂。另外，绥远归化（呼和浩特）皮货业也是一个较大的行业，山西省是当时我国毛皮输出的大省之一。

这个时期，国内建立的皮革企业，其中多数工厂因种种原因而夭折，能生存下来的有一定规模的企业主要有上海的中日合办的江南制革厂、中日合办的中华制革厂、天津中日合办的裕津制革厂、北平善成皮革厂、辽宁的奉天硝皮场等。

2. 皮革产品品种和销售

皮革业主要原料有牛皮、马皮、驴皮、山羊皮等。皮革制品有皮鞋、皮包、皮带、皮箱等，产品大多销往往大中城市。甘肃、贵州、青海、西康、宁夏、绥远等省份输出原料，再输入成品。河北省也是产皮大区，每年生产的皮制品除了满足自身需求外，还销往山西、河南和西北地区。广东是皮制品需求大省，主要靠中国香港的供应满足。

3. 皮革的进出口

我国民国初期皮革行业的特征之一就是出口原料皮、进口成品。清同治年间（1862—1874年），中国的生皮开始出口，到20世纪20年代，每年出口量约在15万公担以上，主要出口西方国家。这些国家均在华设有购买机构，操控中国的生皮出口。相反，华商机构由于组织乏力、无团结精神，所以在外资面前屡屡败退。当时中国熟皮的出口量较少，每年输出约在两三千公担之间，由此也证明了我国熟皮制造能力不足，同生皮的出口一样都掌控在外国人手中。

在抗日战争前，中国最高年产量为牛皮约400万张（包括水牛皮）、羊皮约1500万张。由于国内皮革工业生产能力有限，不得不把一些优良的原料输出，而帝国主义利用中国的原料皮制成革和革制品，再向中国销售。根据旧中国海关统计，抗日战争前的1936年出口黄牛皮104万张、水牛皮28万张、羊皮1010万张、骡马皮2万多张（10245担），另外还有大量的野生毛皮。另据辽宁统计，民国十一年（1923年）至十六年间（1928年），经过安东（今丹东）、大连、牛庄（今营口）等口岸向英国、美国、德国、日本、朝鲜等国总计出口皮张264296件。

4. 外商操纵皮革市场

鸦片战争以后，百业凋零，国贫民穷，外国资本大量涌入我国开厂设店，从事生产和销售。特别是日本军国主义觊觎我国皮革毛皮资源已久，为了掠夺皮革资源，他们在我国东北先后实行了《物价及物资编制法》《七二五物资冻结法》，日本扶持的伪满政府畜产司还颁布了《毛皮、皮革类编制法》，对皮革资源实行严格的控制。1917年，日商在奉天（今沈阳）开办满洲革制会社、森川皮革部、日华制革公司等制革厂，日商制革厂实力雄厚，远非华商企业所能及。此外，日本还建立了满洲畜产株式会社、满洲皮革输入组合、满洲靴鞋统制组合等上下游相关企业。1921年，在奉天经营毛皮业的日资代理商多达20余家。在奉天北市区开办的东亚制靴厂，拥有300多工人，日产军用皮鞋和棉大头鞋500多双。日商在吉林也相继成立了满洲畜产株式会社、满洲皮革、毛皮输入组合等统制机构，强令“牛、马、骡、驴、猪的屠宰者对各种皮张未经官署许可不得自行使用、消费、加工、贩卖”。上海、天津当时也是通商大埠，制革宝地。据统计，上海有洋商制革公司5家，先后为日商控制和归并。1915年，徐又铮与日本大仓喜七郎投资100万元合办天津裕丰制革厂。根据抗日战争前的统计，全国皮革业中中国资本为2778222元，占51.3%，外国资本达2640000元，占48.7%。“九一八事变”后，奉天民族资本中较大的中华制革厂被迫倒闭，华东制革厂被日资吞并，奉天陆军被服厂制革厂也被日本强占，其他制革作坊，多数被迫歇业。

5.设备、化工依赖外国

机械设备和化工材料依靠外国供应，据海关统计，1946年仅进口栲胶一项就花费了240多万美元，在新中国成立前的50年中均如此。皮革的生产具备这样一个特点，即在没有机器设备的情况下，用手工也完全可以生产，资本家利用了这个特点，制革工人的劳动强度大大增加，新中国成立前一般的制革工人每天要劳动 10—12 小时，制鞋工人也都要劳动10小时，因而造成旧中国的皮革工业设备的落后，工人操作条件恶劣。此外，我国虽然很早就应用鞣革技术，但由于长期处于封建社会和遭受外来侵略，皮革工业得不到充分发展，一直处于落后的状态。新中国成立前的制革工业技术，只能制造一般的底、面革，比较高级的面革和特殊工业用革都生产不了。数十年间仍是用铬盐鞣面革、植物栲胶慢鞣法鞣底革，技术上的改革很少，技术水平远远落后于世界先进国家。

（三）各地具体状况

这个时期我国皮革工业最兴旺的地区是上海、江苏、天津、直隶（今河北）、北平（今北京）、辽宁，其次为吉林、山东、河南、湖北、四川、甘肃等地。从各省工厂数量看，上海最多，其次是江苏、河北、天津。

1.最兴旺的地区

民国时期，上海皮革工业在全国占有极其重要的地位。民国二十六年（1937年），上海制革工业资本总额占全国的46%，工业产值占44.97%，工厂数占全国的45%。1913年，浙江人李荣高在上海创办国内第一个球厂——李高记皮球厂，生产皮制足球、篮球、排球。1920年，傅降临在汉阳路460号创办的傅中兴运动鞋店，是旧中国开设的最早一家专业运动鞋鞋厂。到1922年，上海已经有300多家制革和皮革制品厂和400多家经销皮革制品的商店。1925年10月，浙江绍兴人马水有创办了“马永记皮革坊”，到1937年他与友人徐方宝、张红福、蒋严松、徐正泰等人合资开办久兴底革厂；20 世纪 20 年代，上海几十家制鞋作坊生产皮鞋所用鞋楦、鞋跟，多是由顾三生开设的鞋楦作坊提供的；1927年创建的“华益硝皮厂”于1937年扩建为“巩益制革厂”，年产牛底革300吨，当时在上海独霸一方，被称为“皮大王”，是当时规模最大的制革厂；长江皮革五金厂的前身是1931年由吕继鸿创办的“吕鸿记饰品工业社”，仿制皮革五金配件产品；1936年徐雪尘和郦之瑞二人合办“信发”制革药水厂，是试制国产制革药水的创始人，也就是国产皮革化工产品的创始人，产品注册商标为“牛羊牌”，此商标一直保持到新中国成立后；同年凌立权创办了第一个皮件厂，刚开始只生产上流社会人士跳舞时带的小皮包，数量很少。

我国手套生产历史悠久，古时是采用丝绸做面料，皮制手套在清朝后期就已经出现，到20世纪二三十年代出现了一些小作坊，其中上海皮革手套厂的前身——信华皮件厂就是其中比较有影响的一家，当时生产数量比较少，品种分男、女两种款式，颜色多为黑色。1937年私人开设的越兴皮厂，当时是一个大型重革厂，占地面积10余亩，厂房70余间，并有比较全的制革设备，但因“八一三”抗战影响停产至新中国成立初期。

天津是华北生皮集散中心，各国商人多在此购买原料，本地的产品除供应当地外，也销往华北各地。吴懋鼎于1898年创办了天津北洋硝皮公司，天津也因此成为近代中国制革工业的发祥地。吴又于1915年以私人集资方式建成了当时规模最大的华北制革公司。民国十年（1922年）天津皮匠张东升在吉林城开设了“东聚兴”皮铺。到1931年，天津市已有制革厂十几家，皮作坊、皮鞋厂、皮件厂和皮制球厂共300多家。到20世纪20年代，天津和上海并称为中国皮革两大重镇。天津的制革工业分为皮作坊和新式皮革厂。前者多聚集于西南城角、南大道、太平庄、南开大街、华家场一带，有几十家，多为洋行或皮货店鞣制毛皮，作坊中较大者为“明星”和“化成”两家。有部分作坊改为制革者，但因手工操作、工具土制，导致产量低，经营不善。新式制革厂有11家，规模最大的是裕津、华北、鸿记等厂，多为股份制，有的是中外合办，如天津最大制革厂——裕津厂为中日合办，每年出品3000余担，占天津各厂出品总额半数以上，产品主要有花旗、法兰、箱皮、马具皮等。裕津厂名为中日合办，实为日本人操控，它和上海制革厂两大巨头——日商控制的中华皮革厂和江南皮革厂遥相呼应，俨然掌控了中国制革业。值得一提的是，华北厂是天津国人经营的最大最久的制革厂。天津制革业生牛皮主要来源于东北和山东、河南和河北东南部，前者称“北皮”，后三者称“南皮”，南皮较北皮皮质细腻，背腹均匀。但是外商多采购天津生皮，运往外国加工成产品后再返销到国内，这就造成本地企业生皮供应不足，而产品又在与洋货竞争中处于弱势的境地。天津的皮革厂的不足一方面是因为技术和工艺有待提高，一方面是资金周转困难。

皮革业一直是直隶（河北）的传统手工业之一，在清末民初，这里的皮革业因拓宽国内外市场而获得较大发展。传统的皮革业集聚地有辛集、邢台、枣强和张家口等地，皮革制作和销售十分繁盛。当时，直隶（河北）制革业的发展在国内处于领先地位，1912年至1927年期间，直隶成立了10家制革业企业，资本总额为183万元，同期国内有53家工厂，资本总额为686万元，直隶制革业厂家数和资本总额分别占全国总数的18.87%和26.67%。直隶皮革产品销路广，既销往东北、西北到西南等省份，还销往德国、英国、法国、意大利等国家。来这里做皮货生意的不仅有国内皮货商，还有来自德、英、法、意等西欧国家和日本的皮货商人。据1927年《河北省工商纪要》、1928年《河北省省政统计概要》和

1930年《河北省财政年鉴》的记载，当时河北省9类出口产品中毛皮制品占7类，辛集毛皮制品出量名列榜首，成为河北省的一大经济支柱。

辛集（束鹿县）地处水陆交通要冲，是中国北方八大集镇之一，民国时期发展成为全国著名的皮毛集散中心。从晚清到1937年抗日战争爆发前，辛集皮革业进入一个高速发展期。民国初年，辛集的毛皮、皮革产品已多达2000多种，主要有各种皮衣、皮胶、股皮等。鼎盛时期的辛集毛皮业不仅畅销全国，还远销国外十几个国家，垄断了当时全国生毛皮销售市场70%的份额。

河北邢台的毛皮业兴起于明代中叶，民国时期进入发展鼎盛期，1928年销售额达740余万元。当时毛皮业的分工已形成专业化，包括生皮店、熟皮坊和熟皮行。生皮店负责供生皮以、到内蒙古等地采购或坐收外来的皮张；熟皮坊负责制作皮袄，男工主要完成制皮和裁皮，女工进行缝制；熟皮行负责销售。在20世纪20年代的鼎盛时期，邢台皮毛作坊林立，很多人靠此维生。

在清朝光绪年间，张家口的皮革业开始发展并兴旺起来，不仅具备了相当规模，还成为华北毛皮市场的重镇，是华北地区最大的皮革、绒毛中转市场之一，成为北方皮革大埠。民国时期，张家口的皮革加工业进入发展顶峰期，1922年仅细皮作坊就有200多家，每家雇工人数多则80余人，少则10余人不等。当时较著名的裘皮业、羔皮业作坊主要包括长庆祥细皮坊、庆巨成细皮坊、恒兴成细皮坊、大丰厚细皮坊等。同时期，还有一种老羊行，主要从生皮行买到生皮后自己鞣制羊皮，兴旺时有 90 余家作坊，人员均有几十人。1925年至1929年是张家口皮毛贸易和毛皮加工的鼎盛时期，每年输入皮张800万件左右，毛皮1000多万斤。而裘皮业则有作坊360家，从业人士2.5万人，年产皮衣10万件。这一时期的张家口是名副其实的北方“皮都”（载河北省政协文史资料委员会编《河北近代经济史料·工矿及手工业》（下)河北人民出版社，2002年版，163—164页）。张家口同时期出现了几百家的皮革作坊，作坊之间还实现了分工合作和互通有无，组成了协调的产业链。当时张家口生产的皮革制品被称为“口皮”，名声享誉国内外。另外，宣化也是毛皮业繁荣之地，只稍逊张家口。据统计，宣化的皮行在光绪十七年（1891 年）不足 10 家，光绪十九年（1893年）时增至20多家，到1916年达到了30多家。

20世纪30年代，北平（今北京）地区近代民族皮革工业开始兴起，1932年，军阀53军军长万福林开办了私营制革厂，当时有人员20多人，厂房40多间，生产牛底革日产20多张。此时期，皮革及制品被列为军需品，军阀对皮革原料进行控制，禁止国人自由买卖，手工作坊纷纷倒闭。

辽宁这时的毛皮皮革产量有很大增加，质量有较大提高。奉天（今沈阳）是东北皮革和毛皮的主要集散地。1917 年出版的《中国工艺沿革史略》一书记载：“制皮工厂以直隶、山东、山西为较多，而奉天为最。”《奉天通志》亦称：“关东皮货甲于全国，而毛皮业以本省为最，本省以奉天为最，锦县次之。”1910 年奉天有皮革作坊共 236 家，多集中于小北门、大北街一带。其中硝房 55 间、白皮行 7 家、染皮铺 4 家、黑绿皮行 31 家、细皮房 13 家、靴鞋铺 38 家、軏粒铺 33 家、毯毡铺 8 家、鞍韂铺 21 家、鞭杆铺 12 家、套包铺 8 家、皮胶房 6 家。这些手工作坊虽然设备简陋，生产工艺落后，但表明当时奉天的制革、皮鞋、皮件和毛皮生产已经初具规模。同年，拥有资本 5 万两白银、官商合办的奉天硝皮厂建成开业，这是奉天最早的新式制革厂，后因经营亏损而休业。1917 年奉天有皮革作坊 645 家。1920 年军阀张作霖在奉天北关创办制革厂，专门供应东北军使用的皮革及制品，是奉天建厂较早、规模较大的近代皮革工厂。至 1921 年，奉天共有皮革作坊 695 家。1917 年，日本开始染指奉天皮革毛皮业，开办满洲皮革制造社、森川皮革部、日华制革公司 3 家制革厂；到 1921 年在奉天经营毛皮业的日资代理商多达 20 余家；到 1931 年，日资在奉天总共开办 16 个畜产、皮革商社和 4 个制革厂。1931 年“九一八事变”后，日本在奉天建立“满洲畜产株式会社”“满洲皮革输入组合”“满洲靴鞋统制组合”等机构，实行严格的物资统制和“七二五”价格控制。民族资本中较大的中华制革厂被迫倒闭，华东制革厂被日资吞并，奉天陆军被服厂制革厂也被日本强占，其他制革作坊，多数被迫歇业，直到 1933 年，民族皮革工业才有所复苏。与此同时，日资开办的大型制革企业不断增加。1934 年日本侵略者将奉天陆军被服厂的皮鞋、皮件生产迁到该厂的制革厂内，并从德国购进 24 种类型制鞋机械 43 台，制鞋工增加到 400 人，主要生产军用皮鞋，是当时东北规模最大的制鞋厂。1935 年在铁西区笃工街开办的满洲皮革株式会社，日产牛革 200 张。1937 年开业的制革厂有日本皮革株式会社、东亚毛皮株式会社的三浦洋行。

锦州位于辽西走廊，毛皮产业在 1927 年达到鼎盛时期，有皮铺 130 多家，匠人 2600 人之多，年产毛皮 130 万张，为东北皮毛集散地，当时享有“锦州毛皮天下第一”的美誉。大连皮革行业历史悠久，1906 年成立了梅本制靴店工厂，随后相继建起日吉商店靴炮工厂等十几个制鞋小店。20 世纪 20 年代，大连地区先后建起很多大连畜产株式会社等皮革加工厂，主要加工牛皮、马皮、猪皮等。辽阳皮革毛皮业在民国时期逐步发展起来，1925 年销往本地的毡鞋达 10 万双，销往吉林和黑龙江两省 15 万双；1926 年辽阳城乡有白皮铺 9 家，黑皮铺 2 家，靴鞋铺 35 家，皮鞋铺 5 家，軏鞧铺 27 家，毡鞋铺 3 家。

民国初期，江苏有皮坊 200 个左右，发展也各具特色，技术得到不断提升，有的已开始采用国外先进技术和化工原料鞣制皮革，逐步淘汰用植物、明矾鞣制皮革和传统的烟熏等方法。南京的七家湾、三山街，徐州的英市街、兴仁街，苏州的齐门、阊门，扬州的皮坊街、皮市街，是省内颇有名气的皮革专业街市。1915 年南京人徐光复、吴继复在南市丽园路成立“牛皮公所”，同年靴鞋业界同人在城厢金家旗杆弄福绥里 4 号成立“履业公所”。

2. 较兴旺地区

民国初期，吉林的皮革生产作坊逐渐增多，发展呈现出一片兴旺之景。民国后期，军、警、宪、特和政界人员增加，对腰带、枪套、驮囊、子弹袋的需求量增多，促使皮革业有了较快发展。当时，吉林旗务工厂军工科大量承制暗锁皮箱、提包、枪套、药盒等皮件制品。吉林、长春及省内其他城镇，专业店铺逐渐增加，一些较大的皮鞋店也兼营皮件。1919 年，长春、吉林两市 7 人以上的皮革业户有 86 户，从业人员 600 人。到 1930 年，辽源、白城、延吉、通化等地经营业户达 460 余家，从业人员达 3100 余人，该年的皮革制品行业作坊数比 1923 年增长 2.6 倍（徐嗣同《日本帝国主义侵略下的东北产业》中华书局 1932 年 7 月出版第 103 页）。1932 年仅洮南一地，计有皮革业户 163 户，其中皮铺 90 户，鞍座铺 3 户，靴鞋铺 20 户，靰鞡铺 11 户，帽铺 9 户，皮铺 9 户，熟皮毛 2 户。

随着近代皮鞋业的兴起，1922 年，天津皮匠张东升在吉林开设了“东聚兴”皮铺，生产兰皮，当时已采用片皮机、磨皮机、挤水机等专用设备。化学药料从奉天“轩记洋行”以及长春“五洲”“山城”等洋行购入，生产出红皮镗底、带子革、牛马皮面革，供城内皮鞋、皮件业户使用。1930 年吉林省内有外资制革企业 60 家、皮毛商行 22 家、靴鞋及毛皮制品作坊 115 家。（徐嗣同《日本帝国主义侵略下的东北产业》）至 1934 年，吉林全省制革业户减至 46 户，从业人员减至 389 人。（《吉林省志》卷二十轻工业志手工业第 141 页）1935 年后，伪满政府为了发展日伪经济，制定了一些刺激政策，加之新京（长春）、吉林等中心城市的日伪机关不断增加，各种会社机构普遍设立，日本移民大量拥入，伪满政府出于政治上的需要，强制公职人员穿“协和服”，着皮鞋，因此使皮鞋需求总量上升，加之上层统治阶级对生活用品和奢侈品的需求量攀升，对皮革制品尤其是精细毛皮制品的需求不断扩大，刺激了皮革工业的恢复和发展。

山西省是我国传统产皮大省，虽然占据着皮革原料大省的地位，但其皮革加工制作业的地位稍逊一些。但在清末民初，在各种社会经济条件的促成下，山西皮革业也有了一定的发展。皮革作坊主要分为两种，一是制革作坊，一是皮件作坊。皮革作坊主要分布于太原、大同、榆次、长治、平遥、临汾等地，著名的作坊有协兴永、福合永、通庆和、恒心聚、万兴厚、玉元成等，这几家均集中在太原。山西省皮革产品以皮件为其特长，故其皮件手工作坊最多。据统计，截至1919年共有作坊15家，分别为屯留的王皮坊，新绛的济义亨、三兴合、三兴成，长治的德盛、亨盛，忻县的源茂恒，长子的丁盛复、马兴正，河曲的运来泉、德盛亨，平遥的万泰成，夏县的李合盛、二合盛、福盛奎等。这些作坊共同点是产品质量可靠，可基本满足当地民用，但缺点是雇工人数少（10人以下）、生产规模小、资本小、产品单一。但从1925年开始，毛皮作坊在山西全省各地兴起，共有毛皮作坊300多家，从业人员达到13000人。

山东的皮鞋工业兴起于济南。1917年，济南开办了“顺兴之”“同达鑫”字号鞋店，随后，烟台、潍坊、临沂等地先后开始生产皮鞋。山东制革业的兴起始于1918年省内第一个新式制革厂——济南胶东制革厂的建立，距吴懋鼎在天津创办全国最早（1898年）的硝皮厂晚了20年。据《山东实业志》载：之后，济南有恒兴永制革厂、科学制革厂，青岛有大兴制革厂，泰安有鲁大制革厂，临清有五三制革厂。而潍坊、烟台、临沂、即墨等地的制革厂亦先后建立。据1933年调查，山东全省新旧制革厂、作坊共44家，但多为手工操作，设备简陋，工艺落后。

河南制革、毛皮工业集中在周口、漯河、开封、新乡等地。20世纪初期，分散在全省各地的皮革作坊约500家，从业人口近2500人，仅周口的裘皮作坊就有100多家，工匠近千人。当时的皮革作坊条件简陋、技艺落后，用灰浸、烟熏的方法从事裘皮、牛羊熏皮革和车马挽具的制作。另外，这些作坊还生产少量的皮箱等制品。

1912年，四川成都民营云华、体权制革厂开办。1913年，四川督军胡景伊拨款40万元，从四川实业制革厂调去部分老技术工人，聘请日本技师，进口日本设备，建立了更大规模的陆军制革厂。1914年以后，又有惠安、崇实制革厂开办，成都的皮革工业一时兴旺。同时，自贡、泸州、万县、富顺等地的皮革工业也相继发展，1920年全省具有一定规模的制革厂共17家，职工2000余人，资本近60万元。1926年，天水开办天陇制革厂，生产皮革和皮件。同年，天津商人在兰州成立鸿泰皮革公司，用手工和简易机器生产军用皮件。1929年原天水工艺厂制革部迁至兰州西关贡院，第二年改建为甘肃制革厂，隶属于甘肃省政府建设厅，设制革、皮件、皮包、靴鞋、铜器五部。1942年，兰州制革厂成立，军阀马步芳在武威大街建成河西制革厂，主要生产皮衣、皮件、皮鞋等。

民国时期，甘肃省张家川年产绵羊皮、羔羊皮及各类野生皮制裘皮衣2000—3000件，远销上海、天津、成都、武汉等地。民国初年，内蒙古归化（今呼和浩特）的商业圈涉及29个行业、1800余家商号。皮货业是其中一个较大的行业，有商号75家，其中有细皮坊七八家，又称小行；粗皮行十八九家，又称老行；生皮庄二十几家；黑皮房二十七八家。

归化皮革业有明显的地区和民族特色，皮革制品一部分运达上海、天津出口，一部分销售于京津地区；其余的皮革加工制成蒙古族所需的生产和生活用品，产量最多的是蒙古靴和马靴。

3.其他地区

1937年卢沟桥事变前，湖北武汉、沙市、襄樊、天门、沔阳（今仙桃市）、老河口、鄂城、孝感、宜都（今宜昌）等地的皮革生产已形成了一定的规模。1903年，黑龙江的皮革业开始使用机器生产。1917年以后，哈尔滨市陆续建起40多个小作坊和小型皮革厂，黑龙江西部的13个县就有皮革作坊118个，黑龙江皮革工业雏形基本形成。1921年，哈尔滨市总商会会长张廷阁创办了双合盛皮革厂，引进国外先进制革机械，用化学方法制革，用于皮鞋、制帽生产。1922年，哈尔滨市有皮革制造企业78家，其中以熟毛皮为主业的工厂有45家。

清末民初是浙江皮革业的鼎盛时期，随着国外新材料、新技术的传入，化学制革和西式皮鞋、皮件开始生产。衢州、金华、嵊县等皮坊行业所生产的马靴、枪套、军用皮革和民用皮革、裘皮革、皮鞋、皮箱享有一定的声誉。

20世纪20年代末，西方制革工艺技术经上海、武汉等地传入浙江，逐步推行新式鞣法，轻革采用矿物鞣（用红钒钠），重革仍为植鞣，开始采用进口栲胶为原料。杭州广合顺皮厂从上海购进转鼓5只，重革压光机、轻革打光机和磨革机各1台；据1934年的《中国实业志》记载，“前清光绪元年，始有沈德顺，设立皮革厂于杭州后潮门外”；1935年海宁双山皮厂（海宁制革厂前身）拥有空压机、打光机、转鼓等设备，形成了现代制革业的雏形。

抗日战争前夕，杭州制革企业有24家，温州制革企业有41家。到20世纪初，湖南长沙、常德兴办了一些私营制革厂和皮鞋、皮件厂，开始了现代鞣革、制纹皮和皮鞋、皮箱的生产。到20年代年生产牛皮达6万张，一时皮革工业颇为发达。30年代，中国社会动荡，市场凋敝，皮革行业日渐下滑，1934年只生产了牛皮3万张。

清末民初，广东东莞（石龙镇）、佛山（罗村）、肇庆和湛江的制革工业逐步建立，产品主要是烟熏水底革、烟熏牛面革、铝鞣水牛剖层革等。自1914年起，国外新的制革生产技术经上海逐渐扩散到广东。1918年，广州有数家制革厂进口制革机械进行生产，已拥有转鼓、去毛机、去肉机等设备，应用矿物鞣剂生产鞋面革和鞋底革。1925年前后，广州的制革厂从上海学习用白膏生产植鞣装具革，使制革工艺技术有了很大提高，皮件制品业随之兴起，皮箱、皮包、皮带使用日益广泛，阳江皮枕、皮箱及潮州的漆皮枕极受欢迎。

至 1926 年，广州市皮鞋业从业人员达 2500 人。

1922 年，陕西西安有“新履”及“同合”两家制革厂，安康有前店后厂皮鞋作坊三四家，以皮鞋为主，兼营制革。大荔、肤施（今延安）等地，因有丰富的皮革毛皮资源和适于制革之硝水，而成为当时皮革、毛皮生产中心。1926 年，西安市的手工业工人有一万余人，而皮革工人就占近两成。1930 年，陕南第一家制革厂华西制革公司在南郑县成立。1935 年，陕西皮革业得到迅速发展，仅西安市制革业就有 40 多户，全省皮革行业产值达 356 万元。

第二节 中国近代皮革工业的发展(1938—1949 年)

一、概况

1937 年 7 月 7 日卢沟桥事变，日本发动全面侵华战争，沿海和内地的一些城市，相继被日军侵占。日军开始全面统治沦陷区的皮革工业，控制原料，生皮熟革悉归军用，皮革企业或毁于战火或落入敌手，制革厂或陷于停工或化整为零。由于日军的侵略，中国皮革工业的生产能力受到重创，以熟皮为例，其抗战期间的产能仅相当于战前的 30%。

1937 年，日军占领辛集，毛皮被列为军用物资，禁止私人经营，使辛集镇这个几百年来形成的全国毛皮集散中心骤然萧条下来，皮革业遭受重创。抗日战争初期，沿海地区皮革企业多迁往内地，仅上海就有 8 家迁往中国腹地。抗日战争之前，四川是生皮输出大省，沿海地区皮革厂的迁入壮大了当地皮革的制造能力，使四川省成为当时皮革制造业产能最大的省份，同时湖南、云南、陕西、甘肃等内地省份的皮革工业都呈现出短暂的兴旺景象。我国西南、西北等各省均为生皮出产地，当时军用和工业对皮革需求迫切，资本家见有利可图，纷纷设厂制造，形成一种不正常的发展状态。1944 年，仅重庆一地即有制革厂 180 家，但具有机器设备的不过 7 家。

1945 年抗日战争胜利后，皮革需求量一时骤增，市场出现供不应求之势，一度陷入盲目发展的境况，于是各地新厂如雨后春笋，纷纷设立。但好景不长，未及一年，美国便继日军之后控制国民党反动派统治区，美国花旗底革、皮鞋的源源输入，给予刚刚兴起的民族资本皮革工业以严重打击。1946 年以后，国民党破坏和平发动内战，国民党统治区制革工厂得不到原料皮，无法开工生产，皮革工业日益萎缩，产量不及生产能力的百分之一。国民党反动派为了打内战，把搜刮来的原料皮大量出口，1947 年牛皮出口数量就较 1946 年增加了 4 倍。但是由于迁往内地的大小企业及外省人员纷纷迁返回原籍，加上美国货倾销，国民党又发动内战，致使通货膨胀，物价飞涨，稍具规模的皮革厂相继倒闭，中小作坊更难生存，皮革业再次衰落。据旧中国海关统计，1947 年仅出口牛皮 39476 张、羊皮 2071149 张。反之帝国主义的皮革和革制品却大量倾销，仍以 1947 年为例，当年就由美国进口了 10 万张底革和 20 多万双皮鞋。

二、各地情况

1938 年，上海马永记皮坊正式并入久兴底革厂，同时易名“久新制革厂”，拥有资金 3500 块银元，工人也从 10 余人发展到 40 多人，生产品种有皮革面革、皮革底革和司伟革。无锡人王月笙于 1939 年在顾春记老板顾焕章的资助下，于南市少年路 10 号开办了“升记皮鞋作”，1946 年改名为“亚洲皮鞋作”，即亚洲皮鞋厂的前身。随着皮鞋生产的发展，制楦业也迅速复苏，单蓬莱区就有 11 户。鞋楦制作亦有流派，出现浦东帮制作皮鞋楦、绍兴帮—制作布鞋楦、常州帮—制作女式翻鞋楦、苏北帮—制作童鞋楦。当时上海制作鞋楦、鞋跟较有名气的作坊是顾顺记、发记、包兴昌记，鞋跟品种分为高跟、低跟、长木跟。1946 年浦东人赵根新在陆家浜路 969 号办起了“赵鸿记五金铜作”，专门生产皮包提手架子，从业人员 20 多人，每月产量为 160 打左右。

1942 年，钱荣船在大通路四份里开办的“钱永记机器厂”，由此开始了上海皮革机械的生产。开始时，钱荣船专门承包益民制革厂及重革厂的机器修理，后来仿制美国和日本的样机，制造出转鼓、磨革机、削匀机、打光机等，但数量较少，质量也不高。日本帝国主义侵占北平后，在日本产业保管委员会统治下，军阀 53 军军长万福林开办的私营制革厂成为生产军用革的工厂，以华北皮革株式会社名义经营，有工人 40 多人，日产军用革 40 多张。日本投降后，该厂由民国政府北平市处理局接管。这一时期的皮革手工业略有恢复，大企业因其实力较强，进料质量较好，所制作的羊皮革每平方尺售价 1 万元（法币），多用于制作航空衣、帽等产品。一般小手工业户生产手段简陋，资金短缺，购进的原材料质量较次，制作的羊皮革每平方尺售价 6 千元（法币），多用于制作民用包、书夹等产品，个体手工业或作坊式生产一直延续至 1949 年北平和平解放。

“七七事变”后，由于日本控制中国皮革原料市场，吉林绝大多数中国人兴办的皮革工厂，因原料断绝、经营亏损，不得不停产或转产。一些从事皮革皮毛制品加工的店铺也因无原辅材料供给而破产倒闭。日本侵略者赤裸裸地推行掠夺式经济政策，伪满洲国初期，日本掠夺者在吉林省西部毛皮集散中心洮南建立的“捆包场”，仅昭和六年（1933 年）至昭和八年（1931 年）就掠夺各种皮张几十万张，羊毛近 20 万斤。伪满洲国后期的各种统制使吉林省民族皮革加工业企业所剩无几，濒临全面崩溃的边缘。从 1945 年抗日战争胜利至 1949 年中华人民共和国成立，吉林各地解放的时间不同。人民政权成立后，恢复经济、支援解放战争的目标非常明确。到新中国成立前，省内吉林、长春、四平、通化、延边、逃南等地原有皮革业户在人民政府大力支持下，很快恢复了生产，并增加了许多新的业户。1937 年“七七事变”以后，奉天（今沈阳）的日资皮鞋厂明显增多。1938 年仅“商埠地”一带就有日资皮鞋厂 25 家。1938 年以后，日本侵略者对东北实行全面的“经济统制”。因原料短缺，民族制革业在 1940 年时减至 38 家，能勉强维持生产的皮鞋业户只有 20 家。1941 年太平洋战争爆发后，日本为进一步满足扩大侵略战争的需要，对皮革资源进行变本加厉的掠夺。1943 年在奉天经营皮革毛皮的日资企业达 11 家，这些企业大肆掠夺我国皮革毛皮资源，生产大批军用革制品为其侵略战争服务。抗日战争胜利后，辽宁的皮革工业曾有短暂复苏，后因国民党挑起内战，很快造成皮革行业萧条。1947 年，辽宁有皮革企业 224 家，比 1943 年的 310 户减少 86 家，降幅达 38.4%；从业人员 528 人，比 1943 年的 900 人减少 372 人，降幅达 41.33%。

1940 年，西安皮革业从业人员约 500 多人，有新法制革者 30 余家，其中以西北化学制革厂规模最大。1941 年，在“西北”和“平津”两厂的基础上，成立了西安军需制革厂，并在 1942 年 4 月征用了“化学”“义记”“复兴”“同合”四家商办制革厂，承担军需订货，其他制革厂生意日渐萧条。到 1949 年底，陕西制革从业人数多达 1317 人。

1948 年，甘肃毛皮业作坊也在全省开花。据民国三十五年（1946 年）《国民政府年鉴》记载，新疆迪化（今乌鲁木齐）、伊犁、塔城等地，毛皮皮革企业约有 100 余户，每年生产毛皮皮革约 4 万多张。

抗日战争胜利后，湖南全省皮革生产虽有所恢复，但生产水平很低，1949 年产重革 63 吨、轻革 57000 平方米、皮鞋 6 万双。手工业系统内皮革工业总产值 200 万元（系统内外工业总产值共 717 万元）。新中国成立前夕，湖南全省皮革从业人员只有 1500 人。

1946 年，广东轻革产量 100 万平方米，后因战乱和通货膨胀又陷入困境。1949 年，广东全省有皮革及制品企业 2006 家，工业总产值 529.1 万元。

1939 年至 1945 年间，国民政府经济部在西康建立西昌制革厂，国民政府航空委员会军政部在成都分别建立空军麂皮试造厂、第二制革厂，以四大家族之一的陈果夫为首的华西建设公司建立华西制革厂，以及建立最大的民用制革厂——西南制革厂。当时，成都手工制鞋作坊不仅发展快，而且成规模，规模较大的有华胜、新潮、大进步、万利东、锦荣泰等皮鞋店家，工人达 1000 多人，生产的皮鞋除销到本市外，还远销西北各省及南京、香港等地。1941—1942 年是四川机器制革兴盛时期，全省已由抗日战争前的两家增至 18 家

（成都 4 家，雅安、西昌、乐山、五通桥各 1 家），职工达 1500 人。在此期间，皮革作坊也有较大的发展，到 1946 年，已遍及 37 个市、县，工人达两三万人。成都的制革、制鞋、制件已形成内在联系密切的行业。1945 年日本投降后，由于迁川的大小企业及外省人员纷纷迁返回原籍，一度兴旺的四川皮革工业急转直下，稍具规模的皮革厂相继倒闭，中小作坊更难生存。成都的皮革厂几乎全部停业，以至于全省皮革工业年仅鞣制皮革（折牛皮）4.68 万张，其中轻革 0.90 万平方米，重革 32 吨；生产皮鞋 30 万双。

第三章　北京市皮革发展史

第一节 北京皮革发展概况（1944年—1977年）

一、 北京古代及近代皮革发展简史

北京的皮革产业发展历史悠久，隋唐时期就已大量生产和使用制靴手工业产品。辽金时期，燕京（北京）传统手工业、兵器、农具、手工工具、车马挽具等产品中大量使用了皮革、皮毛。北方游牧民族南迁，也将北方的家畜和皮革手工业品一起带到了南方，推动了中原地区皮革业的发展。

元代大都（北京）是中国北方最发达的手工业中心城市，集中了当时重要的手工业，裘衣作为高档手工业产品也从最初的皇权贵族逐渐向民间大众转变，但是在原料品种方面还存在较大差异，富贵权势依然以华裘盛装为象征。元末明初，北京地区皮革皮毛业生产方式为家庭个体手工业或小作坊。在万历年间（1573—1620年），双塔寺的李家冠帽、大栅栏的宋家鞋、东江米巷（现东交民巷）的党家靴等一批手工业鞋帽制成品，成为当时的著名产品。清代皇城北京的皮毛皮革业已经形成了一个庞大的行业。按照清朝的典章制度具体规定，紫貂是皇帝的专用品，其余人非赐不得用，皇后、亲王和贝勒等贵族只能用熏貂。这一时期最为流行的裘服是“出锋裘”。

地处皇城的北京，以加工制作高档细杂毛皮见长，有“北京裘皮甲天下”之美誉。民间皮毛业主要分为细毛皮货业和老羊皮货业，其中细毛皮货业以贩卖成品为主，老羊皮货业中的少数商户自行加工制作毛皮产品。以北京这个时尚之都为基础的裘服流行潮在全国传播。

20世纪30年代，北平地区近代民族皮革工业兴起，1932年军阀53军军长万福林开办私营制革厂，当时有人员20多人、厂房40多间，生产牛底革，日产20多张。日本帝国主义侵占北平后，在日本产业保管委员会统治下，该厂成为生产军用革的工厂，以华北皮革株式会社名义经营，有工人40多人，日产军用革40多张。此时期，皮革及制品被列为军需品，日军对皮革原料进行控制，禁止国人自由买卖，手工作坊纷纷倒闭。日本投降后，制革厂由国民政府北平市处理局接管，1947年改名为“振北制革厂股份有限公司”，由知名人士浦洁修任经理，加工生产鞣制皮革。此时，皮革手工业略有恢复，其实力较强、资金大户进料质量较好，所制作的羊皮革每平方尺售价1万元（法币），多用于制作航空衣、帽等产品。一般小手工业户生产手段简陋、资金短缺，购进的原材料质量较次制作的羊皮革每平方尺售价 600 元（法币），多用于制作民用包、书夹等产品，个体手工业或作坊式生产一直延续至 1949 年北平市解放。

二、恢复改造时期(1949—1958 年)

（一）新中国成立后北京皮革工业的恢复（1949—1954 年）

新中国建立后，北平改为“北京”，成为中华人民共和国的首都。这一时期，迅速恢复与发展生产成为工业发展的中心任务。据当时北平市私营工业统计，制革业情况见表 3-1。

1949 年北京市私营皮革业统计表

表 3-1

业别	工厂数（个）				电动机		职工人数(人)	资本额（万元）		
	总数	有机器设备		无机器设备	座数	马力		总额	固定	流动
		有动力	无动力							
皮革业	165	22	—	142	31	228.5	712	10872.80	4127.50	6745.30
有动力设备	22	22	—	—	31	228.5	251	7916.00	3331.50	4584.50
无动力设备	143	—	1	142	—	—	461	2956.80	796.00	2160.80

当时的皮革业产品和产量统计见表 3-2。

1949 年北京市私营皮革业主要产品产量统计表

表 3-2

生产品别	单位	生产数量		制造厂数	销售地区
		五月份	过去最高月产量		
1 制革业					

牛底皮	张	1273	6287	45	北京、天津、唐山、太原、东北
牛面皮	张	551	1338	26	北京
羊皮	张	3226	18461	61	北京
带子皮	张	227	936	35	北京
轮带皮	张	—	40	1	北京
球皮	张	90	195	3	北京
手套皮	张	150	300	3	北京
鹿皮	张	67	227	5	北京
猪皮	张	205	260	3	北京 北京四乡
驴马皮	张	353	1025	30	北京 北京四乡
牛头皮	张	200	200	1	北京
牛皮心	张	184	409	3	北京
前截皮	个	810	2840	5	北京
边底皮	条	240	1000	2	北京
边面皮	条	457	1882	3	北京
工业用革	张	195	1080	2	北京
2 革制品					
革锤	个	—	26600	1	京津
革圈	个	2000	9160	1	京津
轮带	英尺	—	32500	1	北京
皮轴	个	60	265	2	北京

北京皮革业发展的新起点就是组织起来走合作化道路。1950 年 1 月 5 日，第一家北京市手工业生产合作社制鞋联合社成立，下属单位有 6 个制鞋生产合作社，4 个制鞋生产组，资金来源主要有三个方面：一是社员集体股金 30 股（每股 50 斤小米），共 1500 斤小米，折合人民币 129 元；二是折实贷款 15 万斤小米；三是向银行透支贷款 1 万元。至年底仅保留下制鞋生产合作社中的第五制鞋社，其余合作社由于经营不善而撤销。12 月又成立北京市供销合作社制鞋厂和第一制鞋社。

1951 年，公私合营振北制革厂成立，此厂原为私营振北制革厂股份有限公司，有生产工人 78 人，主要生产底革、带子革、工业用革。同年 9 月由 16 名手工业者和无业人员组成了第一个肠衣生产合作社。1952 年年初，第一个皮件生产合作社成立。同年 5 月第五制鞋社与第一制鞋社合并组成五一制鞋生产合作社。由 18 人组成的制革生产合作社，隶属宣武区工业生产办事处，当时有股金 3600 元（每人 400 斤小米）主要生产里子皮，年产羊里子皮 16464 公尺，产值 57624 元，到 1953 年该合作社发展有 50 名成员。

1952 年 9 月，地方国营制革厂——北京市人民制革体育用品厂成立，有职工 363 人，主要生产底革、面革、牛球革和手缝篮球、排球、足球、棒球等球类制品，此厂是由政务院 6 个机生产单位与振北制革厂合并成立。1953 年，是发展国民经济第一个五年计划时期，努力发展生产是其主要核心。人民制革体育用品厂开始生产手缝皮鞋，年产 6943 双，其中运动鞋 4858 双，手缝男鞋 1085 双。对当时的皮革行业调查统计显示，从业人员有 6781 人，其中国有企业 1 户 632 人，合作社（组）8 户 707 人，私营企业 234 户 2770 人，个体户 1023 户 2672 人。资金总额 2855 万元，产值 3130 万元。年产皮鞋 43 万双、重革 2227 吨、轻革 32.78 万平方米、各类球 1986 万个，箱 4564 只、皮包 195 个、皮腰带 4.98 万条、皮手套 1.57 万副。

1954 年，北京市鞋帽皮件生产联合社成立，主管北京市集体所有制合作经济的皮鞋布鞋、帽子、皮件等 4 个行业，有 60 多个生产合作社（组）隶属北京市手工业生产总社。人民制革体育用品厂改名为“北京市制革厂”。同年 10 月，由 3 家个体户共 10 人联合组成制胶生产组。以废牛、羊、杂皮渣为原料，生产水胶，生产工具仅有 3 口大锅和通风灶，年产水胶 12.2 吨，产值 3300 元。该厂隶属宣武区手工业生产办事处。到年底全行业从业人员 7425 人，产值 3500 万元，年产皮鞋 51 万双、重革 30 万公斤、轻革 37 万平方米，皮包 11259 个、皮腰带 19097 条、皮手套 9202 副。

（二）北京皮革业的社会主义改造（1955—1958 年）

1955 年，北京成立皮鞋公司，负责组织了解 225 个私营皮革、皮鞋、皮件企业的生产经营情况，为迎接对私有经济改造高潮做好准备，该公司隶属北京市第二地方工业局领导。当年年底，个体手工业者掀起了组织起来走合作化道路的高潮，个体户从 1953 年 1023 户 2672 人减少到 779 户 1827 人，而合作社由 1953 年的 8 户 707 人发展到 28 户 2732 人，产值由 350 万元增加到 1386 万元。

1956 年，废油提炼合作社成立，由废油行业个体户 26 户共 33 人组成，年产量 160 吨产值 2.1 万元。成立的制毡生产合作社由原制毡合作小组又吸收了 9 户家庭手工业者组成，人数达 70 人，后又成立第二制毡生产合作社，人数达 40 余人。同年 5 月，在第二地方工业局的领导下，公私合营进入高潮，制革、皮毛、皮鞋皮件四个行业分别进行改组，具体情况是，制革业：27 户 257 人，资金 195168 元，其中公记兴制革厂（东义成、宝记、公记兴三个加工组 11 户）98 人，永源祥制革（东胜魁、永源祥两个加工组 12 户）76 人，利生制革厂（利生加工组 3 户）57 人，裕仁制革厂 26 人。皮毛业：12 户 429 人，资金 103364 元，组成公私合营皮毛厂。皮鞋业：原合营 143 户，人数 1708 人，资金 812155 元。移交给商业和医疗器械公司的个体户 13 户 101 人，实有 130 户 1620 人，按区域组成 5 个皮鞋厂，分别为：东单皮鞋厂，34 户 510 人；前门皮鞋厂，33 户 443 人；西单皮鞋厂，25 户 287 人；崇文皮鞋厂，25 户 210 人；东四皮鞋厂，12 户 146 人。另由私营皮鞋户中选出的制鞋技术较强的人员集中起来成立公私合营千祥皮鞋厂。皮件皮箱业：53 户 488 人，资金 262086 元，组成公私合营皮件厂。同年 4 月，原地方国营北京制革厂由化工局下放给皮鞋公司，改名成立皮革工业公司。同年 9 月，皮革公司与橡胶公司合并成立橡胶皮革公司，负责管理全行业的公私合营厂工作，隶属于第二地方工业局。9 月成立的皮革皮毛生产合作社联合社负责领导皮革皮毛、毛毡、制胶、肠衣等集体所有制的合作社企业，其中皮鞋 11 个社，1358 人，生产皮鞋 256704 双，产值 371.2 万元，利润 312068 元；皮件皮箱 5 个社 460 人，生产皮箱 4310 只，产值 217.5 万元，利润 236365 元；皮革皮毛 33 户 4096 人，其中生产社 30 个，4018 人，小组 3 个 78 人；制革 3 个社 499 人，产值 466.5 万元，利润 419986 元，生产重革 46543 公斤，轻革 35119 平方公尺；皮毛 13 个社，2786 人，产值 592.8 万元，利润 42797 元；胶鳔 2 个社，104 人，产值 40.2 万元，利润 39483 元；肠衣 2 个社，189 人，产值 104 万元，利润 42686 元。

1957 年 6 月 1 日，北京市皮件厂成立，由 5 个皮件合作社、一个制件车间、一个皮件组组成，固定资产 7.6 万元，职工 500 人，年产值 186.8 万元，利润 11.6 万元。至当年年底，全行业产值 988.4 万元，职工 3877 人，利润 121.9 万元，固定资产净值 149.6 万元，原值 204.4 万元；皮革总产量折牛皮 32.8 万张，皮鞋 81.3 万双，皮箱 4.4 万只，三胶 83.3 吨。

1958 年，北京经济建设规模进一步扩大，掀起大办工业新高潮。当年 3 月成立了北京市第一皮鞋厂，由当时的“五一”鞋社、八鞋社、二十八鞋社、十九鞋社、三鞋社、北京市鞋帽生产联合社门市部 6 家企业合并组成。厂房仅有 9 间低矮平房和一间大席棚，机器设备有两台电动砂轮机和一些笨旧的缝纫机，资金折合 20 多万元，生产效率每人每日不足一双。到年底全厂有职工 600 人，年产量 13.9 万双，总产值 187.2 万元，利润 10 万元，固定资产原值 18 万元，净值 15 万元，隶属鞋帽皮件社领导。5 月成立第二皮鞋厂，由当时第二社、第十一社、第十六社三个制鞋社合并建成，职工 550 人，总产值 110 万元，利润 20 万元，固定资产净值 9 万元，流动资金 20 万元，年产量 11 万双，实行自产自销，隶属鞋帽皮件联社领导。同年 6 月，北京市肠衣厂成立，由两个肠衣生产合作社合并建成，主要生产肠衣、夜光粉、医用荧光屏、羽毛球拍弦、弓弦、乐器弦，医用羊肠线。该厂有职工 229 人，年产值 35.4 万元，利润 15 万元，隶属皮革皮毛联社领导。11 月，北京机制皮鞋厂成立，由总社制鞋厂、西单皮鞋厂、机制鞋厂筹备处 3 个单位联合组成，有职工 700 人，年产皮鞋 20.4 万双，产值 238.7 万元，利润 13 万元，隶属橡胶皮革公司，并首次从捷克引进一批较先进的制鞋设备。废油提炼合作社开始土法生产骨胶，年产 2.7 吨，填补了北京骨胶生产的空白。在厂长杨一本的领导下，公私合营皮件厂（后为北京市皮件二厂）的几名技术工人参加组成试制人造革新产品攻关小组，经过一年苦战，制成一套生产人造革的设备，并于 1959 年正式投产，填补了北京市人造革生产的空白，皮件行业从以皮革原料为主改为人造革为主，改变了产品结构，增加了新产品，当时北京市工业生产委员会书记贾庭三同志曾到厂祝贺。当年皮革行业开始承担北京市出口任务，对外出口皮鞋 53.3 万双，肠衣 203.7 万根，实现出口额 743 万元人民币。年底，北京市工业生产管理体制发生了变化，所有工业企业、合作社企业全部下放到各区管理，同时撤销了橡胶皮革公司、皮革皮毛联社、鞋帽皮件联社 3 个领导机构。

三、调整、巩固时期（1959—1977 年）

（一）“大跃进”、三年自然灾害时期的北京皮革工业（1959—1962 年）

1959 年，第一皮鞋厂、机制皮鞋厂先后由手工缝制皮鞋改为小流水生产和机械生产，机制皮鞋厂生产出胶粘鞋，从此传统手工业生产皮鞋退出历史舞台。同年，公私合营的东单皮鞋厂生产的带围子兜缝女单底鞋被评为全国标杆产品；9 月份在北京百货大楼、国家体委的配合下，在国内首次研究成功爬山鞋，为我国登山运动员登上珠穆朗玛峰做出了贡献。北京市机械皮鞋厂开展群众性的技术革新、技术革命运动，提出技术革新 1079 项，实现 288 项，使全厂设备由 62 台增到 241 台，机械化程度由原来的 18.9%提高到 61.6%，年产值比 1959 年提高 52.7%，产量提高 35.4%，利润从 1959 年的 13.4 万元增加到 37.1 万元。1961 年，北京工业系统贯彻执行中央提出的“调整、巩固、充实、提高”的八字方针。北京市机械皮鞋厂改名为“北京市皮鞋厂”，并迁址到北京市新街口大街 8 号新址，结束了分散在全市 31 处生产的局面。

1960 年 1 月，联社制革厂与利生制革厂合并成立第二制革厂，后又与北京制革厂合并，企业名称延用“北京制革厂”，职工人数为 2248 人。7 月 15 日，由鞋楦生产合作社与公私合营鞋楦厂合并组成北京市鞋楦厂，此企业为全民所有制，隶属北京市手工业局领导，有职工 146 人，年产木鞋楦 13.44 万双，总产值 66.4 万元，利润 11 万元。该厂设备仅有进口、国产机器各 1 台。

1961 年下半年，北京市皮毛皮革工业公司成立，经理李良发兼任分党组书记，接收管理了 17 个企业，具体有北京制革厂、北京皮鞋厂、东单皮鞋厂、第一皮鞋厂、第二皮鞋厂、崇文皮鞋厂、合营皮鞋厂、西四皮鞋厂、北京皮毛厂、宣武皮毛厂、北京皮件厂化工塑料厂、北京废油社、北京制胶厂、北京肠衣厂、南郊血料厂、北京鞋楦厂。该公司有职工 29203 人，年产值 6210.5 万元，利润 529.8 万元，固定资产原值 998.9 万元，净值 680.2 万元，流动资金 1127.1 万元。主要产品有皮鞋、皮毛、制革、皮件、鞋楦、肠衣、制胶、血料、毛毡。年产皮鞋 211.8 万双，三球 1.8 万个，鞣制皮革折牛皮 30.4 万张，箱子 14.3 万只。该公司隶属北京市手工业局。为了响应国家号召支援农业生产，全行业共分三批 238 人回乡参加农业生产。北京制胶厂与废油社合并成立北京市制胶炼油厂，并从过去原始土法制胶工艺改为酸碱新工艺，由大铁锅直接火熬改为锅炉供汽熬胶，由手摸眼看改为仪器化验检测，推动了生产的发展，年产量达到了 127 吨，产值 280.7 万元，利润 51.3 万元。1962 年，北京皮毛厂分出皮毛三厂、化工塑料厂分出合营皮件厂后，化工塑料厂转出北京皮革行业。同年，北京市第一皮鞋厂的硫化新工艺得到推广。

（二）三年调整时期的皮革工业(1963—1965 年)

1963 年，北京市第一皮鞋厂刑德海同志写出了《皮鞋样板缩改法》，在“科技通讯”上登载，并在轻工业部召开的科技大会上做了现场表演，对全国制鞋行业产生巨大影响。北京市皮件厂生产的安全带新产品和北京制革厂生产的再生革填补了北京皮革行业的产品空白。制胶炼油厂为了提高产品质量，用纯苯萃提油，增加了磨骨和洗骨新工序，皮胶由人工剁皮改为切皮机加工，产量提高 97,1 倍和 6.7 倍，减轻了工人的体力劳动强度。

1964 年，皮鞋经营形式由商业包销改为企业自产自销，皮毛皮革公司组织职工大力推销积压的 30 万双皮鞋，同时大幅度地调整生产新品种。在中国皮革公司主办的全国第一次制革产品质量鉴定会上，利生制革厂生产的黄牛正面革被评为全国同类产品的一类第一名，北京市制革厂生产的黄牛外底革被评选为全国同类产品的三类第三名。由于以上两种产品质量较好，利生制革厂和北京市制革厂分别进入全国四种产品的八个先进企业行列。第一皮鞋厂刑德海同志编写的《皮鞋模具设计原理》论文把皮鞋产品从手工设计转变为用科学数据进行设计，为皮鞋制造企业发展做出了贡献。

1964 年 4 月，北京市制革厂分为北京市干祥皮鞋厂、利生皮革厂、北京制革厂，其中干祥皮鞋厂生产鞋、球、工业配件，有职工 1273 人，厂址在宣武区窑台；利生皮革厂主要生产牛、猪轻革，有职工人员 300 人，厂址在丰台区五间楼；北京制革厂主要生产牛、猪、羊轻、重革，有职工人员 480 人，厂址在丰台区宋家庄。

经北京市轻工业局批准成立的北京市皮革皮毛机械修配厂，其前身是北京皮鞋厂的机修车间，主要生产外线机、片底机、大底压型机，为制鞋行业机械配套发挥了作用。为适应皮革行业的持续发展，经批准成立北京市皮革工业研究所和北京市皮革皮毛工业公司职工学校及实验厂，同时撤销公私合营皮鞋厂，并接收毛毡厂、西四皮鞋厂改名为“北京市皮鞋生产合作社”。

1965 年，北京鞋楦厂从联邦德国引进鞋楦机等设备实现了半机械化生产，摆脱了繁重的体力劳动，年工业总产值达到了 26.7 万元。肠衣厂经批准改名为“北京市皮件三厂”，停止生产肠衣，主要生产衣箱。该厂有职工 305 人，年产衣箱 0.8 万个，年产人造革包 4.8 万个，年产值 181.6 万元，利润 32.3 万元。同年，公私合营皮件厂改名为“北京市皮件二厂”，北京皮鞋社改名为“北京市第三皮鞋厂”。公私合营的东单皮鞋厂，经市轻工局决定抽出 316 名职工，转产乐器，剩余 114 名职工生产皮鞋，但历时 3 个月后又经市计委决定全面恢复皮鞋生产，经过转产又恢复，企业损失 11.55 万元。

（三）“文化大革命”时期的皮革工业（1966—1977 年）

1966 年是我国经济发展的第三个五年计划时期，“文化大革命”运动使工业建设遭到了严重破坏。皮革工业广大职工在极其困难条件下，仍坚守工作岗位，排除和抵制各种干扰，积极从事生产和建设，全年完成工业总产值 5039.7 万元，从业人员有 6824 人，实现利润 617.1 万元。其时，皮革行业固定资产原值 1287.3 万元，净值 897.7 万元。北京市皮毛皮革工业公司改名为“北京市皮革总厂”。北京市皮革皮毛机械修配厂改名为“北京市皮革机械厂”，为皮革行业配套生产制革、制鞋机械。

1967 年，北京市第二皮鞋厂开始投产注塑皮鞋；利生制革厂改名为“北京市东风制革厂”成为全民企业；血料厂改名为“生化制药厂”，后移交北京市医药总公司管理。1968 年，干祥皮鞋厂改名为“北京市革制品厂”。同年 12 月经上级批准，北京市皮革工业研究所和北京市皮革皮毛工业公司职工学校及试验厂被撤销。在生产加工方面，东风制革厂开始生产主席著作书皮用“宝书革”，北京制革厂生产羊皮书皮革。皮革机械厂开始生产外援产品，主要产品是外线机。

1969 年，北京市第三皮鞋厂并入第一皮鞋厂，并接收西城区百货管理处的皮鞋样品厂，有职工 729 人，固定资产原值 110 万元，净值 83 万元，当年皮鞋产量为 57.4 万双。工业总产值 763 万元，销售收入 652 万元，利润 94 万元。同年，北京市皮革五金厂成立，其前身为皮革机械厂的五金车间，厂址在宣武区黑窑厂，由二轻局投资 160 万元、公司投资 30 万元，职工人数近百人，生产的产品为皮革行业配套生产的五金制品部件。

1970 年，北京制革厂研制生产的定音鼓革填补了国内空白，解决了全国 20 多个省市文艺团体的需要，并节省了大量进口外汇。第一皮鞋厂研制的绷楦机、15 吨液压切胶机，开始投产使用，解决了绷楦、切胶的繁重体力劳动，提高工效 20 倍。东风制革厂新建成的厂房，车间宽敞、生产设备布局合理，初步改变了制革行业脏、臭、累的形象。

1971 年 1 月，中共北京市皮革总厂召开第一次代表大会，出席代表 171 名，选出 23 名第一届党委委员，并建立了党委制。根据市革委会关于组织家属走“五七”道路的通知精神，有 16 个企业组建了“五七”家属连，使 1580 名家庭妇女走上了集体生产的劳动岗位。北京市东单皮鞋厂试制成功的第一批双头液压下料机投入生产。同时，鞋楦厂试制成功铝楦产品，并编写了铝楦生产加工工艺。1972 年 7 月索马里主席西亚德、也门共和国总理艾尼和意大利共产党总书记的夫人，先后到北京革制品厂参观。1973 年，二轻局党委任命李良发同志为北京市皮革总厂党委书记。同年 3 月召开了皮革总厂首届工会代表大会，出席代表 366 人，代表大会选举产生了首届工会委员会和主任委员。经二轻局办字批准北京市皮革总厂改名为“北京市皮革工业公司”。同年 10 月，市皮革五金厂与毛毡厂合并，有职工 474 人，厂址在丰台区毛毡厂内，将毛毡产品转出，集中力量生产五金制品，为皮革行业配套，厂名延用“北京市皮革五金厂”。

1974 年，北京市第一皮鞋厂自制完成 16 台电子控制液压下料机，实现了下料机械化，提高了生产速度，并初步完成绷楦工序机械化，与下料工艺合并组成流水线，提高工效 50%。北京市东风制革厂引进先进设备，包括片皮机、震荡拉软机、超声喷涂机、通过式熨皮机等设备，初步实现制革生产的机械化。1975 年，按照中央文件精神，各企业进行整顿，加强企业管理普遍建立干部、工人岗位责任制，明确车间科室的职责范围，全行业有 4800 人参加班组管理占职工总数的 45%。皮件二厂经过技术改造攻关，实现软箱生产机械化，改变了落后的生产方式。同年 10 月，成立了北京市皮革科技情报站，后改为皮革研究所。12 月召开中共北京市皮革工业公司第二次代表大会，出席大会代表 288 名，新当选的党委常委有李良发等 7 位同志。1976 年在北京市召开的工业学大庆会议上，北京市皮鞋厂被授予“大庆式企业”称号，成为本市全行业第一个大庆式企业。1977 年，市第一皮鞋厂建立了 3 条生产线，即冷粘鞋生产线、制帮生产线、轧胶出型生产线。

第二节 北京皮革发展概况（1978 年—2009 年）

一、改革开放促进皮革工业快速发展(1978—1990 年)

1978 年，根据北京市工业按行业归口的原则，对城区工业的隶属关系进行调整，划给公司区属企业 12 个，职工 3194 人，产值 2424.9 万元，二轻局党组任命王维正同志为中共北京市皮革工业公司委员会书记，郑奎西同志为公司经理、党委副书记。北京市革制品厂生产的“骏马”牌手缝手球获市优质产品；皮件三厂投产合成革腰带，列入主要产品，年产 656.36 万条，产值 1111.6 万元，利润 65.3 万元。第一皮鞋厂自制的移动冲头式龙门裁断机获市科技二等奖，此设备可提高工效 5 倍，节约合成革 15%～20%。厂长邢德海同志被评为北京市劳动模范，轻工业部劳动模范和全国劳动模范。同年，厂址在海淀区苏州街的北京兰淀皮鞋厂并入第一皮鞋厂。

1979 年，海淀区东升皮鞋加工场被撤销，利用引旧址开办北京市皮革工业公司中等专业学校和电大班。二轻局党委任命邪德海同志为北京市皮革工业公司总工程师。北京市皮革五金厂由于治理电镀废水有成绩，先后被北京市革委会、轻工业部授予环境保护先进企业称号。北京市第一皮鞋厂从捷克引进胶粘鞋底生产线，并安装试车投产，此套生产线在国内具有技术领先地位。该厂生产的“珠峰”牌牛面模压三接头男鞋在全国质量评比中被评为一类产品，并在 1980 年、1981 年获得“部优质产品”称号。北京市皮件二厂成立的知青合作社有 138 人参加，解决了部分待业青年的就业问题，在此基础上全公司先后共有 14 个企业成立了知青合作社，有 667 个待业青年参加就业。

1980 年，经北京市经委和二轻局批准，北京市皮革工业公司将其所属北京市皮毛厂、皮毛二厂、皮毛三厂、皮毛四厂、皮毛五厂划出，由新成立的北京市皮毛工业公司领导。在年底召开的中共北京市皮革工业公司第三次代表大会上，该公司出席代表 228 名，选出党委常委王维正、郭子久、邢德海等 7 位同志，其中郭子久同志任皮革工业公司经理。北京革制品厂生产的“骏马”牌手缝手球获部优质产品称号，该厂自制的长网再生革生产线获市三等奖；皮革研究所研制的合成鞋面革和热塑型聚氨酯仿皮底获轻工部三等奖；北京市第一皮鞋厂研制的聚氨热作胶粘剂获轻工部四等奖；鞋楦厂开始试制塑料楦和塑料鞋跟的生产。

1981 年，北京市皮件厂、第一皮鞋厂试行民主选举厂长，后在北京市制革厂、东风制革厂、皮件二厂和皮革五金厂等单位推广。北京市革制品厂试行四税两费和职代会领导下的厂长负责制。市二轻局党委任命王维正同志为北京市皮革工业公司党委书记。经市经委、计委和市农林批复同意利用通县稀土冶炼厂原址与通县局合办北京市联合制革厂，皮革公司经理部与南郊农场孙村分厂合办孙村皮革厂，后改名为“北京市第二联合制革厂”，企业性质为集体所有制。北京市皮件六厂与皮件二厂合并，沿用皮件二厂的厂名，撤销皮件六厂的建制。北京市第二皮鞋厂生产的长城牌自行车赛鞋和市皮件二厂生产的泡沫革公文包获得“北京市优质产品”称号，市皮件厂生产的北京牌绵纶高空作业安全带获得市名牌产品、“双菱”牌木胎造革箱获局名牌产品，东风制革厂猪正面革少铬鞣制工艺获部三等奖，PV 仿羊革小试的研究成果获市科技奖。该厂与建工学院合作试验的污水射流曝气获得成功，初步解决了污水治理问题，为当时的制革行业的清洁化生产和环境保护做了有益的探索。二轻局组织有关单位召开鉴定会予以肯定，此项目获部四等奖。全行业实现技术革新 1436 项，其中市第一皮鞋厂自制仿捷克起毛机和第二皮鞋厂自制的膛底机，提高工效在 2 倍以上。这一年，全年基本建设开工面积为 116567 平方米，竣工面积为 35376 平方米，其中职工宿舍竣工 6019 平方米，为北京市皮革行业的广大职工从新中国成立初期开始 30 多年后第一次分配到自己建的宿舍楼。1982 年，二轻党委任命米庆杰同志任北京市皮革工业公司党委书记。北京市第四皮鞋厂和第五皮鞋厂合并，沿用第四皮鞋厂名称，撤销第五皮鞋厂建制；北京市制胶厂与中国国际信托公司合资建立北京制胶联合公司，隶属皮革公司管理，新建明胶车间，全部使用新设备进行试生产，提高了机械化程度；北京市革制品厂与卢沟桥公社传动轴厂合作，在其厂址联合建立北京市革制品厂分厂；北京市东单皮鞋厂生产的“八达岭”镶盖舌式仿皮底高跟胶粘女皮鞋获得“市优质产品”称号；皮革研究所的改性猪油加脂剂和可整饰坡跟底研究获市三等奖、仿皮底涂饰工艺获市四等奖；皮革化工厂的皮鞋顶层涂饰材料和第二皮鞋厂的热塑丁苯胶合成获轻工部二等奖；皮革研究所的催化燃烧苯治理装置获部四等奖；北京市制革厂的提高牛、羊面革弹性丰满新工艺获局三等奖。在轻工部组织的全国旅行衣箱质量评比鉴定会上，北京市皮件厂生产的“长城”牌 ABS 衣箱获塑料类衣箱第一名、“双菱”牌木胎衣箱和“天安门”牌纸胎衣箱获得人造革类第一名和第二名。

1983 年，北京市革制品厂生产的“鹿牌”仿皮底三接头，北京市皮件厂生产的“双菱”牌造革衣箱获轻工部优质产品，北京市皮革五金厂的“双环”牌二号插锁，皮件三厂的“红叶”牌硬壳包，皮件二厂的“长城”牌航空拉锁软箱，市皮件厂的“天安门”造革衣箱，北京市皮鞋厂的“金蕊”牌牛面女靴，革制品厂“鹿牌”仿皮底三接头及“骏马”牌手缝手球被评为北京市优质产品，北京市东单皮鞋厂生产的羊面男包底鞋被国家经委定为优质新产品，并获得金龙奖，成为北京市的畅销产品，为羊皮制鞋打开了销售市场。同年 5 月，北京市第一皮鞋厂由海淀区的白石桥旧厂迁往魏公村新厂址，建筑面积为26400平方米，6层生产主楼是国内和亚洲地区规模较大、设备比较先进的鞋类生产厂。

1984年，为进一步搞活企业、扩大企业自主经营，皮革行业进行了全面整顿提高。在北京市皮件厂第一个验收合格的基础上，相继有东单皮鞋厂、第一皮鞋厂、第二皮鞋厂、皮件三厂、皮件五厂、皮件七厂、皮革五金厂、机械厂、制胶厂、化工厂等11个单位验收合格，占应验收企业总数的75%。北京市皮件厂等7个企业被北京市评为文明单位。东单皮鞋厂与新疆伊利皮革厂合作，开拓了制鞋原料渠道。第六皮鞋厂并入市第一皮鞋厂。在下半年召开的皮鞋产品订货会上，各厂展出420个新品鞋受到商业部门的好评，原计划销售300万双，实际销售459万双，扭转了市场销售不利的形势，开拓了新局面，为转轨变型打下了基础。在召开的中共北京市皮革工业公司第四次代表大会上，该厂出席代表208人，新选党委常委米庆杰等7位同志。北京市东单皮鞋厂的“八达岭”牌男包底鞋、皮件三厂“红叶”牌学生包和“双环”牌皮腰带、革制品厂“鹿牌”仿皮底三接头、市皮件厂“玉兰”牌高频压花包、市制革厂手球革、东风制革厂牛修饰鞋面革、皮革机械厂的片帮机、皮革化工厂的AI型加脂剂获北京市优质产品。北京市制革厂生产的结合鞣猪皮内底革和国产黄牛皮正鞋面革、东风制革厂黄牛修饰鞋面革和猪正面革、市皮件厂生产的“天安门”牌纸板人造革衣箱和“长城”牌ABS塑料旅行衣箱获“部优质产品”称号，革制品厂的“骏马”牌手缝球获国优银质奖。1987年，北京市东单皮鞋厂更名为“北京市八达岭皮鞋公司”，北京市革制品厂引进意大利制鞋技术和80台制鞋专用设备，与国产设备配套建成3套制鞋生产线及3条皮鞋标准部件生产线。1988年，北京皮革化工厂并入皮革公司。八达岭皮鞋公司生产的“八达岭”牌线缝羊面男包底鞋、皮件五厂生产的“前门”牌皮革服装（猪皮、牛皮）、市皮件厂生产的“双美”牌竹胎旅行衣箱和皮件四厂生产的“钟声”牌猪皮夹克获“轻工部优质产品”称号。

1989年，北京皮革公司申请自营进出口权，组建北京皮革制品进出口公司。1990年，北京市皮革工业公司和北京市皮毛工业公司合并，皮毛公司所属企业并入皮革公司。至1990年年末，北京制革业研制成功多种颜色的皮革，改变了以前皮鞋黑一色的状况，开发生产了皱纹革、效应革、绒皮革、夹条革、修面革及出口皮衣革等新产品，年均试制新产品，新花色1800种以上，投产150种。皮毛业采用了褪色、增色、增光等新工艺，扩大了毛皮产品的花色品种，开发生产羊绒大衣、裘皮时装、毛皮靠垫、毛皮挂毯等工艺品和装饰品等新产品，款式花色不断翻新，主要产品有鞣制毛皮、剪染毛皮、毛皮筒子、毛皮褥子、毛皮领子、毛皮帽、裘皮服装、毛皮工艺品、毛皮装饰品等10多个系列200多个品种，80%

以上的产品直接出口，行销欧美、亚洲等 100 多个国家和地区。制鞋业在用牛皮、橡胶生产皮鞋的同时，陆续开发生产了猪皮面皮鞋、牛猪皮和合成革橡胶底皮鞋超细碳酸钙仿皮底鞋、热塑橡胶结合底鞋等新产品，由单一的黑一色增加了蓝、白、黄、棕、红、绿等色，主要产品有近千种 4000 多个花色。其中“鹿牌”牛皮面仿皮底三接头男皮鞋荣获国家质量银质奖；牛皮面皮底三接头皮鞋、牛皮面模压三接头皮鞋、自行车赛鞋、高跟胶粘女鞋、拉锁坤式皮棉鞋、牛皮面仿皮底胶粘女皮鞋、牛皮面三接头模压男鞋、镶盖舌胶粘高跟女鞋、牛皮面仿皮底半跟男装鞋等获部优产品奖。皮件产品在帆布、牛皮为基料生产的同时，陆续开发生产出人造革皮件、PU 革皮件、尼龙面料皮件、尼龙刮胶面料皮件等，主要产品 200 余种 700 多个规格。其中，“双菱”牌人造革木胎衣箱、“骏马”牌手缝手球获国家优质产品银质奖，安全带、背提包、手缝手球、公事包、木胎衣箱、胶胎排球、两用背提包、人造革衣箱、泡沫塑料航空箱、牛皮面胶粘篮球、竹胎旅行衣箱、拉锁旅行软箱、猪皮夹克、人造革男士背提包、旅行软包、钢架旅行衣箱、真皮腰带、猪皮革服装系列等获部优产品奖。毛皮服装主要以加工制作各种高档细杂毛皮服装，产品有兔毛皮、猫毛皮、山羊毛皮、剪绒毛皮、染色毛皮、裘革混制毛皮服装等 10 多个系列 200 多种、1000 多个花色。其中“熹熊”牌水貂毛皮一条龙大衣获国家质量金质奖，新艺牌银蓝狐毛皮大衣获斯堪的纳维亚毛皮 AGA 国际金奖，貉子毛皮加革裘皮大衣、原毛皮串龙短衣、貉子毛皮大衣、水貂毛皮串龙短衣、剪羊绒靠垫、兔毛皮串龙短衣、狐毛皮 T 型加革短衣、狐毛皮短大衣、水貂毛皮服装、猫毛皮服装、三北羔毛皮短大衣、滩羊毛皮服装、狐狸毛皮服装、狐毛皮加革服装、水貂毛皮一条龙大衣、狗毛皮加革服装、貉子毛皮加革服装、蓝狐毛皮加革服装、狐毛皮串刀服装、山羊毛皮褥子、狗毛皮褥子、细尾毛皮褥子等均获部优产品奖。水貂毛皮串刀服装、新艺牌裘皮服装获全国轻工业博览会金奖，水貂毛皮服装、貉子毛皮服装、滩羊毛皮服装、蓝狐毛皮服装、蓝狐毛皮加革服装、狗皮毛加革服装、貉子毛皮加革服装、羊绒挖花墙饰等获全国轻工业博览会银奖。1990 年北京市完成鞣制皮革（折合牛皮）78 万张，皮鞋 1221 万双，革皮箱 53 万个，
毛皮（折合羊毛皮）4.1 万张。

二、北京皮革产业逐步调整适应城市工业发展（1991—2009 年）

1991 年，我国企业继续推行承包制，大力转换经营机制，工业改革全力展开，通过施行利改税，把上缴利润改为税后还贷、税后承包的试点办法，以增强企业的留利水平，增强技术改造能力，提高企业的发展后劲。在扩大企业自主权方面积极推行政企职责分开，所有权与经营权适当分离，明确了工业企业是自主经营、自负盈亏的经济实体，在这个基

础上贯彻落实国务院《全民所有制工业企业转换经济机制条例》，给予企业劳动用工权、人事管理权、工资奖金分配权、内部机构设置权、投资决策权等权力，并探索企业深层次改革，建了科学的现代企业制度。

1992年，北京市皮毛二厂更名为“北京倍得实业公司”，北京市皮毛三厂更名为“北京市环球皮毛公司”，北京市皮件二厂更名为“北京市通利达工贸公司”。1993年北京市第一皮鞋厂更名为“百花实业公司”，后改为“北京百花集团”，在集团内部兴办合资企业10余家，1000多名职工进入合资企业，在北京、天津、石家庄、长春等地先后建立13家营销连锁店。北京市皮革行业协会在原皮革学会的基础更名注册，挂靠皮革公司开展工作，有会员单位51家。北京市鞋楦厂并入八达岭皮鞋公司。1994年，北京市制胶厂、皮件四厂、通利达工贸公司并入皮革公司，后改制为北京轻联皮革集团公司。

1995年，北京市颁布《北京市实施污染扰民企业搬迁办法》，后续下发《北京市推进污染扰民企业搬迁加快产业结构调整实施办法》等文件，皮革行业企业调整搬迁陆续开始。通过搬迁，置换出城区企业占地，原有的厂址为发展第三产业提供了空间，生产企业搬迁至城外郊区。1996年，北京市皮件七厂划归海淀区教委管理。随着企业所有制多种形式的出现，合资企业、民营企业等多种经济性质并存，北京多家企业注册成立并发展壮大。轻联皮革集团公司进行了企业调整，构建了通利达工贸公司、北京制胶厂、皮革化工厂、玛特皮革制衣厂、皮革制品进出口公司、革兴生产服务中心、来泽皮革公司等全资子公司，年工业总产值2.22亿元、销售收入3.65亿元，主要产品100多种系列，8000种规格。1997年，北京市皮革五金厂与发卡厂合并，企业名称为“北京长城日用品工业公司”。1998年，北京市皮毛厂并入制革厂，企业更名为“北京市惠鼎皮业有限公司”。皮革集团公司拥有固定资产原值4.9亿元、固定资产净值3.4亿元、职工近万人，当年完成工业总产值1.54亿元，上缴税金654万元。

表3-3为1961—1998年北京二轻总公司皮革皮毛制品行业主要产量统计。

1961-1998年北京二轻总公司皮革皮毛制品行业主要产量统计表

表3-3

产品名称	单位	1961年	1971年	1981年	1991年	1998年
鞣制皮革	万张	30.74	63.33	106.30	94.00	—

重革	吨	756.00	626.00	750.40	579.00	0.05
轻革	万平方米	43.80	115.50	251.10	234.50	6.32
皮鞋	万双	211.10	262.30	883.50	1221.80	250.40
衣箱	万只	14.10	10.13	33.30	53.23	2.50
旅行包	万只	2.30	35.04	—	—	—
提包	万只	31.20	27.43	39.14	—	—
背包	万只	96.32	152.30	—	15.70	—
人造革包	万只	—	—	322.00	58.30	—
鳔胶	吨	125.00	137.30	162.50	—	—
三胶	吨	—	932.20	1565.20	450.00	—
药箱	万只	1.10	10.80	1.04	1.91	—
皮表带	万条	10.70	12.00	38.70	—	—
三球	万只	—	16.10	60.30	90.86	91
手套	万副	—	59.80	303.60	2.00	—
皮腰带	万条	—	34.10	243.40	—	—
熟制皮毛	万张	—	596.10	446.50	12.00	—
毛皮褥子	万条		35.33	33.80	0.86	—
毛皮筒子	万条	—	16.15	14.00	1.10	—
裘皮服装	万件	—	—	—	0.80	14.73

2000 年，轻联集团公司完成工业总产值 7714 万元。2002 年 1 月，惠鼎皮业、长城日用品、北京市皮件三厂、环球皮毛四家企业划归轻联皮革集团公司管理。2004 年，轻联皮革集团公司改制更名为“北京楠辰皮革有限公司”，董事长为李曜，总经理为李乃晋。2005 年，环球皮毛公司更名为“北京市环球新艺皮毛公司”，北京市革制品厂完成关闭破产工作。2008 年，北京楠辰皮革有限公司完成销售收入 1.9 亿元，利润 63 万元。该公司资产总额为 2.7 亿元，在岗职工 338 人。自 2009 年初开始，北京楠辰皮革有限公司加大调改力度，下属劣势国有企业和集体企业陆续退出皮革加工制造业，利用原有的房地产资源实行向商业物业有序战略转移。

第四章　天津市皮革发展史

第一节　皮革发展概述

一、天津近代皮革工业概况

天津皮革工业发展有一百多年的历史，是我国制革工业发源地之一。在新中国成立以前，天津皮革行业的厂家多为小手工业作坊、私人资本家厂店和外商经营的厂家，但从全国范围来看，天津仍占据着重要地位。除上海的皮革工业外，当时最为著名的就属天津了。1896 年，吴懋鼎先生在天津创建了我国第一家近代制革厂——天津北洋硝皮厂。1915 年，私人集资建立了当时规模最大的华北制革公司。1921 年，孙润生先生集资创建了天津利生体育用品厂，该厂以生产皮制球革和皮制球为主。据有关统计资料显示，到 1931 年天津已有制革厂十几家，皮革作坊十多个，到新中国成立前，约有制革厂、皮作坊、皮鞋厂、皮件厂和制球厂 300 多家。虽然有很多制造商，但生产能力却较低，工艺也很简单。皮革工人和手工业者的劳动强度很大，收入和社会地位都很低。

二、天津现代皮革工业概况

（一）恢复改造时期

新中国成立后，在党和政府的领导下，天津皮革工业有了较迅速的发展。接管了官僚资本企业天津制革厂，1950 年组建了地方国营企业津南制革厂，成为天津皮革行业的骨干企业。1955 年的生产水平比 1949 年提高一倍以上，社会积累以每年 25%的速度递增。

1956 年，天津市轻工业局组建成立了天津市皮革鞋帽工业公司，下属 50 多个企业，有职工 3500 多人，年产值 4000 多万元，进一步适应了天津皮革行业的发展。至此，天津市的皮革行业形成了一个比较完整的工业体系。1958 年年末，天津皮革鞋帽公司撤销，部分厂归区管理，仅留较大的天津制革厂、天津制鞋厂、津南制革厂、利生体育用品厂等归日用化工管理处管理。

1959 年，天津市轻工业局和手工业局合并，重新成立了天津市皮革制品工业公司，下属制革、制鞋、皮件等 26 个企业，有职工 9000 多人，年生产皮革 80 万张（折牛皮），皮鞋年产量达到 311 万双，其中出口皮鞋 129 万双，占皮鞋总产量的 41%。

（二）调整巩固时期

20 世纪 60 年代，天津市的皮革工业发展步入正轨，并初具规模，不仅门类较齐全，配套也越来越完善。在鞋类方面，除原来的工矿劳保用鞋、日用皮鞋外，又增加了运动鞋和各种旅游鞋。球类、皮件、箱包的品种和花色也更加齐全。改造组建了皮革机械厂、皮革五金厂、皮革化工厂，进一步增强了制革和皮革制品配套服务能力。

（三）改革开放以后

1979 年改革开放以后，天津皮革行业有了新的发展，全行业生产水平不断提高。到 1988 年工业总产值达到 30327 万元，比 1979 年提高 50%，利税总额为 4375 万元，比 1979 年增长 22%。随着改革的不断深化，天津市改革了皮革制品工业公司的管理体系，本着以名牌产品为“龙头”依托大型工厂的模式，成立了天津制革公司、天津皮鞋集团公司、天津运动鞋制品公司和天津箱包皮件公司等 4 家企业公司。

经过多年发展的天津皮革工业已经具备了一定的实力，相比以前，在生产水平、技术水平、机械化程度、加工能力等方面都有了日新月异的发展。截至 1990 年年底，天津皮革行业有企业 34 个、研究所 2 个、供销经理部 1 个、皮革工业学校 1 所，固定资产原值为 16351.4 万元，净值为 10180.9 万元，全部职工人数有 15491 人；实现工业总产值 44520 万元，销售税金 1676.9 万元，实现利润 777.4 万元（其中全民预算内企业 590 万元，集体所有制企业 187.4 万元）。主要产品和产量为投皮（折牛皮）98.5031 万张，其中牛皮 34.1841 万张、猪皮 108.913 万张、羊皮 59.0420 万张；轻革 285.2619 万平方米；重革 203.176 吨；皮鞋 403.24 万双，其中出口 199.801 万双；革皮服装 5.29 万件，其中出口 2.68 万件；皮手套 116 万副，其中出口 74.2 万副；皮制球 106.7 万个，其中出口 43.8979 万个；各种箱 22.83 万个，其中出口 43.8979 万个；各种包 44.37 万个，其中出口 22.14 万个；皮票夹 57.29 万个，其中出口 52.51 万个；合成革 70.1809 万平方米。出口交货值 6989 万元，出口创汇 1397.9 万美元。1991 年年底，为了更好地发挥天津皮革行业整体配套功能的优势，以上 4 个公司合并组建了新的皮鞋集团公司。至此，天津的皮革工业已经发展成为有制革、皮鞋、箱包、工业皮件、劳保皮件、皮革化工、皮革机械、皮革五金等十二大类，近 2000 种规格品种、门类齐全、专业协作配套比较完善的行业。天津的皮革工业逐步走向鼎盛时期。

当时的企业构成情况是：全民企业有天津市京津制革厂、天津市第一制革厂、天津市第二制革厂、天津市工业皮件厂、天津市皮革机械厂、天津制鞋厂、天津市第二皮鞋厂、天津市第三皮鞋厂、天津市第四皮鞋厂、天津市第五皮鞋厂、天津市第六皮鞋厂、天津市第七皮鞋厂、天津市鞋楦厂、天津市运动鞋厂、天津市天津革制品厂、天津市利生体育用品厂、天津市第一皮件厂、天津市第三皮件厂、天津市劳保皮件厂、天津市皮革五金厂。

集体企业有天津市第八皮鞋厂、天津市中环制鞋厂、天津市第十皮鞋厂、天津市皮革橡胶配件厂、天津市第四皮件厂、天津市皮箱厂、天津市新华箱包厂。全民集体联营企业有天津市天津皮件厂（与仪表十一厂联营）、天津市亚美皮箱厂（与联群皮件厂联营）、天津市佳悦衣箱厂（与新时代箱包厂联营）。中外合资企业有环球革皮制品有限公司。技工学校有 1 所为天津制鞋厂技工学校。1992 年在全民集体联营企业中又增加了天津市第三皮件厂（与新华箱包厂联营）、天津市中环制鞋厂（与第六皮鞋厂联营）、天津市第一皮鞋厂（与第十皮鞋厂联营）、天津市皮革化工厂（与第七皮鞋厂联营）。

1993 年至 1994 年，天津皮革行业发生了较大变革。1993 年，改革开放不断深入，一批中外合资企业不断兴起，在天津皮鞋集团建立了赫勃斯鞋业有限公司、亚马逊鞋业有限公司、福尼亚皮革制品有限公司、津辉鞋业材料有限公司。这一时期，国有、集体企业改革工作也不断深化，对一批生存能力较差的企业先后进行了调整，先于 1991 年撤销了天津制革厂，原厂的两个牛革车间并入了第一制革厂，一个羊革车间并入了第二制革厂，又于 1993 年将第五皮鞋厂、第八皮鞋厂并入了中环皮鞋厂，将工业皮件厂并入了第四皮鞋厂，将第四皮件厂并入了第一皮件厂。

1993 年 7 月，天津皮鞋集团公司与中国香港南华集团公司共同合资组建了天津津港集团有限公司，下设 18 家分公司。当时，皮鞋集团有限公司有 18 家企业参与到合资经营中来，这些企业分别是第一鞋业分公司（原天津制鞋厂）、第二鞋业分公司（原第一皮鞋厂）、第三鞋业分公司（原第二皮鞋厂）、运动鞋分公司（原天津运动鞋厂）、革制品分公司（原天津革制品厂）、革皮服装分公司（原第一皮件厂）、皮具制品分公司（原第三皮件厂）、劳保皮件分公司（原劳保皮件厂）、佳悦衣箱分公司（原佳悦衣箱厂）、亚美皮箱分公司（原亚美皮箱厂）、皮革化工分公司（原皮革化工厂）、皮革机械分公司（原皮革机械厂）、皮革五金分公司（原皮革五金厂）、第一制革分公司（原第一制革厂）、第二制革分公司（原第二制革厂）、第三制革分公司（原京津制革厂）、新技术开发分公司（原天津市皮革技术研究所和原橡胶配件厂）、利生运动制品分公司（原利生体育用品厂）。以上 18 家公司均为非独立核算公司，由津港集团统一对外。在经营运作过程中，又将第三制革分公司并入到第一制革分公司；将新技术开发分公司并入了第一鞋业分公司，撤销了革制品分公司，增加了销售分公司。至此，天津皮革行业的主要产品经营活动基本转入到津港集团中来。

1995 年，天津福尼亚皮革制品有限公司被撤销。1996 年年初，由于津港集团在经营运行中出现了一些问题，经双方协商，在合资企业中分离出 6 家继续合资经营，并改为具有独立法人资格的合资公司，分别是天津南华利生体育用品有限公司（原利生运动制品分公司）、天津南华皮革有限公司（原第二制革分公司）、天津南华劳保皮件有限公司（原劳保皮件分公司）、天津南华制鞋有限公司（原第一鞋业分公司)、天津南华皮革化工有限公司（原皮革化工分公司）；天津南华亚美皮箱有限公司（原亚美皮箱分公司）。当年，天津南华亚美皮箱有限公司又退出了合资企业，恢复为国有企业。其余企业退出合资，成为皮鞋集团旗下的具有法人资格的全资子公司。同年，天津皮鞋集团有限公司进行建立现代企业制度改革，并更名为“天津市隆庆集团有限公司”。借此，退出的10家企业更名为“天津隆庆制革有限公司”（原第一制革分公司）、“天津隆庆运动鞋有限公司”（原运动鞋分公司）、“天津隆兴皮鞋有限公司”（原第二鞋业分公司）、“天津隆盛皮鞋有限公司”（原第三鞋业分公司）、“天津隆庆衣箱有限公司”（原佳悦衣箱分公司）、“天津隆庆皮具制品有限公司”（原皮具制品分公司）、“天津隆庆皮革五金有限公司”（原皮革五金分公司）、“天津隆庆革皮服装有限公司”（原革皮服装分公司）、“天津隆庆皮革机械有限公司”（原皮革机械分公司）、“天津隆庆皮革制品商贸有限公司”（原销售分公司）。加之天津隆庆亚美衣箱有限公司、天津皮件厂、第三皮鞋厂、天津鞋楦厂、天津市皮箱厂等企业，形成了新的天津皮革行业新格局。是年，天津福亚实业有限公司成立，至此原第四皮鞋厂实现了跳产经营，专营实木地板产品，转向室内装饰产业。由原18家合资企业母体厂组成的利生体育用品厂、第二制革厂、第一皮件厂、皮革化工厂宣告破产。同时，由隆庆皮具有限公司与韩国公司合作，成立了天津金兴洋行皮衣有限公司，专门生产各式皮衣，年产量达到30万件。

1997年，第三皮鞋厂完成破产程序，退出历史舞台。1998年，由隆庆制革与韩国公司合作的隆庆金兴制革有限公司成立，专营各种皮革，使皮革质量、产量都有了质的飞跃。1999年，亚马逊鞋业有限公司被撤销。2001年，天津隆庆制革有限公司宣告破产。2002年，隆兴皮鞋有限公司被隆盛皮鞋有限公司兼并。2004年，隆庆运动鞋有限公司被隆盛皮鞋有限公司兼并。2007年，隆庆皮革机械有限公司在被并入隆庆集团有限公司列为分公司后，重新分立出来，更名为“隆庆双轮机械有限公司”，隆庆亚美箱包有限公司宣告破产。2009年，天津市皮箱厂宣告破产。至此，在天津原有皮革行业系统内，还剩下了为数不多的皮革及制品企业。国有独资的企业有金章制鞋有限公司、隆庆双轮皮革机械有限公司、隆庆皮革五金有限公司、天津鞋楦厂、天津皮件厂、天津金兴洋行皮衣有限公司、天津福佰工贸有限公司、天津隆盛皮鞋有限公司。

中国港、澳、台合资经营企业有天津南华制鞋有限公司、天津南华利生体育用品有限公司、天津南华皮革有限公司、天津南华劳保皮件有限公司、天津南华皮革化工有限公司、天津赫勃斯鞋业有限公司、天津津辉鞋业材料有限公司；中外合资经营企业有天津环球革皮制品有限公司；中外合作经营企业有天津隆庆金兴制革有限公司。合计 17 家，其中金章制鞋有限公司、隆庆皮革五金有限公司、天津鞋楦厂、天津皮件厂、天津金兴洋行皮衣有限公司、天津福佰工贸有限公司、天津隆盛皮鞋有限公司、天津南华皮革有限公司、天津赫勃斯鞋业有限公司、天津津辉鞋业材料有限公司、天津环球革皮制品有限公司等 11 家企业由于各种原因已停产多年，有退出工作的，也有正在进行清算的。只有天津隆庆金兴制革有限公司、隆庆双轮皮革机械有限公司、天津南华制鞋有限公司、天津南华利生体育用品有限公司、天津南华劳保皮件有限公司、天津南华皮革化工有限公司等 6 家企业依然开展正常的生产经营活动。

三、新兴企业的兴起

改革开放以来，国家经济政策和产业政策不断调整与完善，这也给皮革行业发展带来了生机和希望，一批多种经济成分的皮革及皮革制品或相关配套企业，像雨后春笋般地成长起来，出现了以澳宇（天津）畜产制品有限公司、天津盛大动物养殖发展有限公司为代表的毛皮、羊毛绒制品企业；以天津市静海县惠岩皮革加工厂、天津隆顺制革有限公司为代表的皮革生产企业；以天津市群星化工皮革公司、天津市胜达化工厂、天津市宏强皮革涂饰剂厂、天津市同盛工贸有限公司、天津市巨丰皮革化工有限公司为代表的皮革化工企业；以天津市金林皮革机械有限公司、卡德维拉（天津）皮革机械有限公司为代表的皮革机械制造企业。

第二节 工艺技术与产品质量

一、工艺技术

经过几十年的探索与发展，天津皮革行业的工艺技术发生了很大改变。特别是新中国成立后，在党和政府的关怀和支持下，广大工程技术人员不断研究、试制，有了很大的改进和发展，技术结构发生了深刻变化。皮革行业已经从一个脏、臭、累的行业初步改造整理成为具有整洁、明亮、文明工作环境的行业，工人的劳动条件和劳动环境都得到很大改善。

新中国成立前，皮革行业厂家的工艺、设备都很落后，厂房低矮、黑暗、潮湿，设备简陋。从制革到制鞋主要依靠手工操作，工人的劳动强度大、效率低。特别是重革的生产，虽然当时天津的重革在全国有着举足轻重的地位，有“南轻北重”的说法，但生产工艺还处于一种原始状态。新中国成立后，特别是社会主义改造基本完成以后，皮革工业的生产手段和生产工艺有了根本性的变化。在制革方面通过技术革新和技术改造，部分工序实现了机械化，并采用了一些新的工艺配方，生产条件得以改善。在制鞋方面，过去的生产工具主要是剪子、锥子、榔头“三大件”，主要以手工操作为主。社会主义改造以后，一部分企业丢下了剪刀，开始采用裁断机下料；在底工工序采用了内线机和外线机，打破了传统锥子绱鞋手工操作方法，流水生产线效率明显提高。

进入20世纪60年代，天津的皮革工业进入了正常发展阶段，工艺技术发生了根本变化，日用鞋生产逐步采用新工艺新技术。天津制鞋厂和第四皮鞋厂生产日用鞋率先采用了模压工艺方法，开创了为全国皮鞋行业生产先河，使生产效率由人均日产1双升至6双。随着新工艺的推广应用，皮鞋生产相继采用了胶粘工艺和注塑工艺等，有效地提高了制鞋的劳动生产率。在制球工艺技术上，除传统的线缝球外，采用了胶粘工艺，出现了胶粘球。皮件生产在保留硬皮件生产技术的同时，又开辟了软皮件生产技术，拓宽了皮件的生产品种。工艺技术的不断更新，使皮革产品品种不断增加。随着各种企业生产特长的发挥，出现了一批有特点和有一定声誉的皮革制品，如天津皮件的皮革服装、第一制革厂的猪革、第二制革厂的服装革、第二皮鞋厂的女鞋、第四皮鞋厂的男鞋、第八皮鞋厂的童鞋等，都形成了自己的特点。在改进工艺的同时，皮革制品的生产设备也发生了很大的变化，机械化程度不断提高。特别是改革开放以来，皮革行业在固定资产投资上，开始引进一些新技术、新设备。从1978年至1990年，共引进国外先进设备814台套。在制革生产上，引进了意大利等国家的先进设备，提高了产品规格的精度，增加了得革量，减轻了劳动强度，提高了生产率。在制鞋生产上，通过引进国外生产线及关键设备，使男女浅鞋、运动鞋从产量到质量档次都上了一个新台阶。天津市皮革化工厂引进霍奇森公司软件技术合成鞣剂竣工投产，共有6个品种，年产规模4160吨。生产设备有的按英方设计由国内加工，有的选用国产标准设备配套。产品经使用鉴定效果明显，用该项目合成鞣剂复鞣的皮革，粒面紧密平滑，是生产白色革、软面革较理想的复鞣材料。新技术的引进改变了过去复鞣剂材料品种少、性能差的状况，天津市皮革化工厂是我国第一家引进国外技术生产皮化材料的企业。天津市佳悦衣箱厂于1987年使用工商分行外汇贷款64.4万美元，从中国台湾进口塑料挤出机、中空成型机、多工位一次冲孔机、自动弯角机、码钉机、铆钉机等生产配套设备，加快了该厂技术进步和产品结构调整的步伐，生产出ABS旅行衣箱、公文箱等系列产品。1990年该项目实现产值846万元，利税49万元，创汇2万美元。

工艺和设备的改进配套促进了产品开发进程，制革产品已由较单一的底革、修面革等产品发展到多品种、多花色、多规格，猪、牛、羊革的品种均发生了质的变化。猪皮产品先后开发了猪正面革、苯胺革、纳巴革、缩毛孔革、服装革等系列产品。其中猪纳巴革、苯胺革、正面革等产品与运动鞋配套一起出口，牛革产品已经研制并投产，包括软修面革、厚制修面革、军工正面革、青光革、效应革等，为皮革制品的升级和多样化奠定了基础。

二、 产品质量

天津皮革产品有其自身的特点，以坚固耐用、物美价廉、品种齐全著称，畅销天津、华北、西北乃至全国整个市场，并出口多个国家和地区。新中国成立前后，天津的皮革产品主要以军需和工矿劳保鞋为主。社会主义改造基本完成以后，随着行业整体优势的发挥，产品品种在不断增加，销售渠道逐步扩大。随着制鞋工业生产能力和国内人民生活水平的提高以及国际贸易的发展，天津皮鞋生产也由工矿劳保鞋向民用皮鞋转变。进入20世纪60年代以后，运动鞋和各种旅游鞋的出现满足了人民生活需要。球类、皮件、箱包的品种和花色也更加齐全繁多。经过几十年的发展，天津皮革制品的产品已经发展成12大类，近2000个品种。主要产品有牛、羊、猪鞋面革、服装革、箱包革、沙发革和牛重革、工业用革、军用革、油鞣革等；各种包袋、小皮件、工业皮件、皮制球和皮革机械、皮革化工、皮革五金等。

近年来，天津皮革行业在发展过程中，注重以提高企业和人民素质为中心、以加强企业管理为重点、以科技发展为先导、以提高技术质量为前提，加强质量管理和监督工作，产品年年有更新，质量档次迅速提高，绝大部分产品已达到当代国际水平，产品已大量出口，年创汇额在2000万美元以上。产品质量的提高，使不少产品创出了声誉，在国际、国内获奖。先后有天津皮件厂“冰宫”牌皮革服装于1988年在莱比锡国际博览会上获金奖；1987年，天津运动鞋厂“金杯”牌雪地鞋在布尔诺国际博览会上获金奖；利生体育用品厂的“金杯”牌手缝牛皮手球、足球在1979年北京国际博览会上获得金奖。其他获得国际金奖的还有天津运动鞋厂的“金杯”（跃羊）牌足球鞋、旅游鞋；第二皮鞋厂的“孔雀牌”羊皮包子鞋、“一枝花”牌女皮鞋；天津制鞋厂“雪山”牌牛面机制线缝靴。获得国际银奖的产品有天津制鞋厂“金百合”牌女皮鞋、第一皮鞋厂“天星”牌登山健身鞋、第四皮鞋厂“海河”牌牛皮模压男浅鞋、天津运动鞋厂“金杯”牌旅游鞋、天津皮件厂“球星”牌皮手套、“冰峰”牌皮手套。获国际铜奖的产品有中环制鞋厂的“耐久”牌牛油鞣革男浅鞋、第三皮件厂的“金园”牌皮包和皮票夹、佳悦衣箱厂的“新港”牌包袋、天津皮箱厂“天鹅”牌旅行衣箱。天津曾有9种皮革产品获国际金奖，10种产品获国际银、铜奖；3种产品获国家质量金奖，5种产品获国家质量银奖；共有部、市优产品78种。2004年“应大”品牌获得“中国名牌”、“中国驰名商标”和“中国国家免检”三大国家级荣誉称号。2000—2009年“应大”品牌五次获得“真皮衣王”称号。

“金杯”牌雪地旅游鞋是天津运动鞋厂生产的高档防寒旅游用品。该厂是我国最早生产运动鞋的厂家之一，已有30多年历史，能满足足球、田径、冰上、雪上等34个体育项目比赛、训练和旅游需要，有360多个花色品种。该厂生产的雪地旅游鞋是近年开发出来的新品种，其楦型是根据运动员的脚型结合矫形学而设计的，可减轻疲劳，有利于活动。在结构设计上根据雪地运动的需要，帮面采用耳舌一体化，帮底结合处粘有橡皮围条。在选材方面，鞋面采用20世纪80年代轻体、保温防寒，其抗张强度高，伸长率小，吸水性小，色泽鲜艳，柔软防寒；中底采用色泽与帮面协调的微孔材料，柔软且富有弹性，有减震性能；其外大底底型花纹选用组合图形，美观大方、耐磨、防滑性能好。绷楦时采用码缝工艺，冷粘成型，黏合牢固，内在质量好。该产品具有防风、防雪的功能，有着运动鞋的重量轻、坚固、美观、舒适等特点，适于冬季野外长途和旅游活动穿用，其剥离强度大于等于30，附着力为22，曲挠度大于等于3万次。

从20世纪50年代起，天津皮件厂开始生产皮革服装，逐步发展成为生产高档皮革服装和皮革手套为主的综合性专业厂家，产品畅销全国各地，出口欧、美、亚30多个国家和地区。“冰宫”牌皮革服装是该厂生产的优质名牌产品。产品选用优质绵羊皮革，革身丰满，弹性适中，皮革粒面细，丝绸感强，缝制使用纯丝线，保证了缝合拉力和美观，各种缝线细直，无跳针漏针，无赶皱无线头，止口挺直，无弯曲和漏翻，驳茬部位采用国际通用的双面胶带粘合，贴边工艺采用国际先进工艺大勾身，提高了产品的价值，各道工序都按工艺严格把关，使成衣的色泽、皮纹、光亮度和厚薄一致。该产品结构设计合理、用料得当、缝制精细、外观整洁、款式新颖，有夹克型、宽松型、外衣型等品种，穿着舒适大方，保暖御寒，经久耐穿，适宜春、秋、冬三季穿用。该产品曾两次获天津市、轻工部优质产品称号。1984年在全国皮革服装质量评比中获一类产品第一名，1985年获国家质量银质奖，1988年在全国轻工业出口产品博览会上获金奖，1989年在莱比锡国际博览会上获金奖，同年获国家质量金质奖。

天津利生体育用品厂有70余年的生产史，该厂生产的“金杯”牌手缝5号牛皮足球，是足球运动员比赛和训练使用的专用足球。该产品选用优质牛皮皮心部位，精制成专用球革，手工缝制而成。手工缝制工艺精细，不漏线。该产品重量为425—455克，圆周长为

68—70 厘米，气密性在 101325 牛/平方米压力下停放 24 小时，允降 10%，具有圆度好、不变形、球体柔软、耐磨、脚感舒适等特点，并采用先进的防水工艺制革，球体吸水性小，保证雨天正常使用。该产品通用款式为黑白 32 片型，其优质的性能和新颖的外观受到国内外足球界人士的好评。产品行销国内并销往国外 70 多个国家和地区。1979 年，该产品被国际足球联合会批准为国际比赛用球；1979 年、1984 年两次荣获国家优质金奖；1989 年在首届北京国际博览会上获金奖。

天津市第四皮鞋厂生产的“海河”牌牛面模压男浅鞋使用黄牛正面革为原料，经橡胶模压制底工艺制成的男式皮鞋，是国内用模压工艺生产的唯一获国家优质奖产品。牛面模压男浅鞋结构合理，在保持传统工艺产品造型的基础上，其大底墙子、大底花纹都有创新。大底配方科学，模压一次成型，缝帮采用反折里工艺。该产品采用日本国家的 SS5050—1984 工业标准生产。生产中采用了专料、专人、专机台的方法，有一整套较齐全的检测手段，确保了产品的质量水平。产品外观庄重大方，具有穿着舒适、不易变形、磨损低的特点。老、中、青年男子皆宜穿用，是国内外市场受欢迎的产品。自 1979 年后，“海河”牌牛面模压男浅鞋在全国皮革行业 6 次质量评比中均获一类产品第一名，两次被轻工业部评为优质产品，1984 年获国家优质产品银质奖，1989 年在首届北京国际博览会上又获得银质奖。成立于 1992 年的应大皮革时装有限公司，核心产业为皮装与时装，长期致力于中国时尚产业的规划与发展，于 2006 年成立天津应大投资集团。

第三节 经营管理与行业分类

一、经营与管理

新中国成立初期，天津皮革工业的生产总值只有 671 万元，到 1959 年达到 6447 万元，每年以 25.30%的速度递增，20 世纪 90 年代已经达到 44520 万元，比解放初期提高 66 倍。皮鞋产量新中国成立初期只有 10 万双，1990 年已达到 403.24 万双，比解放初期提高近 40 倍。随着生产、质量的不断提高，销售市场也不断扩大，已发展到东北、华北、西北地区，80%的企业都有出口产品，出现了一批外向型企业。如出口男、女日用皮鞋和劳工鞋的天津制鞋厂、第二皮鞋厂；出口运动鞋、旅游鞋的天津运动鞋厂和第一皮鞋厂；出口箱包皮件天津皮件厂、第一皮件厂、第三皮件厂和天津皮箱厂等。产品出口美国、意大利、中国香港等 30 多个国家和地区。1990 年出口交货值达到 6989.56 万元，占整个工业总产值的 16%。

企业管理工作的完善和加强，促进了经营工作的提高和完善。天津制鞋厂在行业内率先建立了一整套经济核算制度，从节约一根针、一尺线、一寸皮入手，核算成本，降低了费用，提高了效益。天津皮件厂通过加强管理工作，深挖企业潜力，节约每一寸皮，生产皮衣的下脚料被再次利用，皮革利用率由66%提高到96%以上，原材料综合利用创利近百万元。在质量管理上，针对皮革产品多年来手工工艺操作中存在的问题，不断夯实管理基础，按照国际市场的行业标准，利用国内外先进的质量管理体系，使产品实物质量水平有了较大的提高，质量管理工作体现出新的特点。第一，加强标准化管理。从制革、制鞋到箱包皮件产品，严格执行轻工部制定的质量标准，结束了皮革产品无标准可依的历史，产品质量合格率稳定在 98%以上。第二，加强对产品质量的监督。以前对皮革产品的检验，主要依靠眼看、手摸，凭经验而定，缺乏科学依据。“七五”期间，天津皮革工业建立起产品质量检测中心，使产品质量检测工作走向科学化、专业化、现代化。与此同时，从公司到基层建立起质量监督网络，行业的质量管理走上了正规化。

经过几十年的发展，企业的管理素质和技术素质有了明显的提高，培养了一批专业管理和专业技术人才。到 1990 年年底，全行业有专业技术干部 1511 人，占职工总数的 9.7%，其中具有高级职称的 36 人、中级职称的 253 人、初级职称的 1222 人。天津制鞋厂、第二皮鞋厂、运动鞋厂、第一制革厂、天津皮件厂等 5 个单位，被授予“国家二级企业”称号。管理工作不断完善和加强，造就了一批为企业发展做出贡献的模范人物。自新中国成立以来，天津皮革行业先后出现了 63 名劳动模范。他们在各自的岗位上认真工作，为皮革行业的发展做出了贡献。

二、行业分类

（一）制革

皮革行业的基础产业是制革业。制革业是以畜产品原皮加工成的各类皮革，是皮鞋、箱包、皮衣以及皮革制品的原料。

1.制革工业的发展概况

1896 年，吴懋鼎先生在天津创建的天津北洋硝皮厂是我国近代第一家制革厂。1915 年，由私人集资建立的华北制革公司是当时规模最大的制革公司。到 1931 年，天津已有制革厂十几家，皮革作坊十多个，但生产能力都很低，产品品种及工艺极少且简单。皮革工人和手工业者不仅劳动强度很大，而且收入和社会地位都很低。新中国成立后，在党和政府的关怀下，天津制革行业获得快速发展，接管了了官僚资本企业天津制革厂。1950 年，组建了地方国营企业津南制革厂，成为天津皮革行业的优秀企业，1955 年的生产水平比 1949 年提高一倍以上，社会积累以每年 25%的速度递增。

1959年，天津市轻工业局和手工业局合并，重新成立了天津市皮革制品工业公司。下属制革企业年生产皮革80万张（折牛皮）。到20世纪60年代初，天津市的皮革工业已初具规模。

1979年改革开放以来，天津的皮革行业积极改革管理模式，搞活生产经营，全行业生产水平得到很大提高。1988年，天津市对皮革制品工业公司进行改制，以名牌产品为“龙头”，以大厂为依托，组建了天津制革公司。经过近40年发展的皮革行业已经显示出一定的实力，生产水平、技术水平、机械化程度、加工能力等都有了突飞猛进的发展。截至1990年底，实现产量投皮（折牛皮）98.5031万张，其中牛皮34.1841万张、猪皮108.913万张、羊皮59.0420万张；轻革285.2619万平方米；重革203.176吨。1991年年底，天津市合并组建了新的皮鞋集团公司，使天津皮革行业整体功能优势得到有效发挥。当时其下属大型制革企业有天津市京津制革厂天津市第一制革厂、天津市第二制革厂等。

1993年至1994年是天津皮革行业开始较大变化的时期。国企改革不断深化，中外合资企业兴起，生存能力差的企业先后进行了调整。1991年撤销了天津制革厂，原厂的两个牛革车间并入了第一制革厂，一个羊革车间并入了第二制革厂。1993年7月，天津皮鞋集团公司与中国香港南华集团公司共同合资组建了天津津港集团有限公司，当时皮鞋集团有限公司有18家企业参与到合资经营中来，其中制革行业的企业有第一制革分公司（原第一制革厂）、第二制革分公司（原第二制革厂）、第三制革分公司（原京津制革厂）。以上公司均为非独立核算公司，由津港集团统一对外。在经营运作过程中，津港集团又将第三制革分公司并入到第一制革分公司。至此，天津皮革行业的主要产品经营活动基本转入到津港集团中来。1996年年初，由于津港集团在经营运行中出现了一些问题，经双方协商，在合资企业中分理处6家继续合资经营，并改为具有独立法人资格的合资公司，其中天津南华皮革有限公司（原第二制革分公司）为当时主要的制革合资企业之一。1998年，由隆庆制革与韩国公司合作的隆庆金兴制革有限公司成立，专营各种皮革，使皮革质量、数量都有了质的飞跃。

随着国家经济政策和产业政策的调整和完善，一批皮革配套企业逐渐崭露头脚，出现了以天津市静海县惠岩皮革加工厂、天津隆顺制革有限公司等单位为代表的皮革生产企业，这些新兴企业与原有的合资制革企业共同成为天津市制革行业的支柱企业。

2.制革生产工艺

民国初年，新法制革输入我国，传统制革方法逐渐被新工艺代替。特别是进入20世纪70年代，制革工业发展迅速，其工艺烦多，变化较快。为了方便叙述，将民国以来的制革工艺分为两个时期，即旧法制革时期和新法制革时期。但新法制革的开始并不表明旧法制革的结束，新旧交错甚至混杂跨越半个世纪。具有重大影响的新工艺、新材料的研究试验及应用推广及主要的制革方法如下。

（1）旧法制革

旧法制革指古老的传统制革方法，也是当时在国内普遍实行的制革方法，具体方法大致可归纳为 3 种。第一，烟熏法。将浸灰脱毛净化原皮浸透芒硝或食盐，以草生烟熏之，约七八遍熟透即止，在木架上撑晒而成。制成之革多做鞋底。第二，芒硝法。将浸灰脱毛净化原皮浸入芒硝溶液数日，浸透即成，俗称“白皮”。第三，芒硝加“引子”法。所谓“引子”，即麸皮、鸽子粪、猪胰脏、五倍子等天然材料。将浸灰脱毛净化原皮浸入“引子”液数日，再下硝锅煮至八成熟，然后将皮刨至所求之均匀及厚度，擦豆油涂色，撑晾搓揉即成。制成之革属轻革。近代制革工业兴起后，上述方法逐渐淘汰，一些制革作坊也学习采用新法或新旧结合，直至 20 世纪 60 年代才基本被摒弃。

（2）新法制革

新法制革指利用栲胶、红矾和其他化工材料鞣制皮革，简称“植鞣”和“铬鞣”，新法制革工艺可分为准备、鞣制、整理 3 道工序。

第一，准备过程（包括原皮浸水回软、去肉、脱毛、膨胀、片皮）。20 世纪 50 年代以前，全部是手工操作，使用简单工具及缸桶池之类，材料只有石灰。所以脱毛膨胀工序也称“浸灰工序”，所用方法称“池浸灰脱毛工艺”。有的采用“跳池法”浸灰或划槽浸灰，辅以少量硫化碱脱毛，可称初期的灰碱法工艺。周期为 1015 天。进入 20 世纪 50 年代，以转鼓助软，去肉机去肉，池浸灰，硫化碱脱毛，即灰碱法在充分回软的基础上，加入硫化钠、氯化钙、消石灰、火碱等，整个过程只需 2—3 天，大大缩短了生产周期。20 世纪 70 年代后，出现了倾斜式铁制转鼓，采用快速浸水，加之厂房的改造和专用设备的大量增加，准备过程实现了转鼓化。灰碱法、盐碱法、双碱法、铵碱法及酶脱毛等工艺被广泛应用，周期为 3—4 天。由于引进了高性能、高精度片皮机，80 年代初由片碱皮改为片蓝湿皮工艺，质量和得革率均有较大提高。

第二，鞣制过程（分重革和轻革）。重革鞣制过程。20 世纪 50 年代至 60 年代初，重革鞣制由缸（或木桶）鞣改为池鞣，以适应较大规模的生产。池鞣即重革卧池鞣工艺，周期 30—60 天，时间长、劳动强度大，是制革生产脏、臭、累的集中点。60 年代中期改为吊鞣工艺，利用行车移池和压流法循环“色液”，减轻了劳动强度，但与卧池鞣工艺没有根本区别。进入 70 年代，采用池鼓结合鞣或鼓池结合鞣，利用机械作用加速浸透，周期为

15—20 天。20 世纪 50 年代以前，缸泡棍搅为轻革鞣制的主要方法。使用红矾、麸皮、猪胰脏等材料，以二浴法、三浴法鞣制，周期 3—5 天。50 年代后，少数工厂使用转鼓或划槽，并大量应用化工材料。50 年代中期，制革生产逐渐集中，转鼓鞣制被普遍采用，并设专职配料人员，二浴法改为一浴法。60 年代采用机械片皮，增加削匀弥补片皮之不足。80 年代，各厂广泛采用片蓝湿皮工艺，增加复鞣，周期为 10—15 小时。

第三，整理过程（包括漂皮、干燥、压光、整软、涂饰等）。重革整理过程。新法制革初始不漂皮，晾干坯、下闷箱，手工挤水、抹油，自然干燥，人工压皮，较大厂家用底革压光机（俗称“底皮床子”）。20 世纪 40 年代以后用木桶漂皮。50 年代，一般制革厂利用锅炉蒸气结合自然干燥。70 年代改为转鼓漂皮、机械挤水及伸展。至此，重革整理基本机械化。重革生产周期为 15—20 天。轻革整理过程包括：轻革干燥在 40 年代采用自然干燥，挂晾或钉板。50 年代，结合蒸气干燥。70 年代初采用贴板干燥挂晾。整软在 60 年代以前采用铲、搓、推、压等手工操作，60 年代逐渐采用自制或仿制机械，相当于国外三四十年代的水平。70 年代以后，少数企业引进国外较先进的振荡拉软机、刮软机，工效较高，但个别部位仍需特殊处理。软革品种多用转鼓摔软。50 年代中期，软革由手工刷色、熨平改用手持喷枪喷涂，利用干燥传送装置，俗称“连续化喷色”。1965 年，又利用机械摆动喷头，制成摆动式喷涂设备。同时，开始引进熨皮机。进入 80 年代，引进淋浆、滚涂设备，涂饰工艺达到新的水平。修饰面革、绒面革等品种，增加了磨革、压花工艺。

（3）新工艺、新材料

第一，酶脱毛工艺。该工艺对猪软革产品应用效果较好，轻工业部及地方工业管理部门采取一系列技术性、政策性措施加以推广，至 1980 年，部分制革厂采用酶脱毛工艺。

第二，稀土鞣革工艺。氯化稀土适宜鞣革，以铬鞣结合纯稀土复鞣工艺制作的猪正面革，外观质量有所改善，可代替 25%的铬液，得革率提高 1.5%—1.8%，成本每张降低 0.258 元。3 号稀土适宜鞣革，铬鞣结合稀土复鞣工艺制成的猪服装革，外观质量、理化指标均符合省定标准，达到或超过原产品水平，一级品率提高 20.8%，复鞣废液含铬量下降为 0.043 克/升。

3.制革生产设备

（1）旧中国制革生产设备

传统的旧法制革，设备简陋，主要用烟熏炉、木桶、盆缸、晾皮架、案子及刮肉弯刀、刨皮刀、压皮刀、铲皮刀、搓软板、刷子等手工工具。20 世纪初，新法制革传入后，制革设备有明显进步。40 年代直至新中国成立前，鞣池、转鼓、底革压光机、削匀机、打光机、刮软机仅少数较大厂家使用，且数量极少，有的还需人力驱动，大量的手工作坊仍沿用旧式设备和工具。

（2）新中国成立后的制革生产设备

从1949年到20世纪60年代中期，制革生产集中，向工厂化大规模生产过渡。制革企业在去肉、拔毛、片皮工序上已使用国产或自制机械。制革重要设备，如悬挂式木制转鼓，由各企业自制。由于工艺改进，转鼓增多，水泥池子逐渐被淘汰。70年代后期，较大制革企业实现湿加工转鼓化，并自制容积较大的倾斜式铁制转鼓。自60年代后，挤水、伸展、打光、刮软、扫毛、磨革、削匀、熨平、压花、压底等机械设备国内均可生产。因生产厂家少、供货不足，有条件仿制的设备，各企业自制。

70年代，制革厂自制贴板干燥设备和摆动式连续喷涂干燥设备，喷涂工序实现连续化、机械化。1974年，电子量革机仿制成功。至70年代末，制革生产机械化程度达80%以上。从60年代中期至1975年期间，制革厂开始从联邦德国、意大利、英国等国家引进片皮机、磨革机、熨平机、削匀机、振荡拉软机、伸展机、喷涂设备等制革设备。

（3）改革开放以后的制革设备

改革开放初期，制革企业陆续开始引进机械设备，如片皮机、磨革机等，从英、法、意、联邦德国等国引进制革设备。20世纪80年代中期，主要引进了真空干燥设备、通道式干燥设备、自动绷板干燥设备，刮软机、打光机、湿磨机、量革机、抛光机、压花机以及二层喷涂、旋转喷涂和连续滚涂等多种喷涂机械。进入90年代，制革企业开始大量引进片皮机、削匀机、挤水伸展机、熨平压花机、真空干燥机等关键设备，大幅提高了企业技术装备水平，提高了产品档次，增加了花色品种，开拓了国际市场。90年代初，天津第一制革厂引进了西班牙、意大利的整体片皮机和自动绷板干燥设备，第一次实现了整体片皮、去肉片皮一次完成，结束了将原皮从中间分割开后再进行片皮的历史。该设备的应用，使皮心部位得到了有效保护，提高了成品质量等级，与自动绷板干燥设备结合，提高了成革得革率，使得革率从33—35平方尺/张提升到75平方尺/张以上，实现了质的飞跃，创造了新的经济效益。

4. 主要产品品种

（1）原皮种类

20世纪40年代，制革以牛皮为主，其次是杂皮、羊皮、猪皮。猪皮多制底革。20世纪50年代，国家实行保护耕牛政策，大力发展养猪业，鼓励开发猪皮制革，故猪革产量逐步增加。

（2）品种

新中国成立前，牛重革有底革（俗称“红底”或“花旗底”）、轮胎革和三色底革；牛轻革有鞋面革（俗称“纹皮”）、带革和球革；羊革主要是里革和箱皮革；猪革多是烟熏底革。新中国成立后，产品品种繁多。据1979年统计显示，牛重革有底革、轮胎革、软底革、三色底革；牛轻革有修面革、球革、油封革、装具革、大油革、正面革、皱纹革、印花革、苯胺革、篮球革、排球革、加脂革、带子革；猪重革有底革、硬车座革、三色底革、码子革、碗革、软底革、蓝底革；猪轻革有正面革、软车座革、修面革、大油革、服装革、生活手套革、劳保手套革、带子革、球革、油封革、苯胺革、压花革、单面绒革、双面绒革、加脂革、半硝革、鼓革；羊轻革有面革、鞋面革、漆革、鼓革、风琴革、手套革、鞋里革、服装革、绒面革、帽子革、油革；剖层革有牛剖层修面革、绒面革、大油革、牛剖层底革、加脂革、猪剖层光里革、蓝里革、箱包革、栲里革、鞋用里革、修面革、美术革。

从20世纪90年代起，产品品种发生了很大变化。从80年代末鞋面革、服装革到90年代中后期牛皮、羊皮的需求逐步增加，牛皮服装革、羊皮服装革也逐步取代了猪皮服装革的地位。随着改革不断深入，从90年代末到2008年前，人们生活水平的提高，为满足人们对皮革高档产品的追求，牛、羊革产品产量在大幅度增加。为适应形势发展变化的需要，制革企业又加大了技术改造的力度，调整产品结构，增加大量的花色品种，以满足市场消费的需求。牛皮制革得到进一步发展，牛皮沙发革、牛皮装具革应运而生，并开始生产皮毛一体的服装革。

（二）皮鞋

1.发展概况

新中国成立前，天津拥有皮鞋厂几十家，都属个体分散作坊，生产能力低，产品品种极少且工艺简单，劳动强度很大，收入低，社会地位低。新中国成立后，天津皮革工业得到迅速发展。1956年，天津市皮革鞋帽工业公司成立。1958年年末，天津皮革鞋帽公司撤销，部分厂归区管理，较大的天津制鞋厂归日用化工管理处管理。1959年，天津市皮革制品工业公司重新成立，下属制革、制鞋、皮件等26个企业。到20世纪60年代初，鞋类方面除原来的工矿劳保用鞋、日用皮鞋外，又增加了满足专业运动项目需要的运动鞋和满足人民生活需要的各种旅游鞋。1988年，随着改革的深入发展，组建了天津皮鞋集团公司。截至1990年年底，天津制鞋行业主要产品产量：皮鞋403.24万双，其中出口199.801万双。1991年年底，组建了新的皮鞋集团公司。当时的制鞋企业有天津市天津制鞋厂、天津市第二皮鞋厂、天津市第三皮鞋厂、天津市第四皮鞋厂、天津市第五皮鞋厂、天津市第六皮鞋厂、天津市第七皮鞋厂、天津市鞋楦厂、天津市运动鞋厂、天津市第八皮鞋厂、天津市第十皮鞋厂；技工学校一所，为天津制鞋厂技工学校。1992 年在全民集体联营企业中又增加了天津市中环制鞋厂（与第六皮鞋厂联营）、天津市第一皮鞋厂（与第十皮鞋厂联营）。

1993 年，在天津皮鞋集团建立了赫勃斯鞋业有限公司、亚马逊鞋业有限公司、津辉鞋业材料有限公司。1993 年 7 月，天津皮鞋集团公司与中国香港南华集团公司共同合资组建了天津津港集团有限公司，下设 18 家分公司。其中制鞋分公司有第一鞋业分公司（原天津制鞋厂）、第二鞋业分公司（原第一皮鞋厂）、第三鞋业分公司（原第二皮鞋厂）、运动鞋分公司（原天津运动鞋厂）。1995 年，撤销了天津福尼亚皮革制品有限公司。1996 年初，津港集团合资双方协商，天津南华制鞋有限公司（原第一鞋业分公司）成立；同年，天津皮鞋集团有限公司更名为“天津市隆庆集团有限公司”；同年，成立了天津福亚实业有限公司。至此，原第四皮鞋厂实现了跳产经营，专营实木地板产品，转向室内装饰产业。随着部分企业的兼并和破产，在天津以原有制鞋行业系统内，还剩下为数不多的企业。金章制鞋有限公司、天津鞋楦厂、天津隆盛皮鞋有限公司、天津南华制鞋有限公司、天津赫勃斯鞋业有限公司、天津津辉鞋业材料有限公司。其中金章制鞋有限公司、天津鞋楦厂、天津隆盛皮鞋有限公司、天津赫勃斯鞋业有限公司、天津津辉鞋业材料有限公司等企业由于各种原因已停产多年，有的正在进行退出工作，有的正在进行清算。但同时又有部分个体制鞋企业不断兴起，成为天津制鞋行业的新生力量。

2. 生产工艺

皮鞋按品种基本可分为五种生产加工工艺，即线缝、模压、硫化、注塑、胶粘。

20 世纪 50 年代，皮鞋生产均采用传统的手工线缝工艺，效率低下。60 年代初，模压工艺问世，提高了生产效率。1969 年采用硫化工艺生产皮鞋，但产品较粗糙。从 60 年代中期开始采用胶粘工艺，皮鞋生产技术取得重大突破，为皮鞋半机械化生产线的建立创造了条件。70 年代初，低档皮鞋的生产也开始应用简单而高效的注塑工艺。

（1）线缝工艺

线缝工艺，系采用手工将鞋帮料、底料缝制在一起。其种类可分为沿条鞋、透缝鞋、压条鞋等。手工码条皮鞋，缝制工艺复杂，加工精细。以 25 号皮鞋为例，规定码 148 个针码，上下误差不得超过 2 个针码。

（2）模压工艺

模压工艺，即在完成皮鞋粘帮、绷帮工艺后，采用模压机将配制好的橡胶混合物，通过一定的压力和温度，使之与皮鞋帮料牢固结合。此工艺可节约橡胶和劳动力。

（3）硫化工艺

硫化工艺，系将粘制好的皮鞋（绷楦或缝帮套楦）挂在铁车上，送入硫化罐内进行硫化。可分为热硫化和冷硫化两种，生产上主要采用热硫化。硫化工艺生产的皮鞋比较粗糙。

（4）注塑工艺

注塑工艺，系以聚氯乙烯（PVC）、聚氨酯（PU）等为主要原料，采用不同的注塑机，直接注塑皮鞋或注塑鞋底。该工艺简单，效率高，可生产化工用鞋或劳动保护鞋。

（5）胶粘工艺

胶粘工艺，系把绷好的皮鞋帮和预制好的鞋底，通过胶粘剂（氯丁胶、聚胺酯胶等）加压，使帮、底结合的工艺。胶粘工艺流程为鞋帮→鞋底制作→胶粘帮→包边底和制帮脚投毛→涂胶→活化烘干→复底→压合→整理检验→包装。此工艺是制鞋生产技术上的一项重大改革，推动了机械配套和胶粘流水线的使用。

随着改革开放不断推进，为满足人民对皮鞋的需求，美化人民的生活，20 世纪 80 年代末许多制鞋企业开始采用先进技术和先进设备，生产工艺不断改进，从鞋类制作的制帮和组底两大工段来看，制帮工段安装了先进的流水制帮设备，开始了大流水的机械化生产。制帮工段分划料、披皮、贴夹里、缝制等工序，开始分工生产，劳动生产率有了提高。制帮工艺在传统的串、编、镶、嵌基础上，增加了抽筋、贴片、穿珠、起皱、镂刻、电脑绣花、金属件装饰等新技术。

1988 年以后，组底工段由单干改为小流水乃至大流水操作，分出底料、钳帮、缝沿条、合外底、缝内外线、装跟、修底、打蜡、出楦、整理等几道工序，分工协作，发挥工人的技术特长，使劳动生产率有了提高。1990 年前后引进了具有世界先进水平的组底设备和生产流水线，开始了组装现代化大流水生产。1990 年以后，从真皮皮鞋到 PU、PVC 代用革鞋，旅游鞋、运动鞋、时装鞋、休闲鞋甚至劳保鞋，一般均采用胶粘工艺。使劳动生产率从过去每人每天不到 1 双提高到 5—6 双，旅游鞋、运动鞋达到 10 双以上。至 2000 年，鞋类生产已从 80 年代初手工操作一人单干到底，发展为用具有国际先进水平的机械化大流水细装生产，不仅劳动强度降低了，劳动生产率也提高了。同时运用了新技术、新材料生产出高中档次、多款式、多花色的皮鞋产品，满足了消费市场需求。

3. 生产设备

新中国成立初期，皮鞋业设备简陋，工艺落后，除制帮用脚蹬缝纫机外，其他全用剪子、刀子、锤子、钳子、锥子等工具，产品为单一的手工线缝皮鞋。新中国成立后，皮鞋生产厂家规模扩大，设备和技术得到迅速提高。

20 世纪 50 年代中期，皮鞋厂职工改造落后设备和进行技术革新的要求强烈，不仅积极学习外地先进经验，还在此基础上自己动脑子进行技术革新，先后制成了内线机、暗缝机、外线机，从而改变了延续半个多世纪的手工缝制工艺。合作合营后，皮鞋生产进行了改造调整，但仍以手工操作为主。60 年代初，模压机投入使用。60 年代中期，皮鞋业采用了胶粘工艺，使用了裁断机、下料机，提高了机械化程度。1980 年，前后引进了一些片皮机、针车机、湿热定型机等设备，使机械化程度有了进一步提高。随着产品装备化迅速兴起，各厂根据装备化的要求，将皮鞋各部件，使用统一规定的型号、尺码下料、制作。尤其使用了从国外引进的先进制鞋设备后，生产效率得到大大地提高。如使用绷楦机，比手工操作提高效率 15 倍。从 1988 年后，制鞋企业才逐步引进了一些具有国际先进水平的各种制鞋设备，如裁断机、PD 流水带，成型机、针车机、组底机、电脑绣花机、什车、下料机、片皮机、起毛机、钉跟机、成型机、检验设备等。经过十几年的发展，天津市皮鞋行业的装备水平已基本达到了世界同行业先进水平。

4. 主要产品

按生产工艺划分，皮鞋可分为线缝皮鞋、胶粘皮鞋、模压皮鞋、硫化皮鞋和注塑皮鞋五大类。一般来讲，线缝和胶粘皮鞋为高档产品，模压、硫化和注塑皮鞋为低档产品。胶粘皮鞋是 20 世纪 60 年代中期发展起来的新品种，因其具有花色品种变换容易、生产效率较高、适于现代化机械生产等特点，发展很快。从 1980 年始，胶粘皮鞋已占优势地位。总之，1980 年前后，鞋类生产主要手工缆线真皮皮鞋，少量生产胶粘的真皮皮鞋及 PU、PVC 代用革皮鞋，产量少、品种不多。至 1988 年年底已从单一的普通皮鞋发展至普通皮鞋、运鞋（旅游鞋）、劳防鞋、特殊功能鞋等 4 个大类，几千个品种，上万种款式。普通皮鞋是人们日常穿着的皮鞋，以用的材料分为真皮皮鞋、代用革皮鞋，以穿着对象分为男鞋、女鞋、童鞋、老人鞋，以穿着季节分为春秋时穿的单鞋、夏天穿的凉鞋、冬天穿的棉鞋。运动鞋（旅游鞋）是以天然皮革或代用皮革做鞋帮，配以塑料发泡结合底或橡胶聚氨酯底制成，供人们在旅游健身或工作时穿着的流行鞋种，有的称健身鞋、健步鞋，也有叫休闲鞋、跑步鞋的，穿着行走舒服，国内外市场需求量特大。劳防鞋是用于劳动时防护的特殊皮鞋。有用于带电操作工人穿的绝缘劳防鞋，有用于重工业工人穿的防砸耐热安全鞋，有用于化工生产工人穿的耐酸耐油劳防鞋，不同工种有不同要求，现已发展到医院护士穿的轻盈无声的医护鞋、宾馆服务员穿的工作鞋等。这类鞋一般鞋厂根据要求均能生产。特殊功能鞋是一种特殊结构和其有某种功能的鞋，其采用的材料和工艺与普通皮鞋、旅游鞋、运动鞋大致相同。

经过改革开放的洗礼，全行业职工的积极性得到充分的发挥，使引进的先进生产工艺和设备与高昂的职工创新精神有机结合起来，皮鞋产品不论是质量、款式都达到了历史最好水平。天津运动鞋厂“金杯”牌雪地鞋，1987 年在布尔诺国际博览会上获金奖；其他获得国际金奖的还有天津运动鞋厂的“金杯”（跃羊）牌足球鞋、旅游鞋，第二皮鞋厂的“孔雀牌”羊皮包子鞋、“一枝花”牌女皮鞋，天津制鞋厂的“雪山”牌牛面机制线缝靴。获得国际银奖的产品有天津制鞋厂的“金百合”牌女皮鞋，第一皮鞋厂的“天星”牌登山健身鞋，第四皮鞋厂的“海河”牌牛皮模压男浅鞋，天津运动鞋厂的“金杯”牌旅游鞋。获国际铜奖的产品有中环制鞋厂的“耐久”牌牛油鞣革男浅鞋。

（三）皮革服装

20 世纪 50 年代，天津的皮革服装行业开始发展起来，先后建立了天津皮件厂、第一皮件厂、第三皮件厂、第四皮件厂、第五皮件厂。1983 年 7 月，第五皮件厂并入天津皮件厂，第四皮件厂并入第一皮件厂，第三皮件厂更名为“天津金兴洋行皮衣有限公司”。

从 50 年代的低产能经过几十年的打拼，天津的皮革服装行业从产能、产量到技术、质量都有了质的飞跃。80 年代中期，皮革服装的产量只有 6.22 万件。到了 90 年代以后，天津的皮革服装行业步入了辉煌的年代。2003 年，天津的皮革服装产量达到 28 万件，创造历史最高水平。以天津皮件厂为代表的天津的皮革服装业以崭新的姿态展现在世人面前。1992 年“冰宫”牌皮革服装被轻工部命名为“全国最受消费者欢迎的轻工产品”称号；1995 年 12 月中国轻工总会授予“冰宫”牌皮革服装产品为“中国真皮标志名牌产品”称号；同时中国皮革工业协会授予“冰宫”牌皮革服装产品“中国真皮衣王”称号。1992 年，随着改革开放的不断深入，多种经济成分的皮革及制品企业应运而生。

（四）箱包皮件

1. 箱包皮件行业发展概况

在新中国成立前，箱包行业并不是一个独立的行业，个体作坊分散于民间各个角落，主要以手工制作皮箱、皮包、小皮件等，产量很低。新中国成立后，箱包行业逐渐形成一个独立行业。在恢复国民经济时期制定了“一化三改”为中心的过渡时期总路线，天津皮件行业获得了新生，个体分散的手工业者以公私合营、合作化的形式组织起来，当时有光复、吉顺、瑞记、广大、义巨、福昶兴、津联等皮件厂。1961 年先后并厂组建了和平皮件厂，即天津第二皮件厂。主要生产的产品是旅行包、药箱、皮腰带、小皮件及少量的人造革衣箱。第十一塑料厂的前身是建宁制图器械厂，1956 年合营后主要产品是各种学生用尺、计算尺，1973 年改建第十一塑料厂后除生产尺子外，还生产各种塑料日用品、皂盒、鞋底，并开始少量生产 ABS 塑料衣箱。1958 年在合作化高潮中，劳动生产力得到解放，一批公社企业相继成立。联华、联群、新时代、新华等都是由小厂小社逐渐扩大生产规模的。这些企业隶属关系几经变动，个体手工业作坊 1956 年公私合营，统一了专业，建立了行业工会。1958 年统一行业归口手工业局。1962 年贯彻“调整、巩固、充实、提高”的方针，部分厂如第二皮件厂、皮革五金厂、第十一塑料厂归属二轻局。联群皮件厂、联华皮件厂、新时代等包厂留在区公社，1965 年归口于二轻局行业公司，1968 年转各区工业系统生产指挥部。随着区工业管理机构的变化，各厂又相继归区工业公司、区工业局管理，直至 1978 年市调整工业企业管理体制，按行业组建了箱包工业公司。

建立专业化公司后，供产销统筹计划安排，组织行业内技术协作配套，调节产品结构，协调生产和经营，箱包行业发展很快。1978 年，组建公司有职工 1844 人，占地面积为 14006 平方米，建筑面积为 16914 平方米，固定资产原值 406 万元，净值 170 万元，年利润 248 万元，年工业总产值 25479 万元。当时主要产品有塑料制品，如各种绘图尺、层压革腰带、化肥袋、塑料床单、鞋底、塑料本皮、人造革围裙等；箱包产品如塑料和人造革旅行衣箱、公文箱、办公包、公文包、帆布旅行包、学生包等；缝纫杂品如服装、工作服、套袖、手套等。由于产品的品种多、杂，不利于对箱包产品进行专一的工艺研究和新品设计，几年来款式变化还是缓慢的。以产品结构分析，各种箱子年产 17.3 万个，产值为 519 万元；包类产品年产 256 万个，产值为 1405 万元；其他产品产值为 623.9 万元。专业化公司建立后，认真贯彻“调整、改革、整顿、提高”的方针，全行业发展较快，具有了一定的生产规模，形成了年产 40 万个衣箱、400 万个包的生产能力，培养造就了一批专业技术设计人员，其中工程技术人员有 28 人，产品水平在国内名列前茅，1984 年获轻工部全国包件产品优秀设计评比第一名。

2. 生产工艺

包类工艺分五个部分，即帮下料、粘合、清配、缝制和装配整理。箱类工艺以缝制成型和装配整理为主要加工工艺。

（1）包类工艺

包类工艺分五个部分，即帮下料、粘合、清配、缝制和装配整理。缝制为主要加工工序；粘合、清配则是缝制的辅助性工序。缝制工序又分缉拉练、缉大面明线、缉背带、缉里布、上牙子、包沿子、后缝包里子等几道小工序。以上工艺原采用手工缝制，从 20 世纪 60 年代起至今全部采用机缝。

（2）箱类工艺

箱类工艺以缝制、成型和装配整理为主要工序。缝制分手缝与机缝，即生产 H7202 和 30 寸×18 寸等家用箱时，钎子与大面缝合主要采用手缝。后发展为用万用缝箱机缝合。生产 30 寸×16 寸类模压箱，两片大面边缘的塑料条和支撑箱壳的铁口须用机器缝合。成型，即箱子上下两面制作成型，分压凹和推凸两个主要部分。1970 年，青岛研制成推凸机，取代人力推凸，减轻了劳动强度，提高了工艺水平。装配整理，系将箱锁、箱把、箱盖边缘的沿口、箱铁角装配至相应位置。模压箱铝口的装配，原采用成型后套在箱口上的办法，铝口在成型过程中损坏率达 30%，1983 年改用直接将长条型铝材顺箱口镶装的方法，减轻了劳动强度，降低了铝口损坏率。

3. 生产设备

1965 年以前，皮件行业的生产以手工操作为主，生产设备主要是缝纫机、18K 大轴机，专用设备很少。随着生产的发展，企业自制了压力裁断机、硬皮车座自动热压烫印机、皮带自动切割机等专用设备。皮件行业逐渐从手工操作转向机械化操作。20 世纪 80 年代后期，逐渐开始引进一些国内外的先进的设备，如全自动电脑片边机、上胶机、折边机等，大量减少手工作业和提高了加工精度，使皮件行业机械化程度及质量水平大为提高。

4. 产品

（1）产品种类

皮件制品产品品种繁多，款式变化快，大致分为皮箱类、皮包类、手套类、皮票夹类、皮车座类、革皮衣类、劳保用品类、小商品类（腰带、表带、工具袋等）。皮箱类，包括各种面料、不同规格的家用箱、模压箱、硬盖箱、方角箱、双盖箱；皮包类，包括各种款式的手提包、背包；手套类，包括生活手套、劳动保护手套；皮车座类，包括猪皮硬车座、软车座；工业皮件类，包括皮结、皮圈、皮垫、皮碗类；劳保用品类，包括安全带、护膝、套袖、围裙等；日用小商品类，包括烟包、腰带、表带；革皮衣类；皮票夹类；工具袋类等。各品种款式变化较快。

新中国成立前，皮件产品有工农业用皮轴、皮圈、皮垫、皮结等；军工用枪刀套、子弹袋、图囊等；生活用箱包、腰带、票夹等。其中生活用品比重较小。新中国成立后，生活用皮件成为主导产品，军需产品改由军工企业生产，工农业用产品也大大减少，有些已被橡胶、塑料制品代替。生活用品的原料结构有较大变化，原以皮革为主要原料的箱包，从 20 世纪 60 年代以后大量改用人造革及软塑料制品做原料。

（2）产品产量

箱包皮件产品行销全国，尤其“三北”地区是主要市场。1980 年销售额为 3719.1 万元，年销革皮箱 30.79 万个、革皮包 86.92 万个。出口产品远销至欧洲、东南亚、中东等 10 多个国家和地区，出口成交年份是 1982 年，成交额为 1872 万元，各种旅行箱 12.7 万个，各种包袋 177 万个。1990 年主要产品销售量：皮手套：116 万副，其中出口 74.2 万付；各种箱：22.83 万个，其中出口 43.8979 万个；各种包：44.37 万个，其中出口 22.14 万个；皮票夹：57.29 万个，其中出口 52.51 万个。市以上优质产品有“双喜牌”人造革衣箱、“叶牌”ABS 塑料衣箱、“天鹅牌”人造革软箱、“双蝶牌”公文包、“松鼠牌”有机玻璃尺等，优质产品产值率达到 23.3%。

（五）皮革化工

天津的皮革化工行业以天津市皮革化工厂即现在的天津南华皮革化工有限公司为代表。天津市皮革化工厂始建于 1964 年，厂址在天津市南开区渭水道，占地面积为 6497 平方米。该厂主要生产鹿羊牌揩光浆、颜料膏和奶子油（土耳其红油）等产品，是我国最早生产皮革化工产品的厂家。

1969 年，按照中国轻工业部皮革处的规划，从天津市皮革研究所抽调我国最初从事皮革化工材料研究的工程技术人员支援天津市皮革化工厂，开发研制出合成加脂剂、合成鞣剂、丙烯酸树脂乳液等产品，天津市皮革化工厂成为我国较早正式生产皮革化工材料的企业。随着我国制鞋行业的发展，该厂又开发研制了皮革粘合剂，解决了制鞋厂家底材从线缝到冷粘的工艺问题，从而使公司产品发展为合成鞣剂、合成加脂剂、皮革涂饰剂和皮革粘合剂四大类产品，成为生产制革、制鞋、皮件、毛皮用化工材料的专业企业，为全国皮革行业配套服务。当时天津南北皮革化工有限公司客户遍布全国，除天津制革厂、天津市第一制革厂、天津市第二制革厂和天津京津制革厂外，主要客户有北京制革厂、北京东方制革厂、齐齐哈尔龙江制革厂、牡丹江制革厂、佳木斯制革厂、哈尔滨制革厂、长春制革厂、沈阳皮革厂、沈阳第一制革厂、锦州制革厂、大连金州制革厂、秦皇岛制革厂、唐山制革厂、石家庄井陉制革厂、太原制革厂、西安制革厂、新疆五家渠制革厂、青海制革厂、平顶山制革厂、郑州制革厂、漯河 3515 制革厂、济南制革厂、文登制革厂、青岛制革厂、南京制革厂、徐州淮海制革厂、杭州制革厂、上海皮革厂、上海益民制革厂、南昌制革厂、合肥皮革厂、蚌埠制革厂、阜阳坎堤制革厂、长沙制革厂、株洲寰球制革厂、福州皮革厂、厦门制革厂、广州人民制革厂、南宁制革厂、桂林制革厂、昆明皮革厂和贵州思懋制革厂等，为我国皮革行业的发展做出了巨大的贡献。

随着我国皮革行业的飞速发展，公司生产的皮革化工产品供不应求，已经与我国飞速发展的制革业需求不相适应。在计划经济时期，按照轻工业部的统一部署，发扬社会主义大协作的精神，公司先后帮助筹建了上海皮革化工厂、上海新华皮革化工厂、北京皮革化工厂和泸州皮革化工厂等。方式主要是给予产品技术支持，公司负责培训该厂技术人员，并根据兄弟单位的需要派员前往，扶上马，送一程。如上海皮革化工厂的丙烯酸树脂，上海新华皮革化工厂的颜料膏、北京皮革化工厂的合成加脂剂等。公司产品按计划销售以“三北”地区为主，上海皮革化工厂销售以“江南”地区为主。与此同时，为了扩大产品生产，满足市场需求，公司于 1988 年经市政府批准，在天津市东丽区程林庄工业区筹建新厂区，占地近 60000 平方米。多年来，公司开发研制的产品多次获得了天津市和国家评选颁发的各种奖励、证书。如天然石油连续氯磺化氯化反应生产皮革加脂剂新工艺、高分散揩光浆和颜料膏分别于 1981 年和 1982 年获得天津市科学技术委员会颁发的科学技术研究成果证书，并获得技术改进二等奖；如无苯氯丁胶粘合剂于 1982 年获得天津市人民政府颁发的天津市科学技术研究成果证书，并获得科技成果二等奖；如 808 合成鞣剂、合成加脂剂 SOC 于 1983 年获得中国轻工业部颁发的在轻工业科学技术工作中取得重大成果奖；如无酪素涂饰树脂及制革涂饰工艺的研究于 1983 年获得天津市人民政府颁发的天津市科学技术研究成果证书，并获得科技成果二等奖；如替代性合成鞣剂 822#于 1985 年被中国轻工业部评为全国轻工业优秀新产品；如 OES 复合型软革加脂剂于 1994 年被联合国技术信息促进系统中国国家分部颁发的发明创新科技之星奖；如特效柔软剂、耐酸多功能加脂剂、高含量乳化蜡、OE$系列复合型软革加剂于 1995 年获中国轻工总会颁发的中国轻工业新产品奖，并于 1997 年获得天津市科学技术员会颁发的天津市科学技术成果奖；如 TU 系列水乳型聚氨酯皮革涂饰剂于 1998 年获得天津市科学技术委员会颁发的天津市科学技术成果奖；等等。

为了使我国皮革行业赶超世界先进水平，1984 年，轻工业部批准拨款 1000 万元（后“拨改贷”）引进当时市场材料比较先进的英国霍奇森（Hodgso）化学有限公司（现与科莱恩公司联合）技术，生产皮革复鞣剂。经过认真的考察、论证、筛选、应用试验，最后确定引进 Neosyn 系列合成鞣剂 6 个品种，分别为分散渗透丹宁 Neosyn N、中和丹宁 Neosyn BS2.、漂白填充性丹宁 Neosyn WB、填充丰满性丹宁 Neosyn PFB、填充柔软性丹宁 Neosyn PFW、渗透预鞣性丹宁 Neosyn PTN（多用于重革），用于不同皮革产品生产，填补了我国当时的空白。

1993 年，天津市皮革化工厂所属天津皮鞋（集团）公司与中国香港南华集团全行业合资，更名为“天津津港（集团）有限公司皮革化工分公司”。1996 年合资重组，与中国香港南华独立合资，更名为“天津南华皮革化工有限公司”。公司设市场部、销售部、客户服务部和 TASS，负责产品销售和售前售后服务工作；生产技术部、品质控制部和设备工程部，负责产品开发、生产制造和质量管理工作；物料供应部、储运部和财务管理部，负责物资和资金的管理；此外，还有人力资源部、行政管理部，负责人力资源、劳动工资和办公管理、安全保卫和行政后勤方面的工作。合资经营以后，公司把生产管理中心转移到东丽区程林庄新厂区。公司有设备 900 台（套），年生产能力为 5000 吨化工材料。除此以外，公司还有自己的污水处理设备，具备了化工生产的良好条件。作为知识密集型企业，公司具备开发潜力、完善制革设备、高水平技术人员和素质高、经验丰富的操作人员。随着皮革化工产品的生产和实践，涌现出以李广平为首的 10 多名高级工程师，为我国皮革化工产品的发展做出了很大的贡献，为我国皮革技术的发展做出了卓越贡献。近年来，经过不懈努力，公司克服了金融危机带来的重重困难，使企业稳步发展，在日益激烈的市场竞争中占有一席之地。

改革开放以后，1988 年，天津胜达瑞泰化工有限公司成立。天津胜达瑞泰化工有限公司是生产高档皮革染料的专业制造公司。拥有员工 280 名，国内皮革染料专家 40 名，拥有“皮革染料”研发中心，“皮革染料”生产线 6 条，年生产高档环保“皮革染料”4000 吨。产品畅销美国、欧盟、韩国等多个国家和地区。

（六）皮革机械

天津的皮革机械制造行业当以天津市皮革机械厂为代表。新中国成立前后至 1956 年属“裕恒”等 7 家作坊式小铁厂，1956 年公私合营以后组成为天津市皮革机械厂。物换星移，几度春秋，在经历了 50 多年的风雨变化后改制为天津隆庆双轮皮革机械有限公司。

1. 1956 年—1972 年

1956 年公私合营时组成的天津市皮革机械厂按合营前作坊式小铁厂所在地及工种的不同，厂址分别坐落在南开区掩骨会、南门西、二马路、西市大街等地。产品装配、钳工在掩骨会，车、铣、刨、磨机加工在二马路，木工及其他工种部门在南门西、西市大街。工人基本上是“裕恒”7 家小铁厂和从小缝鞋厂调整过来的人员。生产设备只有两台八尺皮带车床和台钳子、錾子、榔头等简易工具，技术落后、装备落后、产品落后是当时企业生产的真实写照。由于厂区分散又缺乏运输设备，产品部件转序需用地排车人拉肩扛，几件几件地运过去，那时候的工人大部分是从旧社会过来的人，他们备感新社会翻身解放当家做主，工人地位的提高给他们带来的优越感，所以在生产劳动中他们任劳任怨不怕苦不怕累，靠着朴素、实在、肯干的精神和高涨的工作热情，在极其简陋的生产条件下，生产出了简易片皮机、600 型磨革机、300 型削里机、打光机、蹬皮机等产品，为后期全国皮机行业的发展奠定了基础。

在克服了 20 世纪 60 年代三年自然灾害和“文化大革命”带来生产停滞不前的困难以后，天津市皮革机械厂逐渐发展成为隶属轻工部的部管企业。1972 年，由轻工部牵头组织，国家投资规划在天津市南开区红旗路龙川路二号建设了新厂区，新厂区占地面积 60 亩，建有装配、机加工、铆焊、油工、铸造、木型等车间，规模在当时全国皮机行业中首屈一指。

2. 1972 年—1998 年

1972 年天津市皮革机械厂整体搬到新厂区后，使过去分散的厂区集中在一起，并先后购置了 7 部天车、4 米龙门刨床、80 部外圆磨床、滚齿机、动平衡机等大、精、稀设备，将生产效率和产品质量提升了一大步。

1978 年至 1982 年，为了培养后备力量做到可持续发展，企业还成立了技工学校，3 年间共为企业和本系统企业培养出了 300 多名技术工人，为企业产品向精度高、技术型发展，充实了技术人才力量。为了提高产品的知名度，1983 年企业在国家工商行政管理总局商标局注册了“双轮”牌商标。从 80 年代到 90 年代即国家第七个五年计划期间，天津市皮革机械厂已成为了全国皮革机械行业的龙头企业，产品科技进步成绩全面开花，其中“双轮”牌 2A4—180 片皮机、150 削匀机被评为部级、市级优质产品。180 型挤水机在 1990 年首届全国轻工业博览会上荣获银奖，GJ3LI—220 型挤水伸展机获博览会铜奖，通过式压花机、180 型挤水机为“七五”国家重点科技攻关任务，并通过国家验收。计量工作被国家技术监督局认定为三级标准，产品销售形势在全国同行业厂家中名列前茅，产品基本达到尽产尽销。面对大好形势，广大干部职工和工程技术人员没有在功劳簿上停滞不前，而是抓紧研制新产品，加快更新换代步伐，并在 1992 年贷款 960 万添置了高、精、尖加工设备，包括意大利生产的镗铣加工中心、6 米龙门铣床、数控车床、数显万能铣床、电脑控制的动平衡机，为生产出优质的产品增添了新的加工装备。为了适应市场经济的发展要求、提高企业的生产经营能力，1996 年厂级领导班子调整由朱新运同志担任经理。朱新运同志上任后，利用自己丰富的生产经营工作经验，大胆地对企业管理体制和用人机制进行了改革，对生产成本和生产任务采取了车间分包的形式，收到了非常好的效果

1998 年，市政府为了对市区整体规划、展现大都市的风采，制定了工业东移的发展战略。企业在二轻工业总公司的指导支持下同时也为了盘活资产，经历了再一次搬迁，由南开区迁到了东丽区程林工业区登州路 10 号。在局、公司的大力支持下，在以朱新运同志为首的厂级领导班子的带动下实现了当年建厂、当年搬迁、当年恢复生产，当时市场竞争非常激烈，全国又增加了几十个皮革机械制造厂，为了扬长避短、充分发挥企业的自身优势，

企业甩掉了生产成本高且附加值低的产品，精心研制开发了与国际接轨在国内绝对一流的CPCY1—180/270 型液压剖层机、GJST1—270/300 型通过式挤水机、GQR2—320 型液压去肉机。在经过 20 多年不断改进、完善、提高的肉类屠宰加工机械 GBPT2—180A 型剥皮机，占国内市场销售份额的 90%，畅销全国肉类食品加工行业，同时企业还瞄准了国外市场多次完成了对孟加拉、印度、印度尼西亚、越南等国家的出口任务。

3. 1998 年—2008 年

1998 年，随着国家加强环境保护工作，也给皮革市场带来了新的考验，作为皮革机械生产制造厂，企业也面临着严峻挑战。进入 21 世纪后，企业为了在皮机市场上继续站稳脚跟，努力在新产品研发上苦下功夫。2002 年开发生产出了 GPCY9—300 型自动出皮剖层机，该机的研发生产填补了国内同类产品无自动出皮装置的空白，并且在 2004 年度被天津市科委评为天津市产品科技进步三等奖。企业驰骋皮机市场 20 多年的“双轮”牌商标，2009 年获得天津市商委颁发的“津门老字号”称号，为“双轮”牌皮机装备驰名皮机行业增添了浓重的一笔。2006 年，为了转变企业的经营机制、适应市场经济的发展要求、增强企业的发展活力，企业进行了整体改制，向深化企业改革的方向迈出了坚实的一大步。改制后的企业全员解除关系，进行了身份转换。使企业在生产经营中体现了产权清晰、责权明确的经营机制，为实现企业“观念创新、技术进步、品质第一、用户至上”的生产经营宗旨，迈出了体制创新的坚实步伐。

第五章　河北省皮革发展史

第一节　皮革发展概述

一、古代和近代河北皮革发展概况

河北省皮革业发展历史久远，早在商代就有皮革加工制作的记载。《尚书》有“商比干制裘于广郡（今河北枣强县）”之说，据今已有3000余年，且世代相传至今。早在东汉建武二十五年间（公元49年），素有北国“皮都”之称的张家口就出现了毛皮交易，到唐代中兴时期，张家口已成为中国北方的毛皮交易中心。元代顺德府（今邢台市）的前留庄、后留庄、西北留、中留和王村（号称四留一王村）一带的农民就已办起皮毛作坊，其生产方式是男人熟皮，女人裁缝。开始时，以种田为主，兼营熟皮，后逐步发展成长年加工，世代相传。

明清时期，张家口和邢台毛皮加工业开始成形，在国内外都很有名。据“皮都”史话第六辑记载：到了明朝，两地已是全国著名的皮毛集散地了。张家口的毛皮加工业已基本形成行业，毛皮加工裘皮业（细皮）、粗皮（羊皮）、白货业（口羔皮），仅裘皮业就有150家，明隆庆四年（1570年），张家口被辟为蒙汉“互市之所”，万历四十一年（1613年）筑来远堡（今上堡），成为蒙汉贸易中心。明万历十六年（1588年），顺德府毛皮业也从家庭熟皮转变为经营性的熟皮作坊。皮毛贸易市场开始兴起，每到购销旺季，来自全国各地的客商云集顺德府，年交易额高达1500万两白银以上，成为全国著名的皮毛贸易中心。到清康熙、雍正年间，邢台家庭手工业作坊的农民开始走向城镇。西北留村路老王在邢合市羊市街开办了第一家皮店，店号为“同慎和”。此后，又有“万顺”、“广泰”、“福大”、“日盛”、“永茂昌”、“兴太隆”等皮店相继开业（号称十大皮店）。清光绪十一年（1885年），德、美外商纷纷来邢大量收购皮货，德商洋行“美新太兴洋行”“和平洋行”等收购生皮转销欧美各国，每年皮货贸易额为1200万两白银左右。1903年，京汉铁路建成通车，促进了邢台皮毛业的发展，羊市街皮毛店达50多家。清代的张家口毛皮业更趋兴旺，乾隆四十七年（1782年）日产裘皮达2000余张。特别是1909年京张铁路通车，张家口至库伦（今乌兰巴托）的公路修通，张家口毛皮贸易更是日盛一日，每年输入的各种皮张总计有800多万张，全国各地商人都来张市采购，年贸易额最高达白银1.5亿万两。随之，日、美、英、德等国也陆续到张家口设立洋行收购皮张。当时，此地的毛皮加工业分工渐细，品类增多，制作精良，整个行业已分为皮裘、粗皮、白皮、毡坊、制革、蒙鞋、皮件、鞍韂、制鞋等业。

辛集镇（今辛集市）皮毛业崛起于明末清初，清朝中叶发展成为我国著名的皮毛集散中心，据清乾隆二十七年（1762 年）《束鹿县志》载，辛集镇商贾云集，店铺林立，“绵日往来五六里，货广人稠”，到光绪年间已成鼎盛之势，素有“河北一集”之称。辛集市至今还有一条东西街名“皮街”。清末民初时期，这条“皮街”上有 40 多家皮店、70 多家皮社，与辛集镇相连的周围几十个村庄的从业人员达 5 万多人，毛皮制品达 200 多个花色品种，每年来此谈生意、做买卖者有 5000 余人。来者不仅有国内各省市的皮货商，而且还有来自英、法、德、意等西欧国家和日本的皮货商人。产品大量出口，其中牛皮革出口占生产总量的 90%。

清雍正十二年（1734 年），蠡县大百尺、留史一带，已相继建起皮店。至道光初年，大百尺、留史一带的皮毛店越办越多，经营规模也越来越大。清末民初，唐山皮革、皮毛制品业逐步兴旺发达起来，除唐山、胥各庄、开平、建昌营等地较为集中外，各县城及较大集镇均有分布，其中仅玉田县鸦鸿桥镇就有皮革作坊 11 家，鞣制白皮、黑皮、红皮和硝皮，并生产车马挽具、皮带皮囊等制品。

民国初期和中期，河北的皮革业发展已极具规模。1925 年至 1929 年，张家口加工作坊已达 600 余户，从业人员 5 万余人，年加工毛皮 260 万张、粗细皮裘衣 21 万件、革皮 5.6 万张、蒙靴 13 万双。1930 年，张家口的毛皮加工主要有三业：粗细皮工业 188 家，资本 170420 元（银圆），工人 1655 人，年需各大小皮 45.15 万张，年产各种皮衣 56360 件；皮革工业 57 家，资本 9480 元（银圆），工人 263 人，年需牛皮 5200 张，年产各种皮革 5170 张；皮靴工业 23 家，资本 8810 元（银圆），工人 118 人，年需香牛皮原料 4400 张，生产皮靴 17600 双。1929 年，邢台的生皮店已发展到 72 家，其中外籍洋庄占成交总额的 40%以上，邢台当时的毛皮店有大、中、小之分，大皮店约占 10%，一般拥有资金 15 万元（民国币），店员 16—20 人；中皮店约占 70%，拥有资金 4 万—5 万元，店员 10 余人；小皮店约占 20%，拥有资金 1 万—2 万元，店员 5—6 人。此时的辛集毛皮业出口日盛，到“七七事变”前夕，辛集镇毛皮成交额约占全国的 70%，因而得到“辛集皮毛名天下”的誉称。此外，邯郸、保定、唐山、深县、吴桥和张家口地区的大部分县以及承德地区的围场、兴隆、丰宁等县，亦为当时的毛皮制革重要产地。

“七七事变”后，1937 年至 1945 年日本侵华期间，河北皮革业受到重创尽毁，日军为加紧掠夺，在张家口、邢台、辛集等地设立了“华北皮毛统制协会”，对皮革、毛皮实行严格的管制，压榨和排挤毛皮作坊，货源中断，致使毛皮制革从业人员流离失所，生活无着。1945 年日本投降后，河北毛皮业有所回暖。据对辛集毛皮业的统计显示，当时有皮庄、皮件、底皮、皮轴、白皮、毛毡、鞭皮、水胶等 8 行 41 户，共 271 人。到 1946 年辛集镇解放，当时办起了合股白皮企业，字号“广聚兴”。到 1947 年年底，产品发展到白皮、制革、皮轴、皮件四大部分，厂名改为“万聚皮革厂”。1948 年该厂一分为二，分别叫“万聚制革厂”和“万聚白皮广”。但当时的毛皮业仍然十分冷落，至 1949 年全国解放时，河北皮革业的从业人员仅剩 1438 人。

二、新中国成立后河北皮革业发展概况

新中国成立后，河北皮革业重获新生，迅速恢复和发展起来，停业的私营作坊重新营业。到 1950 年 12 月，全市皮毛业开业 201 户，从业人员有 1080 人，资金为 292973 元，其中裘皮业 70 户。从业人员有 625 人，资金为 109427 元。新中国成立之初，邢台市内有 5 家皮毛作坊相继开业。1950 年，那台军分区生产合作社在西北留筹建了熟皮厂，除皮张外，还生产皮袄、航空服，作为军需品支援抗美援朝志愿军。1951 年后，辛集的私人皮毛作坊逐步组成了白皮、皮轴、皮鞭、皮套、鞭鞘、鞭业、号弦、制胶、毡工马尾等 9 个合作社。1952 年，辛集的国营皮毛厂合并，将万聚、全兴、福利、公裕、公兴五个白皮厂合并为辛集白皮厂。1952 年，大营皮毛业将“新华”“民利”“红星”等皮货店合并为大营皮毛部。到 1952 年，全省皮革业企业已发展到 310 家，工业总产值达 410 万元，生产皮革（折牛皮）10 万张、毛皮（折羊皮）4.05 万张、毛皮服装和褥子 2 万件、皮鞋 0.11 万双。第一个五年计划期间，河北皮革业经过社会主义改造，逐步形成了有制革、白皮、皮轴、车马挽具等一支以合作组织为主体的皮革业生产队伍。1954 年，邢台市建立起第一个皮革生产合作社。1956 年，辛集将白皮社、皮轴社、皮鞭社、皮套社、鞭鞘社、鞭业社、弓弦社、制胶社 8 个合作社合并为束鹿县皮革生产合作总社。到 1957 年年底，全省有皮革企业有 24 家，主要产品品种有牛底革、牛面革、羊面革及手套革、牛皮反毛革、各种工业革、三球、男妇童各种皮鞋、香牛皮、马毡、猪面革、猪底革、羊里革等。

自 1958 年以来，河北皮革工业持续发展。1958 年至 1960 年，尽管原皮供应紧张，但产品结构不断调整，品种日益丰富，增加了铬铝植结合鞣牛底革、防火革、透色羊革、铁鞣猪底革、猪绒面革、滤油革、钢琴革、猪修正粒面革、羊闪光革、静电植绒革等 30 余种产品。同时，产品质量不断提高，牛底革、牛面革、毛皮等产品达到国内外先进水平，成本逐渐降低，生产工艺逐步改进，1958 年，张家口第一制皮厂研究成功“甲醛鞣皮法”，改变了古老硝面熟皮法，解决了板皮臭的问题，1960 年已在全国推广。该厂的干燥工序，在改革中创造的自动加板干燥转鼓，6 小时可以干燥，防止了在日光下晒毛褪色，保证了质量，得到了轻工部毛皮考察参观团的好评。到 1960 年，全省皮革业生产企业达 50 家，从业人员达 6454 人；生产皮革（折牛皮）282 万张，皮鞋 74.1 万双；工业总产值为 6363 万元，比 1957 年增长 3.3 倍。

20 世纪 60 年代初期，正值国民经济困难时期，河北省压缩了以农副产品为原料的皮革业，生产水平一般下降 30%—40%，同时停产关闭了部分企业。至 1962 年，全省皮革生产企业 23 家，从业人员 3029 人，工业总产值为 1550.2 万元；生产皮革折牛皮 8.3 万张，比 1960 年下降 70.57%。直到 1965 年，随着国民经济的好转，国家对皮革工业实行对猪皮补贴、猪皮革免税政策，并建立河北省皮革工业公司，对全行业实行集中领导、统一管理。当年，全省皮革企业有 183 家，皮革产量达到 33.2 万张（折牛皮），工业总产值为 3911,67 万元。同时，皮革业加快新工艺的研究开发。1965 年，张家口市第一制皮厂研究的绵羊皮有机溶剂脱脂新工艺，利用低沸点溶剂浸收羊皮内脂肪，收回羊脂，代替黄土抹泥的方法，不仅缩短了生产周期，减少了劳动力，而且有效提高了生产效率，降低了劳动强度。

20 世纪 70 年代初期，皮革业得到迅速发展。皮革企业实现了机械、半机械化生产。鞣皮工艺由硝面鞣改为化学鞣制。部分企业开始用酶法脱毛代替落后的浸灰工艺，提高了产品质量，改善了生产条件。保定制革厂的猪球革、张家口制革厂的马裘皮及邢台制革厂的羊皮革等产品达到国内先进水平。许多企业积极开展综合利用，用废油、碎皮等下脚料制成硬脂酸、油酸、蛋白酶、农药、洗涤剂等多种化工产品。增加了羊修饰面革、猪皮服装革、手套革等几十种新品种、新花色。

“四五”期间，皮革生产设备技术方面有了新突破。1973 年，邢合市制革厂试制我省第一台电子量革机和开展制革污水处理实验；1974 年，邢台市皮毛厂研制成功酶软化新工艺；1975 年，张家口市第一制皮厂研制成功生皮脱脂工艺，同时毛革两用皮正式投产，解决了鞣制和染色两大关键问题，有利于连续化、自动化生产。

“五五”期间，皮革企业狠抓质量促生产。1978 年，束鹿县皮毛制革厂的猪修面革在全国 29 个省市 103 个企业中居第-位，羊正面革居第二位。同年，邢合市皮毛厂的出口奶羊皮褥子和束鹿县皮毛制革厂的猪修面革被命名为省级名牌产品和质量信得过产品。综合各皮革企业的质量状况，河北省在全国处中间水平，存在机械伤残严重、涂饰剂配比不当、革面揭纹等问题，生产技术有待进一步提高.

三、改革开放以来皮革业总体发展概况

（一）改革开放初期皮革业发展概况

改革开放以来，河北皮革业发展态势迅猛。到 1980 年底，全省皮革企业有 131 家，主要分布在石家庄、张家口、那台、衡水部常等地，其中国有企业 24 家。全省皮革业从业人员 21.5 万人，其中工程技术人员 58 人，全员劳动生产率为 7987 元，生产皮茸（折生皮）193.23 万张，为 1975 年的 1.79 倍，年平均递增 12.35%，列全国同业第九位；生产皮鞋 364.65 万双，为 1975 年的 2.4 倍，5 年平均递增 19,13%，列全国第十六位；完成工业总产值 1763 万元，占全省轻工业总产值的 5.7%，为 1975 年的 1.76 倍，5 年平均递增 11.97%，其中制革业产值 6629 万元，皮鞋业产值 4454 万元。但产品档次较低，中高档皮革产品占比不高。

1982 年和 1983 年，由于整个国际市场不景气，各地又盲目建厂，加上原材料紧张，革制品出口受挫，制革原材料大量出口，皮革工业发展速度减缓。1983 年完成工业总产值 1.60 亿元，比 1980 年下降 9.39%。1983 年，秦皇岛市制革厂的耐温防水猪修面革、石家庄市制革厂的猪细面革、束鹿县辛集皮毛制革厂的山羊苯胺革、邯郸市制革厂的猪苯胺革、秦皇岛市皮革的猪二层修饰鞋里革、康保县皮革厂的羊皮毛司维革和仿豹皮剪绒、张北县制帽厂的全旱獭皮帽和新式皮帽 4 种、张家口宣化皮毛厂的毛革两用大衣等 10 余种新产品试制成功，并于当年投产。1984 年，河北省轻工业积极推行企业内部经济承包责任制，开展横向经济联合，促进了轻工各行业发展，当年皮革企业有 120 家，比 1980 年减少 11 家，完成工业总产值 18491 万元，比 1980 年提高了 4.63%。

到 1985 年年底，全省皮革工业企业有 117 家，其中制革企业为 27 家，皮革制品制造业企业为 50 家，毛皮鞣制及制品制造企业为 40 家。职工有 2.24 万人，其中工程技术人员为 155 人，全员劳动生产率为 10108 元。拥有固定资产原值 9715 万元、净值 6949 万元。皮革年生产能力达 306 万张（折牛皮），皮鞋年生产能力达 746 万双。全行业完成工业总产值 22250 万元，比 1980 年增长 25.9%。其中，制革业产值为 7418 万元，占全省皮革业总产值的 33.34%；皮革制品制造业产值为 9535 万元，占 42.85%；毛皮鞣制及制品业产值为 5297 万元，占 23.81%。完成出口交货值 1068 万元，占全省轻工业出口交货值的 2.73%。实现利税总额 2848 万元，占全省轻工业利税总额的 4.95%。生产皮革（折牛皮）164.35 万张，列全国第十位，比 1980 年减少 28.88 万张；皮鞋 659.58 万双，比 1980 年增加 295 万双，5 年平均递增 12.5%。

“六五”期间，河北省先后成立了河北省皮革工业公司、河北省皮革工业情报站、省二轻工业研究所、皮革研究室、河北省皮革产品质量监督检验站、张家口市皮毛工业研究所。1984 年，张家口市创办了全国第一所皮毛职工中等专业学校，培养专业人才。这一时期，全省皮革业有针对性地对张家口、束鹿、邢台、邯郸等地的重点骨干企业的制革后整理和皮革制品加工技术进行改造，引进了服装革和珍贵毛皮的鞣制整饰关键设备，提高了皮鞋等级率，增加了鞋面革、毛革、服装革、箱包革的比重，改善了皮革工业的技术状况。到 1985 年年底，2 个项目获部四等科技成果奖、1 个项目获省二等奖、2 个项目获省四等奖，1 种产品被评为部优秀新产品、4 种产品被评为省优秀新产品，质量水平不断提高。自 1979 年全国发展产品质量“创优”以来，全行业创出了大批优质产品，到 1985 年年底累计获国家质量奖银牌 2 个，被评为轻工业部优质产品 4 个、河北省优质产品 31 个。

（二）河北皮革业平稳发展概况（1986 年—1990 年）

“七五”初期，河北省皮革工业管理体制进一步完善，不断提高装备水平，增强技术力量，稳步提升产品质量，扩大生产能力。1986 年，皮革业完成更新改造投资 864 万元，占全省轻工业投资的 22.4%，新增生产能力毛皮服装 45 万件，革制貂皮 30 万张，仿珍贵皮 24 万张。1987 年，皮革业工业总产值为 26138 万元，占全省轻工业总产值比重为 5.38%，达到“七五”时期最高值。此后，在原材料、能源、资金紧张，市场疲软等发展环境影响下，省内皮革行业出现亏损。至 1990 年，与“六五”末相比，全行业工业总产值由 22250 万元增加到 45152 万元，年均增长 15.2%，占全省轻工业总产值的比重由 5.21%下降为 4.33%，企业数量由 17 家减少到 98 家。辛集市皮毛制革厂、邢台市制革厂、张家口市皮革制品厂等企业引进德国、法国、意大利等国外关键生产设备和先进生产线，产品档次质量提高，全员劳动生产率由 10108 元上升为 21033 元，低于全国皮革业 3334 元。出口交货值由 1068 万元增加到 10404 万元，年均递增 57.65%，占全省轻工业出口比重由 2.73%提高到 10.77%。五年间，防水鞋面革、绵羊皮光面两用皮、猪皮薄型服装革、静电植绒绵羊皮、正面涂饰印花革、聚氨酯复合裘皮等 21 种新产品试制投产，获得部优质产品 2 个、省优质产品 28 个、优秀新产品 12 个，获省科技成果四等奖 3 项、省二等 1 项、部级二等科技成果奖 1 项、部级金腾奖 1 项。

（三）河北皮革业调整发展概况（1991 年—2000 年）

1991 年，在省厅“五个一批”产品结构调整方向指导下，邢台市制革厂等企业生产的有市场潜力的一批高值高利产品比重增加，低档劣质皮鞋等产品减少，皮革业工业总产值快速回升，1991 年年底达到 48816 万元，同时皮革及其制品出口交货值也实现较快增长，达到 12169 万元，占河北省轻工业出口交货值的 11.14%。1992 年，由于企业布局不合理，重复设厂、重复生产现象严重以及开放程度较低等原因，皮革业出现滑坡，工业总产值下降，行业亏损 857 万元。1993 年、1994 年行业亏损加剧，系统内独立核算企业亏损额分别达到 5607 万元、5823 万元。

“八五”期间，辛集、白沟等重点产区开始建设皮革生产专业园区及专业商城。“中国辛集皮革城”于1993年开始建设，是由国内贸易部批准建设的省级重点项目。“白沟箱包交易城”也于1993年开工建设，1994年建成并投入营业，实现了从地摊市场向专业市场发展的转变，拉动了皮革业上档升级。1993年，辛集制衣工业区开始建设，皮革业逐渐转向集中生产。这期间，相关专业展会、交易会开始举办。1994年3月和11月，第一、第二届中国留史皮毛交易会成功举办，进一步促进了河北省皮革业的发展。到1995年，全省皮革行业发展减缓，形势严峻，皮革业进入淘汰整顿期。1996年，由于盲目建厂，普通产品产能过剩，皮鞋产能利用率不足17%；轻革利用率59%，其中系统内利用率仅为19%；重革利用率72%，其中系统内仅为0.78%。1998年，受金融危机影响，皮革业受到更大打击，一直到2000年，皮革业仍延续亏损状态，企业数量减少到35家（其中国统企业16家），工业总产值下降为38664万元（其中国统企业35092万元）。

“九五”期间，园区建设加强，继制衣工业区之后，为实现制革企业集中生产，1997年辛集制革工业区开工建设，同时依法取缔了区外所有制革企业，并实行“统一规划、统一治污、统一供水电热、统一管理”的模式，实现了产业集聚发展。皮革业产品质量提升，企业实力增强，河北西曼实业集团有限公司、辛集東兰（集团）有限公司获20年度“中国真皮衣王”企业称号。

（四）河北皮革业快速发展概况（2001年—2010年）

2001年，中国正式加入世界贸易组织。包括皮革、服装等在内的行业都得到快速发展。皮革业经济总量大幅增长，特色区域建设初具规模，产业集中度逐步提高。皮革业主要分布在石家庄地区的辛集、无极，衡水地区的枣强、故城，沧州地区的肃宁，保定的蠡县、白沟，张家口的阳原，邢台的南宫等地。

“十五”期间，河北省皮革业大中型建设项目累计完成投资5.08亿元，建成投产的重点项目或单项工程9个，新增建筑面积15万平方米，服装革年产1050万张，高档装皮时装年产2万件，毛革一体化服装年产4.4万件；裘皮服装年产50万件，皮革手套年产1000万副。河北皮革、毛皮及其制品业规模以上企业数量增至290家，从业人员增至56695人，资产总额由44926万元增至595445万元，出口交货值由6379万元增至437649万元，年均递增132.96%，利润增至198347万元。主要产品产量增长较快，轻革由3241.95万平方米增至9978.21万平方米，年均增长25.21%，占全国轻革产量的18.3%，居全国第二位。革皮服装由341.56万件增至675.46万件，年均增长14.61%，占全国革皮服装产量的10.17%，居全国第三位。

随着皮革业的快速发展，也逐渐增强了环保意识，加快行业集中生产步伐，不断扩大园区建设规模，皮革化工、皮革机械、皮革五金、皮革及制品专业市场、商场等配套行业同步发展，不断延伸了产业链条。2001 年，辛集市被中国轻工业联合会和中国皮革协会授予“中国皮革皮衣之都”称号；2005 年，肃宁被中国轻工业联合会、中国皮革协会授予多“中国裘皮之都”称号。

2006 年至 2009 年间，河北皮革业加快投资，重点建设项目累计投资 47 亿元，建成投产的重点项目或单项工程 23 个，新增生产能力毛革一体服装革年产 570 万张，毛革一体鞋面革年产 330 万张，牛皮沙发革年产 90 万张，羊剪绒皮年产 200 万张，汽车用皮年产 180 万张，裘皮服装年产 387.5 万件，羊皮服装年产 220 万件，毛革一体服装年产 10 万件，中高档裘皮服装年产 9 万件，各类箱包年产 5000 万只，帽条年产 25 万米，成品鞋年产 500 万双，裘皮饰品年产 6.5 万件。

面对国际金融危机的冲击及原材料、能源和劳动力成本不断上升、国家货币政策从紧等多种不利因素，皮革业加大科研投入力度，加快高附加值产品的开发，加强毛革制品款式设计与开发，质量档次逐渐提高。皮革国内市场份额扩大，制品出口进入国际主流市场。专业市场扩容升级，知名品牌辐射能力增强，行业在调整中取得较快发展。2008 年，河北省皮革研究院研发的 0.25-0.35mm 超薄服装革，解决了由于产品“薄”带来的抗张强度和撕裂强度差等关键技术问题，为时尚服装提供了轻质面料，产品质量达到国内领先水平，该项技术被推广到 21 家同行企业，年产量提高 750 万张，增加产值 3.5 亿元。2009 年，该院研发的新型环保沙发革、鞋面革以及箱包革和服装革等绿色产品，顺利通过了环保部“十环”标志认证。

到 2010 年，全省皮革、毛皮及其制品业规模以上企业达 414 家，从业人员有 80774 人，比 2005 年增加 24079 人；资产总额 176.54 亿元，为 2005 年的 2.96 倍，年均增长 24,28%；完成工业总产值 700.58 亿元，为 2005 年的 3.06 倍，年均增长 25.1%；实现利润 64.80 亿元，为 2005 年的 3.27 倍，年均增长 26.71%；完成出口交货值 40.25 亿元，比 2005 年减少 3.51 亿元；皮革服装产量为 2354.66 万件，比 2005 年增加 1679.2 万件，占全国总产量的 37.8%，居全国第一位；轻革产量 20216.78 万平方米，比 2005 年增加 10238.57 万平方米，占全国总产量的 27%，居全国第一位。“十一五”期间，皮革业进一步推进品牌建设，产品竞争力增强。辛集“中国皮革皮衣之都”、肃宁“中国裘皮之都”、白沟“中国箱包之都”等区域品牌影响力扩大。“东明、依鹿奇、東兰、怡嘉琦”4 个品牌皮衣荣获“中国名牌产品”称号，“怡喜琦”“梦米兰”2 个商标获得“中国驰名商标”称号；“博丹”

“佰立特”等19种产品获“河北省名牌产品”称号。

第二节 制革

一、发展概况

河北省的制革及革制品生产起始于清代，较为集中的产区有张家口、邢台、辛集、保定、唐山等地。

（一）河北制革业的兴起

张家口的制革及革制品业，与外蒙古进京朝贡相连。在清代，外蒙古库伦活佛及48家王子每年进京朝贡，路经张家口宣化，因此这里的蒙靴、鞍韂、车马挽具等用量日增，制革及革制品也逐渐发展起来。清朝末年，张家口市已有大铺10家，中小户铺90家，从业人员达2000余人，年用皮量271万张。到民国初年，张家口市制革业有长义诚、福增长籍铺、祥亭益、义巨泰皮厂等30余家，宣化的皮坊亦有七八家。

清光绪十一年(1885年)，邢台出现制革业，当时顺德府厌纯德、纪恩科首先经营了“三义会”（亦称“同盛德”）制革厂，开始用次牛皮做硝板皮，供鞋铺与民间作鞋脸及膏皮之用，日产50—100张，销往本地及东北各地。

进入民国时期，河北制革业得到较快发展，据《河北省工商统计》记载，到民国十八年（1929年），全省民营皮革业已发展到457家，皮革制品产量达60.87万件，总值574.76万元（旧币）。1921年—1931年间，邢台的制革厂已有20多家，到1937年达50余家，由于军阀割据，以法兰皮做料的军用镶具用量大增，促进了制革业的发展。张家口的制革业，据《察哈尔省通志》记载，民国二十一年（1932年），已发展到57家，资本9480元，工人263人，年产法兰皮180张、红白底皮660张、香牛皮2730张。保定皮革加工业始于1923年5月，保定第二学校创建附属厂——广业皮革厂，年产牛皮1700余张，继广业皮革工厂之后，又有私人合资兴办的“义兴成”“荣兴”皮革厂，各厂从业 15—16 人，到1936年已有7个手工作坊，其产品有法兰皮、花旗皮、英软皮，除销周围几县外，部分还销往上海、昆明、山东和山西等几个省市。“七七事变”后，张家口、邢台、保定、辛集等地制革业沦陷，大部分作坊停产或倒闭。1945年日军投降后，河北制革业开始复苏，保定市皮革作坊增至20户，从业人员为119人，资本总额为3.54万元（旧币），但发展极其缓慢。

（二）新中国成立后制革业的发展

新中国成立之后，河北省的制革业得到人民政府的重视和支持，迅速恢复和发展生产。1949 年底，邢台的制革作坊达到 25 家，年产量达 54 万平方米，开皮条铺、经营车马挽具、割弓弦三个行业 30 多家，70 多人。1950 年—1953 年，市内先后有 6 户制革作坊开业，年产牛皮革 1000 张左右。张家口市政府采取“两户保一户”的办法，适时给予贷款。到 1950 年 4 月，该市制革业发展到 38 户，从业人员 64 人，拥有资金 37.55 万元（旧币），宣化私营个体皮坊发展到 20 家。1953 年，国家重申了原皮统购政策，并号召制革手工业劳动者积极参加社会主义改造。到 1955 年，全省各地成立皮革生产合作社（组），张家口市制革业有 102 户 197 人率先组织起来，成立了“二社一厂”，即硝皮合作社、制革生产合作社和公私合营蒙靴鞍韂厂，拥有资金 16.89 万元。1956 年 12 月，邢台市制革业成立鞭鞘社、皮革供销社、制革供销社、公私合营制革厂。到 1957 年，全省共建立皮革生产合作社（组）100 个，职工 2000 余人。至此，河北制革业全部实现合作化、集体化。

1958 年—1959 年，河北制革业持续发展，黄牛底面革的质量已达到或超过了国际先进水平，新产品、新创新不断涌现。1958 年，保定皮革厂全包皮工人将浸灰法改为“包灰法”，缩短灰皮周期 6 天多，推广制革用硫酸铝代替红矾，年节约资金 6850 元。1959 年，石家庄制革厂改重型双针机板为轻型缝纫针机，效率提高 1 倍，用内成机缝条代替合缝条，效率提高 4 倍。同年，邢台制革厂创造了木质兰球砸眼机和钻眼打毛两用机，分别提高工效 3 倍。到 1959 年，全省制革及革制品企业生产皮革（折牛皮）29.4 万张，其中轻革 26.62 万平方米、重革 709 吨，三球 3.2 万个，皮鞋 65 万双，其中出口皮鞋 17.1 万双。

1960 年—1965 年的 6 年中，经历了国家困难和国民经济三年调整两个时期，此时的制革业走过了生产下降和逐步回升发展的路程。1963 年，全省制革业进行了关停并转之后，保留了唐山新华制革厂、张家口制革厂、保定制革厂、邢台制革厂、辛集和邯郸制革厂等 7 个基础较好的企业。同年，全省皮革、皮鞋行业归口轻工业部门实行集中领导、统一管理。1964 年，国家决定对猪皮收购实行政策性补贴，河北省 1965 年开始执行。这一时期，对保留的企业进行了有计划、有重点的技术改造。由于以上两项措施的实施，制革业得到较快恢复和发展。1964 年，唐山新华制革厂不断改进生产工艺，解决了产品过分松软及脱色裂浆等问题，质量大幅提升。1965 年，邢台制革厂研制并生产出工业轮带革、山羊铬湿革、山羊半硝革和猪皮手套革 4 种新产品，其中后三种新产品全部出口，当年创汇 57.6 万美元，促进了皮革业的发展。1965 年年底，全省制革企业增加到 20 多家，职工 4000 余人，拥有固定资产原值 200 万元，皮革产量（折牛皮）达到 33.15 万张，重革产量达 342 吨，轻革产量 22.31 万平方米。

随着猪皮的大量开剥，增强了猪皮革生产能力。1972 年，猪皮革产量为 132.72 万张，出口 57 万张，创汇 136.8 万美元。1973 年，猪皮革生产能力达到 250 万张，品种由过去只产半硝革增加到正、绒、面、球、衣服、箱革等几十种。同时，牛正面革、羊考里革、羊衣服手套革、羊帽顶革等产品产量质量不断提高，1975 年—1976 年，开发了马鞋面革和猪、马箱包革，制革业得到快速发展。

（三）改革开放以来制革业发展概况

改革开放以来，制革业加快基础建设，全省制革企业普遍采用了国内比较先进的设备和生产工艺，扩大技术改造投资规模，明显改善了专业化生产和机械化水平。1980 年，全省制革业生产企业有 31 家，占皮革业企业总数的 23.66%；工业总产值 6639 万元，占皮革业工业总产值的 37.51%。制革出口交货值为 893 万元，其中猪皮革 506 万元，羊皮革 67 万元。生产皮革 193.23 万张（折牛皮），其中猪皮 352.22 万张（自然张），重革 1209 吨，轻革 343.68 万平方米。皮革产量（折牛皮）居省前三位的地市分别为石家庄地区 30.9 万张、邢台市 23.9 万张、张家口市 17.23 万张。

1982 年—1983 年，制革产品供过于求，皮革产量下降，其中 1983 年皮革产量 132.79 万张（折牛皮），比 1980 年下降 31.28%，企业效益下滑，三成以上制革企业出现亏损。1984 年，随着经济承包责任制的推行，行业状况逐渐好转，亏损企业减少，产品逐渐由低档向中高档产品发展。1984 年，张家口市制革厂转产革皮服装。邢台市制革厂 1984 年与西班牙签订补偿贸易，引进羊革生产线和先进制革生产工艺。1985 年该厂生产的羊皮蓝湿革，被河北省外贸部和日本客商誉为世界一流产品。至 1985 年，有制革生产企业 27 家，皮革年产量为 164.4 万张（折牛皮），工业总产值为 7418 万元，占皮革业的 33.34%。这一时期，增加了耐温防水猪修面革、猪细面革、山羊苯胺革、猪苯胺革、猪二层修饰鞋里革、山羊防水服装革、耐水洗山羊服装革、猪皮压花网眼革、软鞋面革、猪皮压缩毛孔正面革等 10 余种新产品。

1985 年，放开农产品统购派购政策后，增加了牛皮、猪皮等各种原皮供应渠道，皮革产量得到较快增长。1987 年，皮革产量达到 385.24 万张（折牛皮），比 1985 年增长 134.4%，居全国第三位。同时，新品研发进一步加快。1986 年，张家口市制革厂试制成功猪皮装饰革，邯郸市制革厂试制成功防水鞋面革和山羊打光型苯胺革，填补了河北省空白。邢台市制革厂试制成功的海绵滑爽型绵羊服装革达到国内先进水平。随后猪皮薄型服装革、软箱包革、牛皮服装革、猪皮仿古服装革、猪皮正软鞋面革、正面涂饰印花革、牛皮薄型服装革等产品陆续投入市场。1990 年（90）财工字第 30 号文规定猪皮补贴自 1990 年起全部取消，给河北省制革业带来极大冲击。1990 年年底，全省制革企业有 24 家，生产皮革（折牛皮）211.74 万张，工业总产值为 17133 万元，占皮革业的 37.95%，制革业全年亏损 1129.8 万元。

20 世纪 90 年代，制革业发展一直处于低迷状态。到 2000 年，制革企业只有 6 家（国统企业），工业总产值 24123 万元。进入 21 世纪，皮革企业抓住入世的大好机遇，加大技术投入，加快产品结构调整，辛集、肃宁、大营、无极等地分别建立工业园区，产业集中快速提升，制革业得到迅猛发展。羊毛服装革、牛皮沙发革、汽车坐垫革、装饰革、箱包手套革等产品产量增长。2006 年，辛集皮革生产力促进中心研制成功羊皮漆皮产品，填补了国内相关产品的空白，随后又研制出具有完全知识产权的绵羊缩纹仿鹿皮服装革，当地制革企业纷纷采用这一技术，效益大幅增长。2009 年，东明、宏四海、梅花等企业推出了超薄、布纹、水洗等高档系列服装革及植鞣羊皮鞋用面革、牛皮包袋革，梅花公司独立研发了高档次绵羊皮光面鞋面革，产品档次和附加值不断提升。无极的齐盛、金马等企业生产的牛皮沙发革、牦牛皮服装革已达到亚洲同类产品先进水平。中小企业逐步向差异化、特色化、品质化发展。到 2010 年，全省入统制革业生产企业 109 家，从业人员 24647 人，工业总产值 345.45 亿元，占皮革业的 49.31%，出口交货值 6.61 亿元，占皮革业出口交货值的 16.42%，主营业务收入 330.37 亿元，利润 24.43 亿元，利税 29.68 亿元。

二、生产工艺

制革工艺可分为准备、鞣制、整埋 3 道工序。准备工序包括原皮脱脂、去肉、脱毛、膨胀、软化等，鞣制过程包括静置、削匀、复鞣等，整理过程包括漂皮、干燥、压光、整软、涂饰等。

新中国成立以前，河北省制革工业一直沿袭“几把刀、几口缸”的简单生产模式，从原皮浸水、浸灰、去肉、铲皮、软化、鞣制、整饰，全系手工操作。新中国建立之后，20 世纪 50 年代沿用传统制革工艺、60 年代改为灰碱法、70 年代采用较先进的酶法，历年中的几个主要工序都有重大的改革。

脱毛：1959 年年初至 1966 年采用灰碱法，1967 年后对猪皮手套革使用高碱脱毛。70 年代运用酶法脱毛，解决了脏、臭和废水污染问题。1977 年研制成功堆制脱毛新工艺，运用酶法猪修面革。1978 年又研制成功仿牛皮猪修面革新工艺，投产后合格率达 100%，其中一级品率达 92%。进入 80 年代，河北制革采用 166 酶补充脱毛软化，变型二浴鞣制使粒面毛孔清晰，成革更加丰满、富有弹性，1988 年达到国内先进水平。酶软化脱毛新工艺在当时国际上处于先进水平，并被轻工部（83）密字第三号文件确定对国外保密技术。

片皮：新中国成立初期，用人工以刀片削匀，20 世纪 50 年代末期开始使用片皮机和削匀机。70 年代采用进口“特钠”液压片皮机，该机可将一张猪皮片成多层，在此基础上又开发了一皮变多皮的以片代削片蓝皮新工艺，从此结束了多年沿用的灰碱剖层旧工艺。此工艺具有薄厚均匀一致，合格率、得革率高，理化性能好等特点。

鞣制工艺：20 世纪 50 年代以前，先是烟熏片，后是用植物根、皮硝渣做鞣料，采用鞣池渣制生产，进而采用丹宁液浸制淹生产。1959 年开始采用吊鞣、平鞣，鞣期 56 天。1970 年—1975 年，采用池鼓结合鞣制新法，即吊鞣与鼓鞣相结合，鞣期缩短为 25 天。1980 年—1981 年学习济南市制革经验，采用速鞣猪皮新工艺，鞣期由 7 天缩短为 2 天，设备利用率和日产量均较前提高一倍。80 年代初期，省二轻科研所与邢台制革厂联合开发了利用羧酸作为铬鞣交联剂用于制革的方法，节约原料（红矾）1/3，既降低成本，又提高了成革质量，同时还减少了废液污染，且用此生产的劳保手套革，革面丰满，柔软、细腻，稳定可靠。

拉软：20 世纪 60 年代以前，一直采用人工铲皮，劳动强度大，工作效率低。60 年代后期，采用了虎口拉软机。1975 年后使用了较为先进的振荡拉软机，劳动环境改善，工作效率提高。

整饰：1965 年采用以合成树脂为主的涂饰工艺。70 年代后采用以喷代刷或喷刷结合，材料方面采用国内外比较先进的合成鞣剂和涂饰剂。新鞣剂、涂饰剂和新工艺的应用，推动了制革业的发展。

轻革生产工艺：原料皮分档—称重—浸水—去肉—称重—脱脂—拔毛—浸灰—分档—片皮—水洗—脱灰—水洗—浸硝—削匀—脱硝—软化—水洗—浸酸—铬鞣—挤水—削匀—复鞣—中和—染色—加脂—干燥—回潮—摔软—铲软—绷板—磨革—除尘—刷浆—喷浆—熨平—喷浆—熨平—喷光亮剂—熨平—量尺—验质分级—量尺入库。

重革生产工艺：原料皮分档—称重—浸水—去肉—称重—脱酯—拔毛—浸灰—去肉—分割—水洗—脱灰—浸酸—浸硝—植鞣—称重—漂洗—挤水—称重—加脂—干燥—回潮—压光—干燥—验质—成品。

20 世纪 80 年代主要产品工艺流程主要包括：

牛面革：选料—浸水—浸碱脱毛—去灰肉—复浸灰—天—净面复鞣制—脱灰软化—浸酸—鞣制—搭马静置挤水片皮甩麸皮或锯末—削匀—复鞣—中和—染色加油出鼓—搭马过夜复整理—涂油—挂腺—静置—机伸展（二次）—挂晾静置—回潮剖皮—净面—刷奖（二次）打光—熨花板—喷浆—喷光—喷固定剂修边熨平板—上亮—量革、分级、验收、入库。

猪修面革：脱毛分革后接皮—分革—去肉—水洗—脱灰—软化—浸酸—鞣制—静置—挤水—甩折子—片皮—削匀—复鞣—中和—加脂复整理—挂晾—鼓摔—钉板—磨革—扫尘—喷封闭—刷浆—喷浆—熨花板—喷浆—熨花板—喷浆—喷光—喷固定剂—熨平板—上亮—分级、验收、入库。

牛底革：浸水—开折—浸水—摔软—蹬皮—削边—浸水—蹬皮—浸水—包灰—浸灰—浸碱—浸灰—煺大毛—下浸灰池浸泡—刮皮—浸灰—净面—称重—水洗—脱灰—鞣制—漂洗—挤水—填充—晾干—加潮—滚压—回潮—滚压—验收入库。

淡黄色牛劳保手套革：选料—回软—片皮—挤水—摔折子—削匀—称重—流水洗—复鞣—搭马—流水洗—中和—染色—加脂在原染色液加脂—挂晾干燥—鼓甩软—磨绒—挂晾干燥—摔二次—铲皮—钉板—剪边—量尺验收入库。

香牛皮：浸水—开折—浸水—浸水—蹬皮—削边—浸水—蹬皮—浸水—包灰—浸灰—浸碱—浸灰—褪大毛—灰水洗—刮皮—浸灰—净面—称重—水洗（二次）—脱灰—净面—水洗—浸酸—鞣制—挤水—漂洗—挤水—挂晾—推水皮—上油—静置—晾干—推皮—晾干—压花—晾干—搓黄皮—刷色—晾干—上油—搓黑皮—上抓色—晾干—磨里—扫毛—搓软—剪边—上亮—量尺入库。

2000年以来，制革业更加注重清洁生产工艺的开发和应用。2007年，河北省东明集团所属河北省皮革研究院成功研发了在世界同行业具有领先水平的无灰浸灰、低硫脱毛、无铬鞣制等清洁生产工艺和废水循环使用、制革流水线新技术。2008年开始在制革企业推广应用。

三、生产设备

清末民初，河北制革多采用大缸、大锅、木桶、案板、月芽刀等简易工具。20世纪40年代中期，制革作坊自制了一些简单机器，但很少有机械设备。60年代初，辛集皮毛制革厂、邢台制革厂、唐山制革厂、保定制革厂、邯郸制革厂、张家口制革厂等骨干企业开始研制部分简易制革设备，如木转鼓、底革抛光机、手摇压皮机等。60年代中期至70年代，经过一系列技术改造和设备更新，增添了打光机、冲皮机、拉软机、压皮机、片皮机、去肉机、削匀机、螺旋转鼓机等。1975年，邢台制革厂研制成功电子过程控制机，填补了河北省制革行业空白，大大提高了劳动效率。至1980年，全省已拥有转鼓2431/497立方米/个、片皮机58台、去肉机93台、磨革机69台、熨皮机47台。

20世纪80年代，部分制革重点生产企业先后引进具有国际80年代先进水平的剖层机、液压片皮机、气动去肉机、挤水伸展机、辊涂机、真空干燥机、超声波喷涂干燥机、喷浆机、滚筒熨皮机、磨革机、削匀机、电子量革机、双缸烫革机等专用设备。到1990年，全省制革业拥有转鼓4478/652立方米/个、去肉机92台、片皮机57台、磨革机75台、熨皮机69台、削匀机76台、喷浆机14台，机械化程度由20世纪60年代的60%提高到90%以上。

进入21世纪，随着电子信息技术的快速发展，制革设备自动化控制程度提高，制革污泥脱水机、制革废水处理设备、制革臭气处理设备等污染处理设备已被大量采用。河北东明实业集团有限公司等有关企业自行开发的节水转鼓、摔软转鼓、抛光机等30多种新设备在国内外得到广泛应用。部分制革重点生产企业，产业装备达到同时代国际先进水平，推动了河北制革业的快速发展。

四、主要产品品种

河北皮革有较多种类，按其所用原料分为牛皮革、猪皮革和羊皮革等；以革的用途分为生活用革、工业用革和国防用革；以其张幅的重量可分为轻革和重革，轻革主要包括鞋面革、服装革、手套革、衬里革、球革，重革主要包括轮带革、鞋底革、装具革等。20世纪80年代，河北省轻革以猪正面服装革、山羊服装革、山羊鞋面革、牛皮修饰面革、猪正鞋面革、猪反绒、猪二层革为主要品种，重革以猪底革、猪带革、黄牛皮工具革为主要品种。20世纪90年代，河北省研制成功猪、牛压花双色效应鞋面革、猪皮压花磨绒服装革等新产品。

进入21世纪，牛皮沙发革、装具革、汽车坐垫革等产品发展较快，主要品种有羊皮服装革、羊皮鞋面革、毛革一体、牛皮革等产品。2006年，辛集皮革生产力促进中心研制出绵羊缩纹仿鹿皮服装革。2008年，河北省皮革研究院研发出0.25—0.35mm超薄服装革，原皮利用率提高，产品质量达到国内领先水平。2009年，又研发出新型环保沙发革、鞋面革、箱包革和服装革等绿色产品，环保生态革成为皮革主导产品。

1979年—1985年，张家口市第一制皮厂生产的“古针”牌绵羊皮（铬鞣、甲鞣鞣）获轻工业部优质产品奖。束鹿县皮毛制革厂生产的“金凤”牌猪皮修饰鞋面革、邢台县制革厂生产的“金凤”牌猪皮修饰鞋面革、秦皇岛市制革厂生产的“白帆”牌猪皮修饰鞋面革、沧州市制革厂生产的猪皮压缩毛孔革4个品种获省优质产品奖。

1986年—1990年，邢台市制革厂生产的“GF”牌绵羊正面服装革、宣化制革厂生产的“金鼎”牌山羊正面服装革等2个品种获轻工业部优质产品奖。邢台市制革厂生产的“GF”牌绵羊正面服装革及“GF”牌牛皮修饰鞋面革、张家口市制革厂生产的“花影”牌铬鞣猪手套革、石家庄市古桥制革厂生产的“古桥”牌猪正面劳保手套革、辛集市皮衣制革厂生产的“集花”牌铬鞣黄牛修面革、宣化制革厂生产的“金鼎”牌山羊正面服装革等 6 个品种获省优质产品奖。沧州市制革厂生产的驴皮正面软箱包革获河北省优秀产品二等奖。

五、污染治理及环境保护

在制革业产生、发展的漫长时期，制革业都是具有较大环境污染的行业。新中国成立后，特别是改革开放以来，随着国家不断加大环保管理力度，不断推广和应用国内外先进的治污技术和工艺，人们越来越意识到绿色环保的重要性，制革行业污水治理工艺和治理效果都有很大进步，骨干企业都建有较完善的污水治理系统，并逐步采用清洁生产工艺，清洁文明生产水平不断提高。

从 20 世纪 70 年代起，开始逐渐加强制革业污染治理，部分重点制革企业改进生产工艺，利用“三废”取得成效。据记载，1973 年，邢台制革厂实行酶法制革，变害为利，变废为肥，用处理过的污泥沉淀肥料施田，每亩平均增产粮食 100 斤，用污水灌溉的粮田亩产达 1400 斤，同时积极开展铬液和酸碱的回收工作，并作为先进经验予以推广。80 年代，制革企业污水处理多采用长循环多池自然沉淀方法达到国家排放标准。80 年代初，承德市制革厂投资 40 万元建设污水处理工程。

20 世纪 90 年代后，根据制革废水生化性能好的特性，制革厂污水一般采取物化加生化的处理模式，即先中和调节，加药沉淀，再生化处理，最后沉淀出水。这套工艺在技术上是比较成熟的，虽然各厂有个别差异，但是主要流程大同小异。近年来，制革企业环保意识不断加强，制革业污染治理投入加大，辛集制革工业区采用企业初级治理、园区专业治理、城市污水处理厂综合治理的三级治理体系模式，得到中国皮革协会充分肯定，并在全国皮革行业内推广。2005 年 7 月，河北东明实业集团有限公司开始重点研究采用超载转鼓灰碱保毛脱毛法和浸灰废液循环利用，以及采用优化传统铬鞣技术和铬鞣废液循环利用技术，自行设计和建成浸灰废液和铬鞣废液循环利用装置。该项目于 2007 年 6 月 1 日通过由河北省科学技术厅组织和主持召开的专家组鉴定，该项目每年节水约 10 万立方米，节电约 15 万度，节省排污费和化工材料费约 350 万元，环境效益、经济效益、社会效益明显，研究成果达到国内领先水平，具有很好的示范作用。该项目于 2008 年获得中国皮革协会首届“节能减排环保创新奖”一等奖。该项目研究成功在全国制革界引起较大反响，全国轻工业总会和中国皮革协会领导、国家环保部有关负责人、国内和省内一些知名制革企业前来参观和考察。该项目研究内容已列入国家制革工业清洁生产推广项目。

2008 年 9 月，华斯实业集团公司“污水的生化与物化综合处理工艺”项目获河北省轻工业企业管理现代化创新成果奖，本创新工艺根据裘革废水的特性，采取以生化法（水解酸化+生物接触氧化）处理为主，辅以物化法相结合的综合处理工艺。这一工艺的使用，为公司带来了巨大的经济效益。经过特殊处理的固体废弃物成为良好的有机肥料，可广泛用于农田、果园和花木，仅此一项每年为公司创造收入 26 万元。此外，含铬污泥经酸化处理可直接用于再生产，可节约 13.5 万元；水循环利用 28 万吨（用回收率按 60%计算）可节省费用 70 万元。在获得巨大经济效益的同时，也取得了良好的社会效益。经过处理的污水，为城镇二级污水处理厂减轻了负担。同时，固体废物得到有效利用，既节省了资源，又保护了环境。

河北省制革企业 1985 年—1997 年 12 月 31 日执行 GB3549 一 1983《制革工业水污染物排放标准》，1998 年 1 月 1 日起执行 GB8978-1996《综合污水排放标准》。2009 年 2 月 1 日起执行《中华人民共和国国家环境保护标准 HJ448-2008 清洁生产标准制革工业（牛轻革）》，2010 年 5 月 1 日起执行《中华人民共和国国家环境保护标准 HJ560-2010 清洁生产标准制革工业（羊革）》。

第三节　毛皮

一、发展概况

毛皮，是由羊、兔、狐、獭、貂等动物皮经带毛鞣制而成的革，具有轻便、柔软、保暖等特点，广泛应用于御寒服装中。河北省自古至今都是中国毛皮生产和交易的重要集散地之一。

（一）古代和近代河北毛皮发展概况

河北毛皮生产历史久远，早在商代，就有“商比干制裘于广郡之”说。到战国时期，河北毛皮已相当有名。据《中国古代服装史》第 4 章第 62 页记载：“战国时期，孟尝君有价值千金的白狐之裘，赴邯郸的将军、大夫皆服貂服。”元至清代，河北已成为全国的毛皮生产和交易重点地区。这一时期，古称顺德府的邢台市，素有北国“皮都”之称的张家口和辛集、枣强的毛皮制造业已相当发达，其产品制作之精美已驰名中外。进入民国时期，河北毛皮生产已形成具有相当规模的产业。民国十八年（1929 年），邢台的生皮店已发展到 72 家，从业人员约 700 余人，资本 350 余万元（银元）。民国二十二年（1933 年），张家口毛皮业已发展到 347 家，主要有裘皮业、粗皮业、旅蒙皮毛业、生皮行业，年经营总额 517.2 万元（银元）。1935 年，毛皮、牲畜交易业发展到 496 家，营业额 622.47 万元，占全市商会各业营业总额的 26%。到 1937 年前，在张家口设立的外国公司就有 40 多家，张家口毛皮作坊增加到 500 余家，从业人员近万人。古镇辛集历史悠久，清代的万舆图上，对辛集不仅有明显的标志，而且画出箭头，在图外加上了文字说明：“辛集皮毛杂货集散之中心”。清光绪六年（1880 年）至民国二十六年（1937 年），辛集皮毛业有了较快发展，皮毛产品种类由几十种扩大到百余种，主要产品有白皮、羔子皮、山羊皮、毛绒、马褂、绒片大毡、皮褥等。据光绪三十一年（1905 年）《光绪束鹿县志》记载，“辛集一区，素号商埠，皮毛二行，南北互易，远至数千里”。到“七七事变”前，其皮毛原料来源遍及全国各皮毛产区，皮毛产品不仅畅销国内，而且远销日、俄、英、美、法、德等国家。随着毛皮业的繁盛，辛集出现了家家做毡、户户制革的繁忙景象。据统计，1935 年—1936 年，辛集镇皮毛业有 10 个行业 361 户，从业人员达 11640 人。此时，枣强大营、蠡县留史的毛皮业也相当发达。

“七七事变”后，日本侵华期间，河北毛皮业许多作坊纷纷倒闭，辛集这个数百年繁荣昌盛的皮毛集散中心，突然萧条下来。张家口的皮毛作坊十有八九倒闭，到张家口解放时，毛皮企业仅剩 18 家，减少了 97%，处于濒临破产的状态。邢台毛皮业也陷于停顿状态，到 1942 年，因久旱无雨，百姓离家逃荒，一个拥有几百年历史的邢台毛皮业彻底崩溃了。

（二）新中国成立后河北毛皮业发展概况

新中国成立后，国家高度重视毛皮业发展，邢台市政府召集并动员皮行匠人恢复旧业务，使毛皮业开始复苏。据调查，到 1949 年年底，该市的皮毛业发展到 25 家。辛集通过人民银行发放低息贷款给予扶持，逐步恢复起 70 多家皮毛作坊和皮毡厂。张家口市毛皮业迅速得到恢复和发展，1949 年底，张家口市有裘皮业 31 户、从业人员 198 人，有粗皮业 31 户、从业人员 14 人。到 1950 年 6 月，张家口市裘皮业增至 54 户，从业人员增至 349 人，粗皮业增至 46 户，从业人员增至 220 人。

1956 年，在私营工商业社会主义改造高潮中，河北个体毛皮作坊组织成立了生产合作社，从此由个体走向集体化发展的道路。当年辛集镇的 70 多家皮毛作坊成立皮毛生产合作社，后转为国营束鹿皮毛厂，生产规模逐步扩大，品种增加到 500 多个，除生产民用品外，还生产军需产品和出口产品，年产值达到 700 万元，利润达 100 万元。到 1957 年，全省毛皮业生产企业有 24 个，职工约有 3400 人。设备操作技术方面也有所改进，张家口市制皮厂机磨里工序改用机器生产，用工仅为原来的 11.5%；邢台熟皮厂采用快缸熟皮法后，劳动效率提高了一倍以上；辛集白皮厂用化学药品熟皮，比硝面熟皮提高生产效率 140%，改善了劳动条件，提高了产品质量。但也存在着一些问题：少数厂（社）有机器设备，多数厂（社）为手工操作，大部分生产单位还采用着陈旧的鞣制方法，没有一定科学的产品质量标准和对产品质量分析检验的仪器设备，难以控制产品质量。

1958年—1965年期间，虽历经了国民经济困难，但经过技术革新，部分工序实现了半机械化生产，劳动效率有所提高，产品品种不断增加。1958年9月，张家口市皮毛厂研制成甲醛鞣毛皮法，代替了硝面鞣法，缩短鞣期5倍。1959年，承德市皮毛厂采用化学原料熟皮，熟皮时间由15天缩短到10小时，效率提高35倍，成本降低38.8%。同年，张家口市制皮厂剪毛机改装成功，在植皮、浸水、湿剪毛、刮毛、挤水、干燥、整修等工序实现了机械化（或土机械），并研究成功苯胺黑色剪绒兔皮、染绛色剪绒兔皮、兔皮模染貂皮、兔皮模染豹皮、羊皮仿制水獭等新产品，质量达到国内先进水平。到1965年，全省裘皮服装年产量达到5.23万件，比1958年的1.6万件提高3.2倍。

在“文化大革命”期间，河北毛皮业生产受到一定程度干扰，产量下降。1966年—1976年，全省裘皮服装产量一直在3.1万—3.46万件之间徘徊，直到1975年，裘皮生产才逐步回升，年产量达到6.91万件。这一阶段，尽管产量增长缓慢，但生产工艺和产品品种都有所突破。1970年2月，辛集皮毛制革厂开始采用铬鞣醛铝鞣法，产品也由内销为主，转向大部分生产出口产品，产品档次也由低档向中高档发展，并增加了兔皮服装、兔皮褥子和其他细皮产品生产。1974年，邢台皮毛厂试制成功酶软化新工艺，产品质量不断提高，出口产品占到80%以上。

（三）改革开放以来毛皮业发展概况

中共十一届三中全会以后，在国家改革开放方针的指引下，毛皮业获得长足发展。毛皮业生产企业增加，宣化皮毛厂、大营皮毛厂、张家口市第一制皮厂等企业引进先进设备，采用先进生产工艺，水貂皮、兰狐皮服装、口羔皮褥子新高档产品不断增加。1983年，邢台市皮毛厂研制出一毛三色的奶山羊皮表皮出口服装。1983年，宣化皮毛厂开发出剪绒皮褥，同年试制成功山羊皮仿珍贵毛皮新产品。1984年增加裘皮生产线，同年，张家口第一制皮厂和第二制皮厂分别组建裘皮服装生产线，深加工产品产能增长。至1990年，全省毛皮业生产企业有31家，年生产毛皮服装47.81万件，比1980年增加35.98万件，工业总产值12554万元，占全省皮革业工业总产值的比重为27.8%，出口交货值3415万元，占全省皮革业出口交货值的32.82%。

随着毛皮产业的发展，毛皮业技术质量不断提高。草上霜皮毛染色技术的试制成功，增加了花色品种，染色技术水平大幅提升。黑色生毛皮褪色技术、毛皮鞣制、染色过程控制、裘皮服装裁制和成装技术、渐变染色技术、聚氨酯复合装皮等获得省部级科技成果奖。1999年，大营皮毛厂研制的山羊皮仿红狐大衣，获国家科技发明创造三等奖，并被评为部级优质产品。“六五”期间，张家口市第一制皮厂生产的“古针”牌绵羊皮、张家口市第二制皮厂生产的口羔皮褥子被评为轻工业部优质产品。1980 年—1990 年，张家口市第一制皮厂生产的“古针”牌绵羊皮、狐狸皮、狗皮及羊剪绒皮，张家口市第二制皮厂生产的“恒通”牌大狐皮加革条服装、水貂皮服装、口羔皮及口羔皮褥子，张家口市皮毛综合厂生产的兔皮褥子，张家口市东风服装厂生产的“孔雀”牌翻毛女皮衣及兔皮里脱卸童猴，南宫市供销合作联合社皮毛加工厂生产的兔皮染色裘皮短大衣，南宫市裘皮服装厂生产的“万悦”牌 32#兔皮里脱卸童猴，张北县皮毛制帽厂生产的“雪中笑”牌皮面硬胎青根貂帽及羊剪绒帽，康保县皮毛厂生产的“保星”牌羊剪绒，张家口市制帽厂生产的“山城”牌皮面硬胎羊剪绒帽，大营皮毛厂研制生产的“白猾皮仿彩貂、奶山羊皮仿青猺”裘皮服装等 18 种产品获得“省优质产品”称号。邯郸县皮毛厂生产的奶羊皮仿 7 号色加革裘皮服装、奶羊仿 20 号色裘皮服装，张家口宣化皮毛厂和宣化皮革厂生产的山羊皮仿染红狐、蓝狐各式服装，沧州市复合裘皮厂生产的复合裘皮等产品获得“优秀新产品”称号。

进入 20 世纪 90 年代，由于边境皮衣贸易不景气，各毛皮企业管理水平相对落后，毛皮行业出现了亏损局面，部分毛皮企业停产，毛皮企业数量缩减。1997 年，受亚洲金融危机的影响，毛皮业效益下滑，发展速度进一步放慢。到 2000 年，毛皮业生产企业仅有 3 家（国统企业），工业总产值 1623 万元。

21 世纪，随着改革开放的深入及消费者生活水平的提高，毛皮主要产品产量增加，出口大幅增长，质量技术水平提升，国内市场份额扩大，狐、貉、貂等原料品种不断丰富。尤其近年来，激光、雕花、打薄新技术被广泛运用到裘皮制作过程中，编织与整皮结合工艺、拉网工艺、开条拼接工艺、皮张拼花工艺和皮张镶花工艺等新工艺不断得到应用。兔绒、貂皮、精剪羊剪绒等裘皮服装，雕花、剪花、印花、镶花等整皮服装及各种编织服装等新产品不断涌现，中高档产品比重提升，环保意识增强，毛皮制品逐渐向品牌化、时尚化、个性化方向发展。到 2010 年，全省有毛皮业生产企业 126 家、从业人员 15968 人，天然毛皮服装产量为78.25万件，工业总产值116.33亿元，占全省皮革业工业总产值的16.6%，其中毛皮制品工业总产值为 103.94 亿元，占毛皮业工业总产值的 89.35%;出口交货值为 12.05 亿元，占全省皮革业出口交货值的 29.94%，其中毛皮制品出口交货值为 11.9 亿元，占毛皮业出口交货值的 98.76%；利税为 10.16 亿元，占全省皮革业利税总额的 12.95%，其中毛皮制品业利税为 9.1 亿元，占毛皮业的 89.66%。

二、工艺和设备

毛皮制造过程一般为浸水、去肉、脱脂、软化、浸酸、鞣制、染色、加脂、美化、整理。河北的毛皮鞣制，至新中国成立初期，一直沿用硝皮法即硝面鞣法制作毛皮，用此法鞣制的皮毛制品易吸潮，怕水，皮板硬并有异味，不仅不结实、质量差，而且制作过程劳动强度大，耗费大量粮食。1953 年，军需四〇七工厂（后改为“张家口市第一制皮厂”）开始探索铬鞣新工艺，浸酸鞣皮后，再刷铬液鞣制，1958 年 9 月研究成功甲醛鞣毛皮法，取代了传统的硝面鞣皮旧工艺。用此法所制成的毛皮具有皮板柔软、有拉力、可塑性强、毛部松散、毛色洁白等优点，解决了板皮臭味大、易吸潮、物理性能差等问题。这一新工艺的成功，是河北省毛皮业制作的一次突破性变革。

1975 年，张家口第一制皮厂在毛皮鞣制浸酸中采用酸性蛋白酶进行软化，使成品洁白柔软，在工艺技术上又上了一个新台阶。1976 年，束鹿皮毛制革厂研制成功用脲环树脂鞣制毛皮新工艺，用该工艺鞣制的毛皮毛被洁白、轻软丰满，延伸率、出材率都得到提高。当时，全省毛皮企业都采用重铬鞣、轻铬鞣、铝铬鞣、甲醛鞣等化学鞣制新工艺。1979 年又采用了酶软化和水脂新工艺，此工艺鞣制的产品，皮板柔软、丰满，不吸潮，可水洗，毛色洁净，无灰无味，使毛皮鞣制工艺发展到了一个新阶段。1983 年，张家口市第一制皮厂采用酶软化和水脂工艺试鞣水貂皮一次成功，产品光亮、丰满、柔韧，质量属国内一流水平并达到澳门先进标准，受到外贸和国外客户的好评。

在脱脂工艺方面，20 世纪 50 年代采用黄泥去油，一般油要抹泥 5—6 次，大油皮要抹泥 10 多次，才能起净皮板油，对皮子质量有很大影响。50 年代末开始采用转鼓起油，1965 年试制成功并采用有机溶剂脱脂的新工艺。1980 年，张家口市第一制皮厂试制成功生皮脱脂，毛皮脱脂新工艺的研制成功，填补了中国毛皮科学脱脂的空白。此项工艺的应用，缩短了生产周期，净化和简化了操作工序，并为羊皮生产机械化、连续化打下基础。束鹿皮毛制革厂于 1981 年、1982 年配合轻工业部毛皮制革研究所进行了大油板油绵羊皮鞣前脱脂试验，并进行了 MU 低醛直毛固定技术研究，保证了质量，改善了羊剪绒皮梳、剪、烫等工序的操作环境。

在毛皮染、褪色工艺方面，60 年代前均采用氧化染料，这种方法操作条件差，毒副作用大。1959 年，张家口市第一制皮厂采用酸性染料，此种染色方法着色好，色泽鲜艳，毒副作用小，同年 4 月试制成细羊毛仿染水獭皮工艺，9 月试制成兔皮仿染貂皮和豹皮。进入 70 年代后，张家口市皮毛行业在研究和使用染毛不染板、染板不染毛等新的染色工艺方面不断取得新进展。1976 年，张家口市第二制皮厂研制成功“羔皮染色”新工艺，此工艺染出的羔皮光泽度强，色调一致，皮板柔软、丰满。1979 年，张家口市第一制皮厂试制成功生皮一次性褪色工艺，填补皮毛行业一项空白。1980 年，该厂试制成功甲醛改良皮直毛染色工艺。1979年—1980年，张家口市第一制皮厂和束鹿皮毛制革厂，用氧化还原法试验黑色毛皮褪色技术，使黑色狗皮变黄色狗皮。1980年，邢台市皮毛厂试制成功草上霜染色新工艺。1984年，大营毛皮厂研制成功“白奶山羊仿貉子”染色工艺。随着科技的进步，渐变染色、微风效应、一毛多色等新工艺不断涌现，推动了毛皮业工艺技术升级。

随着生产工艺的革新，毛皮业的装备水平逐步迈向现代化。新中国成立前，河北毛皮生产一直是手工操作。铲皮、磨里用大铲，鞣皮（旧称“泡皮”）用大木缸和小瓷缸。直到1958年，全省毛皮厂开始自制或购进削皮机、洗皮机、缝皮机等部分设备。到20世纪70年代中期，各生产企业又陆续购进和自制了缝纫机、搅料机、离心机、甩软机、脱脂机、去肉机、剪毛机、削匀机、烫毛机、电子量革机等部分专业生产设备，由于机械性能较低，仍有不少工序需手工操作。进入80年代，全省县以上毛皮生产企业大部分实现机被化、连续化生产，部分重点毛皮生产企业引进毛皮服装生产线，采用比较先进的液压片皮机、气动去肉机、超声波喷涂干燥机、真空干燥机、滚筒式烫革机等专业生产设备，装备水平大幅提升。至1985年，河北省毛皮业拥有专业生产设备928台，其中剪毛机78台、烫毛机76台、梳毛机23台、毛皮并缝机453台、毛皮刷酸机1台、毛皮削匀机34台、毛皮干燥机25台、其他专业设备238台。到1988年年底，全省毛皮行业机械化程度均达到80%以上。

为减少污染，毛皮企业不断采用现代化新设备，改进工艺条件，如采用较小液比、提高浸水温度、加强机械作用、缩短浸水过程。在此过程中，加入低温高效脱脂剂，使浸水与脱脂工序合二为一，加脂工序分步实施，适当延长染色时间，降低染色液pH值等新工艺新技术，同时优选可生物降解表面活性剂、安全型鞣剂、毛皮专用染料等配套材料，减少污水排放量。随着环保意识的增强，毛皮加工逐渐推行清洁化生产，以使毛皮原料皮资源得到有效配置，毛皮生产过程更加节水，并达到环保排放，使毛皮成品满足“绿色”要求。

三、主要产品品种

河北省毛皮种类繁多，资源丰富。常见的有绵羊皮、山羊皮、家兔皮、口羔皮、貉子皮、猫皮、狗皮等，珍贵毛皮有狸子皮、貂皮、灰鼠皮、狐皮等。上述毛皮制成裘皮分为本色和染色两种，经剪裁、缝制加工、整修制成的制品分为传统产品和深加工产品两大类，花色品种达130余种。20世纪90年代前，传统产品主要有奶山羊皮褥子、羔皮褥子、绵羊、羔皮甬（主要是指无吊面的绵羊皮袄、大衣、皮裤，山羊皮袄、皮裤），深加工产品主要有奶山羊皮“草上霜”、奶山羊皮仿染、裘皮服装、剪绒制品等。随着科技的进步及原料品种的丰富，裘皮大衣、衣领、夹克服等各种高档、时尚裘皮制品增多，不断满足人们日益增长的消费需求。

羔皮褥子：此类产品根据毛花形状，一般分为口羔皮褥、改羔皮褥、珍珠毛褥 3 种，是采用各种优质羔皮，经鞣制、裁剪、缝制、整修而成。其特点是皮板柔软，毛花美观，色泽洁白，无异味、无灰尘，均匀一致，每条皮褥犹如一张皮制成，但各有特色。“口羔皮褥”毛花圆和，经久不变，状如春风掠水，逐波荡漾，之所以称之为“口羔皮褥”，除了表明本产品是“皮都”张家口的特产外，另一个说法就是毛被每个毛花全部都是一个花弯，世人为显示本产品质量的优良，统称为“一口花”。羔皮褥子，形似螺纹，毛细而长。珍珠羔褥，毛短，呈颗粒状。

裘皮服装：裘皮服装是将原皮，经鞣制、染色、裁剪、机缝、吊里面而成，内销产品一般是毛向里，外销产品一般毛向外，其花色分本色和染色两种（染色有“草上霜”、三节毛、渐变色）。1984 年，张家口一、二皮厂开始生产水貂、狐皮等材料的裘皮大衣及少量吊刀细皮大衣，染色羊绒及翻毛大小衣，吊面风雪衣、短衣、外套、女袍、坎肩、地勤服、民航服、坦克服、警服、领子、帽檐等各种高档裘皮制品。

第四节　制鞋和皮件制品

一、制鞋

皮鞋古称“屐”，其以猪、牛、羊等天然皮革为主要原料，经过机械加工或手工加工制作而成。皮鞋是最早文化产物之一，在人类还没有纺纱织布时，就曾用皮保护脚。史料记载：“黄帝时期，臣子于则，用革造扇，用皮造屐。”经过多年发展，皮鞋制作技术设备水平大幅提升，产品品种大量增加。

（一）发展概况

清光绪十三年（1887 年），河北开始皮鞋生产。当年，由邢台市“庆云斋”鞋店从北京学来制作技术，由北京、天津、上海、武汉等地采购原料，利用两台大轴机开始了皮鞋生产。当时，一双三结头皮鞋售价 12 块大洋，年产百余双，主销本市。至清末民初，保定习艺所开始生产手工皮鞋，宣统三年（1909 年）曾在南洋参赛获金奖。继此之后，保定皮鞋生产逐步发展成行。鞋行大户丁竹林制作的皮鞋因坚固适足、永不变形，有“履万里而无损”之赞语，故有“万里皮鞋”之美称。1943 年初，丁竹林在保定济善商场建立万里皮鞋店，专营万里皮鞋，一直畅销不衰。张家口市圈内清朝年间就有制鞋作坊，以制毡靴和蒙靴为主。此外，其他各地也有小批量生产。日本侵华期间，河北省的皮鞋生产基本处于

停滞状态

新中国成立后，皮鞋生产得到快速发展。1953 年，全省皮鞋产量达到 5.37 万双。在 1956 年合作化运动中，张家口先后组建了公私合营鞋厂（员工 49 人，资金 3.72 万元）、第三鞋社（职工 106 人，资金 2.1 万元）、桥西尚鞋社（职工 76 人，资金 0.2 万元）。邢台、保定、承德、石家庄地市的私人鞋店（铺）也都先后组织起来，组建了一批皮鞋生产合作组织。全省皮鞋生产规模扩大，生产工艺和设备有所改进。当年全省皮鞋产量达到 28 万双。到 1957 年，全省皮鞋产量已达 50.4 万双，比 1953 年增长 8.4 倍。1960 年，全省皮鞋产量达到 74.1 万双，出口皮鞋 25.09 万双。20 世纪 60 年代初，国民经济处于困难时期，企业减员转产，生产逐年下降，1963 年全省皮鞋产量仅为 10.75 万双。此后，虽经历了“文化大革命”的波折，但一直呈发展势头。1970 年以后，由于粘胶皮鞋等新的生产工艺的推行和猪皮制革的发展，同时机械化程度提高，皮鞋品种增加，生产持续上升。到 1977 年，皮鞋产量达到 224 万双，比 1957 年增长 3.44 倍。

改革开放初期，各企业普遍重视技术改造，安装生产流水线，生产规模逐渐扩大。1980 年，皮鞋业生产企业有 23 家，生产皮鞋 364.65 万双，比 1975 年增加 212.75 万双。随着技术和经营管理水平的改进和完善，皮鞋质量显著提高，并创出一批优质名牌产品。据统计，1979 年—1988 年，先有秦皇岛市皮革制品厂“金鳗”牌 7918 线缝三接头牛皮鞋、“星云”牌二型半男三接头皮棉鞋，唐山市东矿区皮鞋厂“玉华”牌男三接头皮鞋、“玉华”牌高跟（半高跟）女棉鞋，邢台市鞋厂的“邢海”牌女胶粘皮鞋，石家庄市皮鞋厂“羚羊”牌半跟牛皮三接头皮鞋、“铃虎”牌牛皮胶粘半跟方舌男皮鞋、“岭云”牌女式一型半胶粘牛皮鞋，张家口市第二鞋厂“双鸳”牌胶粘中年人棉皮鞋等 10 余种产品获河北省优质产品奖。制革业的发展也拉动了制品行业的发展。20 世纪 90 年代初期，河北省制鞋厂加速机械化、自动化进程，生产能力显著提高。由于大规模集中建设，使皮鞋产能相对过剩，工业生产总值增速低于产量增速。1995 年，全省皮鞋生产企业有 28 家，生产皮鞋 1646 万双比 1990 年增加 90223 万双，工业总产值 8337 万元，占全省皮革业工业总产值的 21.21%，所占比重比 1990 年下降 5.87 个百分点。

进入 21 世纪，制鞋设备和工艺逐步升级，产品不断更新换代，提高了皮鞋质量档次，增加了高级休闲鞋、羊毛鞋等中高端产品比重，双密度作战靴、舰艇毛皮鞋、高勤作训鞋等军用鞋及具有耐腐蚀、抗静电、防水等功能的劳动保护鞋生产能力扩大。“梦米兰”被认定为中国驰名商标，“神行太保”被认定为河北省著名商标。2008 年，际华三五一四制革制鞋有限公司的橡胶双密度技术研究及应用项目填补了国内橡胶双密度制鞋技术空白，被评为河北省轻工业管理创新成果一等奖。该项目中橡胶的流延技术和快速硫化技术，克服了传统模压工艺产生的下部过硫上部欠硫的问题，保证硫化均匀，提高了理化性能。在市场需求不断变化下，河北省皮鞋生产企业大幅减少，皮鞋业占比下降。

（二）生产工艺和设备

皮鞋按品种基本可分为五种生产加工工艺，即线缝、模压、硫化、注塑、胶粘。

（一）线缝工艺

线缝工艺是采用手工将鞋帮料、底料缝制在一起。其种类可分为沿条鞋、透缝鞋、压条鞋等。手工码条皮鞋，缝制工艺复杂，加工精细。以 25 号皮鞋为例，规定码 148 个针码，上下误差不得超过 2 个针码。

（二）模压工艺

模压工艺，即在完成皮鞋粘帮、绷帮工艺后，采用模压机将配制好的橡胶混合物，通过一定的压力和温度，使之与皮鞋帮料牢固结合。

（三）硫化工艺

硫化工艺，系将粘制好的皮鞋（绷楦或缝帮套楦）挂在铁车上，送入硫化罐内进行硫化。硫化可分为热硫化和冷硫化两种，生产上主要采用热硫化。省内自 1969 年采用此种工艺进行批量生产。硫化工艺生产的皮鞋比较粗糙。

（四）注塑工艺

注塑工艺，系以聚氯乙烯（PVC）、聚氨酯（PU）等为主要原料，采用不同的注塑机，直接注塑皮鞋或注塑鞋底。该工艺简单，效率高，可生产化工用鞋或劳动保护鞋。

（五）胶粘工艺

胶粘工艺是把绷好的皮鞋帮和预制好的鞋底，通过胶粘剂（氯丁胶、聚胺酯胶等）加压，使帮、底结合的工艺。此工艺是制鞋生产技术上的一项重大改革，推动了机械配套和胶粘流水线的使用。

河北省皮鞋生产工艺，从 1887 年—1936 年，基本上均采用手工缝制。1937 年开始用脚踏式缝纫机代替手工缝帮，但其他工序仍是人工用刀剪、锥子加钉锤完成。从 1953 年起，皮鞋沿条子线由原来的两个线头交叉缝成改为钩锥一次缝成。同时，缝纫机也由人力脚踏改为电力传动，每人每天可生产一双皮鞋。1960 年后，生产企业陆续购置并应用了下料机、片帮机、片底机等制鞋专用设备。1965 年开始推广应用模压鞋生产工艺，1966 年从外省引进了硫化皮鞋、注塑皮鞋和胶粘皮鞋生产工艺，同时添置了内线机、高速压合机、硫化罐、模压机、橡胶出型机、注塑机、绷楦机等专用设备。至此，河北皮鞋生产工艺由单一线缝增加到 5 种工艺。

“六五”期间，石家庄、张家口、秦皇岛、邢台等重点皮鞋厂进行技术改造，并先后引进意大利皮鞋生产线，河北皮鞋生产技术装备水平有了显著提高。液压传动装置已普遍应用到制鞋设备中，射流控制、充电控制、数字过程控制、远红外线干燥等技术均在生产中应用。1988 年，全省皮鞋行业机械化半机械化程度达到 85%以上，液压裁断机、绷楦机、自动注胶机、自动压合机、自动胶粘机、主跟及内跟成型机等机械已初步成为河北省制鞋工艺的主导设备。1990 年，全省皮鞋专业生产设备有裁料机 182 台、注塑机 23 台、外线机 25 台，模压机 150 台、绷尖机 24 台、绷勒机 37 台、绷跟机 20 台、黏合机 44 台。

主要产品生产工艺流程包括：

模压鞋生产工艺流程：下料一拨花一扎帮一扎气眼一扎铆钉一绷楦一码线一垫勾心一出楦一刷胶一压鞋一整修一验收一包装一入库。

冷粘鞋生产工艺流程：下料一拨花一扎帮一扎气眼一扎铆钉一绷楦一码线一垫勾心一打底一打帮一刷胶一粘底一气压一出楦一抖底一整修一验收一包装一入库。

20 世纪 80 年代末，制鞋企业引进了中国台湾、意大利制鞋生产流水线，组底机、电脑绣花机、下料机、片皮机、绷帮机、钉跟机、内底整修机等专用设备逐渐得到广泛应用。进入 21 世纪，随着电子、激光等现代化技术的发展，制鞋企业开始采用多功能激光鞋材雕花下料机等先进设备，自动化控制水平不断提高。2010 年，河北省皮鞋行业的装备水平已基本达到了国内同行业先进水平。

（三）主要产品品种

按生产工艺划分，皮鞋可分为线缝皮鞋、胶粘皮鞋、模压皮鞋、硫化皮鞋和注塑皮鞋 5 大类。一般来讲，线缝和胶粘皮鞋为高档产品，模压、硫化和注塑皮鞋为低档产品。线缝皮鞋属传统产品。20 世纪 50 年代，河北省所产均为线缝皮鞋。1980 年，线缝皮鞋产量占全省皮鞋总产量的 12.38%，1985 年，此比重下降为 8.93%。

1965 年—1982 年，模压皮鞋、硫化皮鞋的年产量呈逐年递增趋势。1982 年年产量达到 16.5 万双，占皮鞋总产量的 31.35%。此后，随着人们消费水平的提升，模压、硫化皮鞋的产量逐渐下降，到 1989 年下降为 116.4 万双，占皮鞋总产量的 14.16%。注塑皮鞋的产量不大。1982 年仅为 0.9 万双，1989 年为 80 年代最高产量 12.32 万双。胶粘皮鞋是 1970 年起在省内发展起来的新品种，因其具有外型美观、样式新颖、穿着轻便、牢固耐穿、生产效率较高、适于现代化机械生产等特点，产品取得快速发展。1970 年—1988 年，产量逐年增加，1975 年产量为 13.78 万双，至 1985 年达到 343.84 万双，占全省皮鞋总产量的

52.13%。1988 年全省胶粘皮鞋产量为 656.6 万双，占皮鞋总产量的 71.8%，成为省内皮鞋的主导产品。

人们日常穿着的皮鞋是普通皮鞋，按所用材料分为真皮皮鞋、代用革皮鞋，以穿着对象分为男鞋、女鞋、童鞋、老人鞋，以穿着季节分为春秋穿时单鞋、夏天穿的凉鞋、冬天穿的棉鞋。运动鞋（旅游鞋）是以天然皮革或代用皮革做鞋帮，配以塑料发泡结合底或橡胶聚氨酯底制成，供人们在旅游健身或工作时穿着的流行鞋种，有的称健身鞋、健步鞋，也有叫休闲鞋、跑步鞋穿着行走舒服，国内外市场需求量特别大。劳防鞋是用于劳动时防护的特殊皮鞋。有用于带电操作工人穿的绝缘劳防鞋，有用于从事重工业人员穿的防砸耐热安全鞋，有用于化工生产人员穿的耐酸耐油劳防鞋，有用于地质勘探人员穿的耐磨防穿刺劳防鞋。特殊功能鞋是一种具有特殊结构和有某种功能的鞋，如双密度作战靴、军官常服皮鞋、高帮作训鞋等具有阻燃性、防穿刺性、防水性、防沙性、防滑性、耐磨性、耐热性、耐寒性、耐老化性、耐水解性、耐微生物侵蚀性等特种功能性鞋产品。

二、皮件制品

皮件制品主要是用天然皮革或人造皮革为主要原料制成的除鞋类外的各种日用皮革制品及服装，主要包括球类、箱包、手套、革皮服装等民用、军用、工农业用产品。

（一）发展概况

河北省皮件制品生产始于 1925 年，当时邢台牛市街厌纯德、纪恩科生产羊硝皮，兼产牛皮箱，字号以“同盛德”闻名全城，年产量 200 个。此后，辛集、邯郸等地一些民用、军用的皮件产品也陆续得到了发展。据河北省大宗出口产销数量统计显示，1929 年，河北省皮衣箱年产量 51.2 万件，生产区域人口 2.7 万人，出境数量占 98.4%。据 1934 年民营工业统计显示，束鹿有皮件站 34 家、资本 1.43 万元，年产皮件 19.87 万件，总值 1.12 万元，主要产品有背包、枪套、皮带等。到 1937 年，邯郸市的制件个体户已发展到 6 家。1939 年，邢台齐厚仁在前南街办起了“永兴厚”皮件作坊，雇用 14 人，年生产 3.2 尺牛皮箱 1200 个，还生产牛皮带、牛皮钱包等，年产量分别达到 2500 条和 4200 个，产品畅销本省各地。1942 年，日本侵华，各地皮件店、作坊纷纷歇业，至新中国成立前夕所剩无几。

新中国成立后，通过社会主义改造，皮箱、皮件生产很快得到恢复和发展。1954 年，邯郸市皮件生产合作社正式成立，当时有社员 35 人，皮件生产有两台大头缝纫机，产品主要有车斗篷、手套、皮带、皮箱等民用品。1956 年，保定市从事车马挽具、猪架加工等 11 家手工作坊实行公私合营，成立了保定市公私合营复聚皮毛厂，并从事“三球”（篮球、排球、足球）生产。到 1956 年年底，全省各地的皮件作坊都组建了皮件生产合作社，走上集体化发展的道路。1957 年皮件产品中的”三球“，年产量已达 6. 4 万个。

20 世纪 60 年代初，正值国民经济困难时期，牛、羊自然皮十分缺乏，牛皮使用范围被严格限制，皮件产品生产基本处于停滞状态。一直到 1965 年，以支农产品车马挽具为代表的皮件制品才有了较快发展。1965 年年底，全省车马挽具产量达到 616. 42 万件，1966 年又增至 760. 1 万件，其他皮件制品基本没有生产，此种状态在“文化大革命”期间尤为突出。1973 年，生产车马挽具 1330 万件，比 1972 年增长 46%。1976 年后，皮件生产逐步恢复正常，此时车马挽具已转乡镇企业生产，其他皮件和皮箱生产扩大。到 1978 年，全省皮件产量达到 50 万件，皮箱产量增至 2 万只，出口皮箱 10224 只，皮手套出口达 80. 32 万副，皮帽出口达 6. 24 万顶。

改革开放后，河北皮件制品发展加快，出口快速增加。据统计，1978 年—1980 年，仅邢台市 4 家皮件厂皮革制品出口量达 209. 57 万件。1981 年，邯郸市箱包厂开发出手提公文箱、公文包，适应了国际市场需求，提高了出口创汇能力。至 1985 年，全省生产革皮箱 3. 36 万只，革皮包 59. 15 万个，革皮手套 127. 18 万副、车马挽具 88. 8 万件；出口皮手套 63. 81 万副，皮箱、包等皮件 49. 61 万件。

“七五”期间，河北省皮件生产企业先后引进德国、意大利等国先进的加工工艺和设备，制造水平不断提升。1987 年，张家口市皮革制品厂生产的猪皮软硬旅行箱被评为河北省优秀新产品。1990 年，枣强县裘革制品厂生产的裘革工艺手套获省科技成果奖。皮革服装采用优质服装革，色彩逐渐丰富，抗皱性等各项功能指标提升。至 1990 年，全省皮件生产企业有 14 家，工业总产值为 3237 万元，占全省皮革业工业总产值的 7. 17%。

20 世纪 90 年代，借助辛集皮革商城、白沟箱包等市场的发展，河北省皮件产业得到较快发展。到 1995 年，全省皮件业工业总产值达 8217 万元，占全省皮革业工业总产值的 20. 9%,所占比重比 1990 年提高 13. 73 个百分点。皮件业在河北省皮革业发展中发挥着愈加重要的作用。

中国加入世贸组织以来，皮箱、皮革服装等皮件产业发展迅速，白沟国际箱包城、辛集国际皮革城等专业市场的建设加快，产品品种增加，款式新颖，“西曼”“佰立特”等皮装品牌，“玉兔”“福润德”等箱包品牌影响力增强，国内外市场占有率提升。到 2010 年，河北省皮件制品生产企业有 159 家，从业人员达 36966 人，工业总产值为 229. 47 亿元，比 2005 年增长 217. 25%，占全省皮革业工业总产值的 32. 75%；出口交货值为 21. 45 亿元，比 2005 年下降 9. 38%；实现利润 31. 01 亿元，比 2005 年增长 219. 69%，占全省皮革业利润总额的 47. 86%。

（二）少数民族特需用品

河北省的少数民族特需用品主要有蒙靴、鞍输、马镫以及车马挽具等，其产地主要在张家口。据史料记载，早在明嘉靖年间，张家口便成了蒙汉互市之所，民族特需用品生产伴随毛皮业的发展而逐渐兴盛起来。到清朝中末时期，张家口的蒙靴、鞍韂作坊店铺有一二百户，年产蒙靴 10 万余双，其中较有名气的有“三发涌”、“双盛永”、“通德永”鞍子铺和“德兴斋”、“德盛元”、“双庆魁”、“公福成”等靴子铺。这些产品不仅花色多，工艺性和实用性都为上乘，享有很高的声誉。此时，由于蒙靴的发展，其行会组织也随之诞生。张家口市以大境门为界，以内则叫“内行”，以外一般归化城则称“外行”，且各有团社组织，内行团社为“公益社”，外行称“永盛社”，蒙靴工人组织称“义和社”。1931 年，白俄人拉滋夫、德国人白伯哥在张家口开设“德华洋行”，经营绸缎、布匹、茶蒙靴、鞍韂等用老倌东（牛马）与外蒙古贸易，使外地制靴工人云集张家口，靴鞍业一度兴盛。1937 年“七七事变”后，日军侵占张家口，至新中国成立前夕，该行业日渐衰落。

新中国成立后，在党和政府的扶持下，蒙靴鞍韂及车马挽具等的生产，逐年得到恢复。1953 年，部分蒙靴铺业主和工人组织成立了张家口市第一蒙靴生产合作社，社员 20 余人，全部资金 9000 多元。随后，部分鞍韂作坊组织起来成立了张家口市第一鞍韂生产合作社，资金 3200 余元。1956 年 1 月 1 日，手工业合作化运动高潮中，蒙靴和鞍韂社及未组织起来的作坊成立了张家口市公私合营蒙靴鞍韂厂，全厂职工有 300 余人，产品列入国家计划。后与其他企业几经分合，1984 年，建立了张家口市民族用品厂，继承和发扬民族用品生产的传统优势，在更新改造设备的同时，积极发掘老产品、开发新产品，汇集了本地区近 200 年来的传统技术和一些身怀绝技的老艺人，研究出具有独特风格的传统产品二官座红油鞍、大西苏红鞍、球鞍、大青海新疆鞍、骆驼鞍及各种马镫、座包、皮尾等马具皮件，蒙靴、藏靴等 80 余种民族用品，产品深受用户欢迎，一直畅销宁夏、东北、甘肃、青海、新疆、西藏、四川、内蒙古等 10 多个少数民族地区。同时，该厂还根据不同地区、不同民族风格各异的特点，开发生产了 20 多个少数民族所喜爱的特需用品。该厂健全了三级质量管理网络，逐渐完善质量保证体系，产品质量不断提高。大青海木马鞍于 1983 年荣获“河北省优质产品”“轻工业部优质产品称号”，皮马鞍于 1983 年被评为河北省优质产品，于 1985 年被评为轻工业部优质产品。1988 年该广被国家民委、国家轻工业部评为先进企业。

（三）生产工艺和设备

包类工艺分为帮下料、粘合、清配、缝制和装配整理五部分；箱类工艺以缝制成型和装配整理为主要加工工艺；皮衣工艺分为下料、缝制、装配整理。

从20世纪50年代开始，皮件制品生产逐步由过去的手工制作转为半机械化。70年代后，特别是进入80年代，技术装备水平显著提高，一些比较先进的下料机、热合机、去皮机、冲皮机、大头缝纫机、皮结成型机、拉软机等设备用于皮件生产，部分工序实现连续化生产。80年代后期，逐渐引进全自动电脑片边机、裁断机、铆钉机等一些国内外的先进的设备，制品行业机械化程度及质量水平大幅提高。21世纪以来，数控皮革冲孔机、皮革皮包彩绘机等设备在生产中应用，逐渐实现机械化、自动化生产。

（四）主要产品品种

皮件制品共有10大品类：皮箱类包括各种面料、不同规格的家用箱、模压箱、硬盖箱、方角箱、双盖箱；皮包类包括各种款式的手提包、旅行包、公文包、背包；手套类包括生活手套、劳动保护手套；皮票夹类；皮车座类包括猪皮硬车座、软车座；革皮衣类；皮结、皮圈、皮垫、皮碗类；劳保用品类包括安全带、护膝、套袖、围裙等；工具袋类；日用小商品类包括烟包、腰带、表带等。在20世纪七八十年代出现了一批名优产品。1977年，邢台皮件厂加工出口的劳保手套，被河北口岸、天津口岸誉为“质量信得过”免检产品。1983年，张北县皮毛制帽厂生产的“雪中笑”牌皮面硬胎羊剪绒皮帽获“河北省名牌产品”称号。邯郸市箱包厂生产的“倩玖”牌手提公文箱获1985年“河北省优质产品”称号和1988年“全国轻工业优秀出口产品”称号，并获得铜牌奖。

第五节 对外贸易和配套产业

一、对外贸易

（一）古代和近代皮革对外贸易概况

河北省传统出口商品有制革、毛皮及毛、革制品。早在鸦片战争时期，英、法、俄等国皮货商人就通过天津洋行争相购买大营皮毛产品。清末，“营皮”以其优良的品质，广博外商的青睐。到1921年，英、俄、荷兰、美等国的皮货商人，都先后到大营设立办事处，其常驻人员达50余名，收购皮毛产品，运销世界十几个国家和地区。同时期，在天津开设洋行的本国商人，也竞相到大营收购产品，由天津口岸转运国外。清光绪十一年（1885年），德、美外商纷纷来邢大量收购皮货，德商洋行“美新太兴洋行”“和平洋行”等收购生皮转销欧美各国，每年皮货贸易额为1200万两白银左右。清光绪六年（1880年）至民国26年（1937年）期间，辛集皮毛皮革产品畅销国内外，大的皮毛商在当时的北平、天津、中国香港等地区都有外庄经销，“聚泰皮庄”把外庄设在日本东京、大阪。清光绪二十六年（1900 年）后，资本主义国家的皮毛商人在辛集镇设洋庄 24 座。据统计，当时辛集镇 80%的皮子运销出口，仅白皮一项天津洋行就收买辛集市场的 60%运往国外，远销日、俄、德、美、英、法、葡萄牙、比利时、丹麦、挪威等国家。1921 年，蒙古国独立，旅蒙商号多数倒闭，到 1930 年，张家口与乌兰巴托的贸易才逐渐恢复。1937 年“七七事变”之后，河北省皮革业一落千丈。

（二）皮革业对外贸易概况（新中国成立至改革开放初期）

新中国成立后，河北皮革业恢复发展。20 世纪 50 年代，各地纷纷建立皮革工作社（组），走上合作化道路，逐步探索新工艺，部分工序采用机械生产，皮革产品品种增加，质量提高，为出口创汇提供了物质基础。出口产品由土畜产品公司和外贸统一经营。大营皮毛厂在 1952 年建厂当年出口羊头腿褥子 3000 条，出口额为 45 万元。1953 年，蠡县社土产公司在留史建立畜产组社，收购兔、牛、羊、驴、马、狐狸等皮张出口。1954 年，张家口市制革厂开始对蒙古人民共和国出口香牛皮、马鞯。1956 年，邢台市鞋厂向美国出口三接头男皮鞋。1957 年年底，唐山市皮鞋厂开始批量生产出口各种高鞠马靴及童鞋，销往苏联、蒙古及西方一些国家。1957 年，保定皮鞋厂向苏联出口皮鞋，得到外贸奖旗鼓励，该厂 1958 年—1959 两年累计出口皮鞋 6.6 万双。从 1957 年开始，张家口市第一制皮厂出口各种粗细毛皮产品，出口产品占 50%左右。1949 年—1958 年，河北省累计出口皮褥子 75.89 万条、皮鞋 196.41 万双，1956 年—1958 年，皮革制品出口交货值为 742.61 万元。

20 世纪 60 年代初，国民经济困难时期，由于原料供应紧张，皮革业出口受到影响。1960 年全省皮鞋出口达到 25.09 万双，1962 年下降至 2.3 万双，1963 年皮鞋则无出口。其中，秦皇岛市皮革制品厂皮鞋出口由 1958 年的 1.43 万双降至 1961 年的 0.62 万双，1962 年—1963 年无出口。皮革出口同样呈下降趋势，张家口市制革厂皮革出口由 1957 年的 2.18 万张降至 1961 年的 0.24 万张，香牛皮出口由 1957 年的 2.42 万平方米降至 1961 年的 0.31 万平方米，1963 年该厂无出口产品。

20 世纪 70 年代初期，随着皮革业生产设备、技术、工艺的提高，各种皮革、革制品不断增加，皮手套、皮箱包等出口产品品种更加丰富，出口总量增长，质量有所提高。1972 年，全省出口产品达到 120 多种、皮革 47 万张（折牛皮），其中猪皮革出口 57 万张，创汇 136.8 万美元。当年，束鹿、邢台制革厂试制成功了出口猪皮衣服革和皮衣制件，保定制革厂试制成功了出口猪皮“三球”等新产品。1974 年，邢台皮毛厂增加图案褥子和地毯纱图案褥子，出口到美国、日本、联邦德国等国家。1975 年，故城县皮毛厂鞣制出达到出口要求的兔皮褥子，改变了皮革工业只能生产猪皮半硝革原料出口的落后面貌，提高了出口换汇率。至 1978 年，全省出口皮革 60.49 万张、皮褥子 35.52 万条、皮手套 79.53 万副、皮帽 5.08 万顶、皮鞋 3.12 万双、皮衣 8950 件、皮箱 8400 只，完成出口交货值 2355.7 万元。

（三）皮革业出口概况（改革开放后至 20 世纪末）

改革开放后，河北省皮革业获得迅速发展，新建一批制革毛皮企业，引进先进生产技术设备，产品产量和质量大幅提升，出口增长加快。1980 年，河北省皮革业出口交货值达到 5517 万元，比 1978 年增长 134.2%，占全省轻工出口总额的 12.95%；出口皮褥子 99.5 万条，占全国同类产品出口总量的 26.75%，居全国第一位；出口裘皮衣 12.36 万件，占全国同类产品出口总量的 15.96%，居全国第二位。1981 年，河北省皮毛出口量占全国皮毛行业出口量的 25%左右，张家口地区毛皮出口量占河北省毛皮出口总数的 50%。张家口市第一制皮厂的羊剪绒皮、张家口市第二制皮厂的口羔皮、邯郸县皮毛厂的奶羊仿色裘皮服装、邢台市制革厂的山羊皮正面服装革和绵羊服装革、辛集市皮毛制革厂的奶山羊仿染加革条翻毛裘衣荣获“1981 年全国轻工业优秀出口产品”称号。1982 年—1983 年，受国际市场不景气影响，河北省皮革出口呈逐年下滑态势。至 1985 年，皮革业出口交货值仅为 1068 万元。

“七五”期间，农产品放开统购派购政策，原材料供应充足，同时绵羊光面两用皮、软箱包革、牛皮薄型服装革等新产品不断涌现，丰富了皮革产品品种，裘皮服装出口增加，出口产品结构逐渐改善。1987 年，邢台市制革厂研制成功的绵羊防旧服装革组织出口。张家口第一、第二制皮厂，张家口皮毛综合厂，宣化皮毛厂等企业纷纷生产出口裘皮服装。1988 年，大营皮毛厂生产的各式裘服、帽子、壁毯等产品，有 80%出口到美、英、法、德、日、苏、荷兰、芬兰等国家。1988 年，张家口市皮鞋厂上马出口美国的运动鞋及出口中东的工作鞋，企业质量技术水平提升。到 1990 年，河北省皮革业出口交货值达 10404 万元，占全省轻工业出口总额的 10.77%，其中制革出口交货值为 3966 万元，皮革制品出口交货值为 3023 万元，毛皮及毛皮制品出口交货值为 3415 万元，分别占全省皮革业出口总额的 38.12%、29.06%、32.82%。

20 世纪 90 年代初期，皮革业出口下降。1996 年，国际需求增长，河北省皮革业出口交货值快速增加到 23959 万元，比 1995 年增长 44.53%。但由于经营管理粗放、研发投入不足，再加上 1998 年亚洲金融危机影响，使刚刚有所抬头的皮革出口贸易再次滑落。至 2000 年，全省皮革业出口交货值为 6379 万元，仅占全省轻工业出口总额的 2.72%。

（四）皮革业对外贸易概况（21 世纪以后）

2001 年，中国正式加入世界贸易组织，政府职能逐渐转变，民营经济得到较快发展，许多企业获得自营进出口权，给皮革业发展带来机遇。辛集皮革、大营毛皮、肃宁裘皮、白沟箱包等特色区域建设初具规模，制革、皮革制品、皮件、毛皮及毛皮服装等行业产量和出口量大幅增长。2005 年，河北省皮革业出口交货值达到 43.76 亿元，占全省轻工业出口总额的 27.64%。

“十一五”时期，受人民币持续升值、出口退税下调、美国次贷危机延伸及由此引发的全球性金融危机、俄罗斯政府大力打击“灰色清关”等因素影响，河北皮革业出口交货值逐年下降，2009 年降至 18.01 亿元，仅占全省轻工业出口交货值的 7.47%，比 2005 年下降 20.17 个百分点。

2002 年—2007 年，辛集皮革企业对俄罗斯市场贸易的海关登记数字，每年达到七八亿美元。2008 年 9 月 11 日，俄罗斯官方以打击“灰色清关”为由，对阿斯泰（ACT）市场进行突击检查，查封了华商储存在仓库里的鞋、服装、袜子等日用品。辛集皮革企业的皮货也牵涉其中。2009 年 6 月 29 日，俄罗斯最大的华商市场——莫斯科切尔基佐夫斯基集装箱市场无限期临时关闭。近 1 年时间，辛集皮革业损失 10 亿元人民币，对俄贸易受到重创。以俄罗斯为最大外贸出口市场的大营，也遭受不小损失，年交易额骤降。面对巨大冲击，河北省皮革业一方面逐步采取正规国际贸易方式，疏通购销渠道，巩固俄罗斯等东欧市场；另一方面加快建设国际皮革商城，吸引外商前来洽谈业务。同时，针对河北省皮革皮毛制品研发投入不足，款式创意相对落后等问题，通过参观参展，掌握国外市场需求，了解皮装流行趋势，加快开发高附加值生态新产品，积极开拓欧盟、北美、东亚等重点市场，不断提高国外市场覆盖面。2010 年，河北省皮革业出口交货值达到 40.25 亿元，占河北省轻工业出口总额的 10.95%，其中皮革毛皮制品出口占皮革业出口总额的 83.23%，比 2009 提高 28.47 个百分点，出口结构明显改善。重点出口产品品种主要包含三类：第一，皮毛及制品：主要有貂、猞猁、元皮、香鼠、貉等细毛皮及羊绒，羊头腿褥子、皮帽子、山羊褥子、兔皮褥子、剪绒刷、兔皮坐垫、羊绒背垫、狐皮巾、皮毛围巾、绵羊皮、羊绒拖鞋等。第二，皮革及制品：包括羊革皮、猪革皮、革皮大衣、革皮服装。第三，裘皮服装：包括翻毛狐皮大衣、灰鼠皮大衣、貂皮大衣、兔皮大衣和女上衣、皮猴、童皮大衣、羊皮大衣和上衣。

二、配套产业

与皮革主业相比，河北省皮革化工、鞋用材料、五金配件等配套产业专业生产厂家较为缺乏。

（一）皮革机械

张家口市毛皮机械厂建于1962年，前身为张家口市桥西区机床铸造厂和张家口市铸造厂，1969年，两厂合并，改称“张家口市机械修理厂”，1974年改称“张家口市毛皮机械厂”并开始转产毛皮机械，生产剪毛机、烫毛机、去肉机、干燥机、烘干机、梳毛机等6大类20多种产品，销往全国29个省区，尤其是西北、华北、东北等毛皮厂家集中地区基本上使用该厂产品。该厂生产的“飞狮”牌M5G1-60型烫毛机、“飞云”牌M5D1-120型剪毛机、M5G1-50型烫毛机分别于1984年、1985年、1986年获“省优质产品”称号，其中M5D1-120型剪毛机于1987年获“部优产品”称号。1986年，轻工部确定该厂为全国毛皮机械加工中心，并贴息贷款290万元对其进行技术改造，引进国外先进毛皮机械样机和技术，实现毛皮机械国产化。为配合该厂技术改造项目的实现，解决国内高档毛皮加工急需的关键设备，省轻工业厅日机轻机公司邀请部毛皮机械研究所、轻工部外事司与张家口市毛皮机械厂联合组成技术考察组，到西班牙奥星威尔——巴吐尔公司和长彼得拉公司进行技术考察、省科委1986年、1987年将该厂新产品开发列入省、国家星火计划，促进了毛皮机械的发展。

1994年，辛集巨龙皮革机械有限公司成立，位于“中国皮革皮衣之都”河北省辛集市，是中轻总公司重点生产皮机的民营骨干企业，中国皮革工业协会理事单位，拥有独立进出口权，科研开发技术力量雄厚，加工设备先进精良，质量监测控制严细。近年来，巨龙公司相继研发出具有国际领先水平的Y形不锈钢全自动复鞣染色鼓，圆形、八角形不锈钢全自动捧软鼓，水平式螺旋鼓等系列不锈钢鼓。该系列产品不仅填补了国内空白、获得国家专利，而且还是该产品国家行业标准的唯一起草单位。公司产品远销意大利、越南、泰国等国家和中国台湾地区，畅销国内20多个省市和地区，市场占有率达90%以上，深受客户的好评。

（二）专业市场

随着河北制革业的蓬勃发展，辛集皮革商城、中国国际皮革城、尚村原皮交易市场、昌黎皮毛交易市场、白沟箱包市场、大营皮草交易中心、蠡县皮毛市场等一批专业市场逐渐发展壮大。1992年，河北省开始规划建设“中国辛集皮革商业城”。中国辛集皮革商业城是“八五”期间建设的十大国家级初级市场之一。2009年，又规划建设了集批发零售、产品研发、信息发布、旅游购物、美食餐饮等多功能于一体的中国国际皮革城项目，该项目占地380亩，建筑面积50万平方米，投资10亿元，分两期建设。一期工程建筑面积16

万平方米，已于2010年9月28日开业，并实现景区化建设，成为中国北方最大的皮革特色购物旅游基地，进一步促进了辛集皮革业的发展。1994年5月8日，白沟箱包交易城建成并投入营业，是全国最大的箱包市场。2004年进行了升级改造，2010年，白沟箱包市场由原来的白沟箱包交易城、国际箱包城近10万平方米两大交易市场发展到现在的包括白沟国际箱包城二期、银领国际箱包写字楼在内的4大箱包专业市场，营业面积扩展了2/3，经营国内外知名品牌700多个，本地注册品牌1400多个，箱包业发展步伐加快。

尚村原皮交易市场，占地187亩，位于河北省肃宁县，是我国最大的原皮交易市场，日客流量达3万多人，常驻的国内皮毛客商有300家，2010年交易额达80.3亿元。2006年，建筑面积128万平方米的表都商城启动运营，该商城是集生产加工、销售、研发、设计、包装、拍卖、展示及相关服务于一体的综合市场。

大营皮草交易中心，坐落于河北省枣强县大营镇，2006年4月建成使用，为大型皮草专业市场，占地50亩，建筑面积7万平方米，年营业额超过36亿元。2010年10月建成中国·大营国际裘皮城。两个专业市场的建立，进一步促进了大营皮毛业的发展。

三、行业管理

（一）机构概况

1950年9月，河北省人民政府工业厅成立，是工业管理的职能部门，内设机构轻工业处（局），为皮革行业主管部门。1956年6月，组建河北省第一工业厅、河北省第二工业厅，第二工业厅主管轻工业，内设轻工处，管理皮革行业。1958年6月，河北省第二工业厅撤销河北省轻工业局成立，内设机构轻工处、手工业处，管理皮革行业。1962年11月，河北省轻工业局和河北省化学石油工业厅合并组建河北省轻化工业厅，内设机构轻工局，皮革行业归轻工局管理。1965年6月，由省轻化工业厅管理的皮革行业划归河北省手工业管理局管理。1969年8月，组建河北省轻工业局，主管一轻、二轻（手工业）、纺织、盐务、化工等行业，二轻工业（手工业)局主管皮革行业。1974年3月，从省轻工业局分出二轻工业部分，成立河北省第二轻工业局，内设机构皮塑处（1978年以前称“组”、1978年9月以后称“处”)管理皮革行业。1982年，河北省皮革行业协会成立。1983年7月，河北省机构改革，将河北省第一轻工局和河北省二轻工业局合并组建河北省轻工业厅，为省政府管理全省轻工业的职能部门。根据省编委冀编[1983]173号文件，河北省成立了河北省皮革工业公司，实施对皮革行业的相关管理职能。1999年11月，河北省皮革工业公司转为股份制公司。2000年3月，根据河北省人民政府机构改革方案，撤销河北省轻工业厅，组建了河北省轻工业办公室，为河北省经贸委内设机构，协助省政府有关部门对制革行业发展实施行业指导。2003年8月，河北省轻工业办公室撤销。

（二）计划体制下原皮供应概况

皮革原料主要有猪皮、黄牛皮、水牛皮、牦牛皮、山羊皮、绵羊皮、骡皮、马皮、驴皮、骆驼皮等。河北省制革业的原皮，20世纪50年代初自行收购。1952年，国家对牛皮、羊皮实行统购后，由畜产部门供给，生产出口产品由外贸部门供给。自1964年开始，制革原皮转向以猪皮为主，主要靠当地各县和市冷冻厂、肉联厂开剥供给。

1、牛皮

牛皮是制革质地最佳、也是最先使用的原料。河北省每年有牛皮资源约10万张，本省收购量约20万张。自1952年开始，国家对牛、羊皮实行统一收购调拨，其供应顺序是军需、出口、民用品。1955年，牛皮压缩供应，国家对牛皮使用范围逐步加以控制，中央规定：沙发、椅子、皮包、皮箱、自行车座垫、服装、鞍带、体育用品、书面、各种机器仪器套及其他日用品不得使用牛皮；皮鞋底革不用牛皮，鞋面及蓝、排、足球的50%不得使用牛皮。从20世纪60年代起，分配河北的民用牛皮每年只10万张左右，以致牛皮革年年供应紧张。1980年—1985年，除轻工业部每年分配进口牛皮革5万张外，河北省还自行进口牛皮革约5万张。1985年，农产品统购派购政策放开，牛皮来源渠道增多，当年全省生产民用牛皮革25万张，比上年增加5万张，牛皮革供应情况有所好转。随着消费水平的提高，社会需求由低档产品转向高档产品，牛皮制品需求增加，原料收购也大量增加，主要是到西北、东北、内蒙古等地收购。

2、猪皮

新中国成立以来，中央一直重视利用猪皮制革。1951年，全国轻工业会议上提出：“制革业牛皮主要用于军需的工业上，民用消费品要以猪皮、杂皮、纸、布及其他代用品代替。”为鼓励猪皮制革，自1954年以来国家对猪皮实行了减免税制度。

河北猪皮原料充足，是发展皮革工业的优势。1951年—1964年间，由于猪皮收购价格比牛皮价格高，全省收购猪皮平均每年仅在50万张左右，猪皮制革发展缓慢。从1965年1月1日起，国家对制革厂收购猪皮每张补贴3元，猪皮收购逐年增多。1966年的收购量由上年60万张增到100多万张。1967年、1968年收购猪皮每斤补贴0.3元，1969年—1970年，收购猪皮每斤补贴0.45元。随着猪皮补贴办法不断调整，猪皮收购数量大增，至1973年，猪皮收购量达到200万张。

1971年—1985年，河北省财政采取按收购猪皮等级给予补贴，即收购1—3级的，每斤补贴0.65元；收购4级的，每斤补贴0.6元。平均每张猪皮可补贴10元，进一步调动了各地开剥猪皮的积极性。1972 年，全省开剥猪皮 135.7 万张，占全国的 25.1%。1973 年，全省生猪存栏 1378 万头，手工开剥猪皮 375 万张。1980 年，猪皮开剥量增加到 405 万张，基本上解决了制革原料供应问题，以供定产变为以销定产、以产定供。猪皮占河北省制革工业原料比例达到 90%以上。“六五”期间，国家发放猪皮补贴 3000 多万元，5 年累计收购猪皮 1000 万张，平均每年达 200 万张。

1985 年，取消指令性猪派购后，社会上交售的猪皮量激增。1985 年和 1988 年全省收购猪皮量分别为 200 万张和 214.89 万张，其中社会收购量占 60%，由于原皮收购量增加，有力地推进了河北制革工业的发展。

第六章 张家口皮革特色研究（一）

第一节 张家口皮毛史

一、张家口皮毛贸易的兴起

张家口地理位置优越，北倚广阔的天然收场，南接肥沃的粮棉产区，与历代都城手工业比较发达的北平毗邻相连，又邻近内外贸易兴隆的商埠天津，为外接漠北、内通中原的交通枢纽。气候属于大陆性季风气候，冬寒而长，夏凉而短，平均气温 8° C，独特的气候条件和地理位置使其成为蒙汉贸易的重要商埠，是毛皮存储、加工的贸易集散地。因此，早在东汉时期（距今一千九百多年），张家口一带就出现了毛、皮贸易。1522 年左右（明代成化、嘉靖年间），张家口上、下堡先后筑成。上堡成为蒙、汉互市之所。每年春季，毛、皮交易十分频繁，毛皮加工制造业也应运而生。明末清初，异族侵入，战火连连，幽、燕一带破产农民大批流入张家口，给皮毛工业增添了后备劳动力。

清王朝建立后，张家口属万全县管辖，开始由原来的军事营堡向商业市镇过渡，逐步变成地方行政单位。由于全国统一，社会安定，生产力得到发展。乾隆年间（1783 年），张家口上、下堡、永丰堡等地的居民，从事皮毛加工业的甚众。其时，皮毛作坊鳞次栉比，皮毛工人数以万计。兹因当地永丰堡水母宫之清泉，水质较硬，冬则温、夏则寒，皮张经水浸浴，鞣制极佳。故“上下堡皮行，亦厘有赖焉，羔羊之皮，濯以清泉”。迷信的人们，便以为皮毛业所以兴旺，全赖水母娘娘所赐，于是在乾隆四十七年，经皮行募化，修建水母官，设置住持。咸丰十年（1860 年），清政府与沙俄签订了《北京条约》的续约，俄国商人开始在张家口出现。光绪十年（1884 年），英、美、法等国商人纷纷来到张家口收购皮张和羊毛。光绪二十六年（1900 年），“八国联军”入侵中国后，外国商人开始派人到张家口，住在皮庄、皮局，肆意抢夺我国的皮毛资源。自此，张家口的毛皮在国外的影响日益扩大。据《万全县志》记载，1902 年，清政府在《中俄条约》上签字，“大境门外元宝山开为通商场，遂为陆路大商埠。”届时，北平、天津、山西等地客商，纷纷来张经商，蒙汉贸易日趋兴盛。商贾辐辏，市面繁荣，殷实商号麇集市圈（今上堡）。皮毛贸易日益繁荣，毛皮加工业也日渐兴旺发达，天下皮裘经此而输往海内，四方皮市经此定价而后交易，这在一个城镇发展史上，为国内所仅见。由此可知“皮都”早在明、清两代就已经初具规模，“口皮”、“口羔”已誉满全国各地。

（一）张家口的细皮作坊

1922年，张家口毛皮行业较兴旺，仅细皮作坊就有二百多家，这些细皮作坊，多数并无雄厚资本，所以规模不大，用人有限。有一家皮坊叫源合祥。设在下堡西关街三道巷五号，是个大套院。在这个大院内，就有四家细皮坊。前院有专做“珍珠毛”皮张的中兴和皮坊，掌柜姓姚，柜内用人三十上下；后院有恒聚源细皮作坊，掌柜叫白升，柜内常有五十人干活；中院东侧是董旋办的德源祥细皮作坊，院西才是仅有十五人的源合祥皮坊。当时，张家口较有名气的细皮作坊有：恒兴成、庆巨成、长盛祥、大丰厚。老字号细皮作坊有：同德合、德玉厚、信义德。后发展的名字号还有：恒兴德、天章泰、天长恒（后二家是上海恒润泰商号在张所设的分号）。当时张家口这些细皮作坊，就数上堡辘轳把巷的德顺长皮坊年代长人。据说这家关南作坊，早在道光初年就已创立，已有一百多年的历史了。

（二）源合祥股东的来历

源合祥皮坊成立于清宣统年间，开办时共有资本一千五百两白银，分三股。大股东是阳原县城北关人，生于咸丰末年，名叫李生河。发家后，他给家族起堂名为“明德堂”。他于光绪初年来张学“毛毛匠”，曾倍受甘苦，不可言状。光绪十三年（公元1887年），年方二十六岁的李生河，同阳原县东城杨姓财主、本县细皮巧匠王焕、蔚州人江连元合办商后，在张家口南关道搭股开办起《长盛祥》细皮作坊。李任掌柜后，竭尽全力，艰苦创业。他不仅注重毛皮产品的质量，而且还设法在品种花样翻新上费尽苦心。多年来，长盛祥经销的狐肷马褂、三道玉马褂（也称青白肷）深受南客的喜爱。创业初期，他生活比较俭朴，除请客外，一般同工友食一锅饭。有时外出办事，只买三张饼，要盘素豆腐，便觉满足。

光绪二十年前后，张家口这个旱码头已是十分繁荣，国内南北商人来这里做生意者逐渐增多。当时，上海有家栈坊，叫协兴公，经常派商客王品山坐驮轿来张家口，和各细皮坊洽谈业务。经长盛祥“跑街大旗”（即外联负责人）江连元介绍，王和李生河相识，关系也较密切起来。一次，王品山承揽了一批包运私盐的买卖，来找李商量入股一事。李平日胆小如鼠，生怕亏了本钱，只答应认股五厘，并借口资金不足，让王暂垫资本。未及数月，王来柜告李，分利已转柜上，李才如梦初醒，只恨自己当初出股太少了。事隔多年，他还叹息，“咱北方人，总不如南方人胆子大。”此次倒运私盐，他共分红利多少？很少有人知道详情，但柜上师兄都说，他就是这样发家的。

当时，张家口大境门外元宝山有：公义和，通兴和，裕兴公、德玉恒等多家皮毛栈房，每当狐皮和灰鼠皮等细皮货源开盘，都要提前请细皮坊有资历的人，协商货源价格，俗称为“叫盘”。李生河多被请去“叫盘”，因此能及时了解货源涨落情况，买卖倒也得心应手。可后来一些生皮贩，唯利是图，故意搅乱行价，使一些细皮坊受到影响。李生气地说："没见过这茬人，不按行市，怎咋就咋。"因此，使长盛祥一度落入了困境。但真正让他大伤脑筋的，还是民国初年发生的一件事。辛亥革命失败后，国内军阀混战，各争地盘。一次，李给各细皮坊承揽了一批南客皮货，各皮坊货已发出，只等汇款到来。不想战事紧张，水线不通，南北贸易受阻，李一时难给各皮坊兑见。各皮坊闻信，纷纷找李要款。李生河急得无计可施，只好硬着头皮去找中国、交通两家银行借款。经多方奔走，中、交两行同意各借白银五千两，李总算渡过了难关。战事停息后，南客款到，他才彻底解了围。通过这次风波，李的威信不但没倒，反而更神气十足了。李生河资金充足后，首先放本二千银两，在张家口圈里设立蘑菇铺源泰祥，号称专包销售江南各地口蘑。并且设有许多小铺和分号。当时点心铺长盛源、细皮坊长盛茂，都是长盛祥大掌柜、源合祥大股东李生河的小铺，就连设在西关街四号的源合意细皮纺，以及后来发展的源盛祥皮坊（初设阳原县后迁张家口），都有他的股份。凡是李同意投股的小铺掌柜，必须是办事稳重，安分守己的一些人。长盛祥有个徒弟叫赵升，后出徒到乾分素出任经理，承揽业务。赵升善于掌握行情，办事较灵活，深得上海总号乾发源"谈头"（南客外联负责人）李源章器重。因他每年均给各细皮作坊分摊十五、六万两规银的货源。可李生河却说："他才学了两天半，懂得个甚！"并不相信后人也有取之处。李生河思想保守，难以接收新鲜事物，因当时一些报纸，有时爱捕风捉影，李便骂道："少看这插风报，竟爱胡说八道。"

1925年，西关街的信义德皮坊，在西关街首先安装起电灯，在这以前西关街仅有四盏带罩的煤油路灯，夜间行人极不便利。李生河听到此事，对我们说道，"也不知道挣了几个钱，倒安起电灯，他早晚也得垮。"事过不久，他得知信义德皮坊所出电费不多，因光线明亮（与蜡相比），工人夜间还可"打夜做"（加夜班），对柜上挺有利，他才同意长盛祥、源合祥和其它分号都安上电灯。这时，长盛祥原掌案（即二掌柜）王焕已故，负责跑外的江连元，也因见李分利不公，二人发生口角离柜。掌案换成了常有贵。坊中共有二十六人。长盛祥皮坊在张家口皮毛行业中，也早已成为有名的行头之一。

（三）皮毛行的九大行头

旧社会各行都有行会，行会制定出的行规，本行业人不得违犯。各行推选出来行头，即是决策人，又是监督者。在民国十年前后，张家口皮裘业（细毛行）、羔皮业有九家有名的行头，现分记如下：长盛祥细皮作坊，上文已叙，此处从略。

恒心成细皮坊，点设在下堡鼓楼西（当时人们习惯称为根西）。掌柜姓牛，这家皮坊的发展有这样一段经历：牛掌柜原在一家小字号商号学细皮手艺，出徒后曾另立过一个小皮坊，由于经营不善，只好关张倒闭，在新华街口卖起了炸糕。1900年，义和拳运动兴起，张家口各皮坊掌柜惊慌失措，远逃四路八乡。这时，牛掌柜已有一定积累，便趁机招收巧匠、收买皮张、大胆的经销皮货，借机发家，很快就成了一家有名的细皮作坊。此家工人虽共有三十余人，但主制的狐皮、狸子、东西沙狐、灰鼠（大岭、堡亏，山性三种）等细皮成衣，销售到上海、北京、天津，长沙、广东，四川、汉口等地，深受欢迎。

庆巨成细皮作坊，掌柜叫赵文华，怀安县人，曾任商务会委员，在下堡西城墙底四号设点。赵文华为人忠厚，虽说大字不识几个，可办事公正，在工友心目中有一定的威信。多数皮坊有了事情（内部纠纷）都愿请他前来“聚锅”（即说合）。有一次，德源兴皮坊掌柜刘锡林和工友任景发生口角，大闹起来。赵文华到柜一听，原来任景认为刘掌柜心眼太偏，给自己工钱太少，提出不干了。可刘掌柜又说任不识大体，想走别拿工钱。赵文华见二人再也说合不到一块，便对刘掌柜道：任景他在柜这些年，人走不给工钱那可不对。我知你柜上也厚成（有积累），给任景拿上千数来元吧。刘掌柜争了半天，结果还是让任景占了个上风。事后，刘掌柜对源合祥股东李生河谈起此事，很后悔失去了任景这样的外联得力助手，并怨赵文华是“请他说，张飞胡断事！”赵对本柜工人从不亏待，业务越搞越活。当时北京大商号瑞蚨祥常与庆巨成皮坊打交道，并且同张家口细皮坊永泰祥、上海先施公司挂钩，联系贵重皮裘业务。

大源永细皮坊也是有名的行头，掌柜姓氏不详，外联姓寇，柜内关南人占多数，同时还经销特制的嗓疼药，设点在东关街（即今大源永巷内），用人三十多。

大丰厚细皮坊，掌柜名叫刘祥甫，此人体胖肥壮，人们戏称他是“猪嗉”。这家设下堡堡内鼓楼的东头，柜中常有二十多人干活。

恒兴德细皮坊，掌柜姓宋，点设下堡堡内根西，原是恒兴成投股所立的分号。此家有个徒弟叫李根生，外联活动能力较强，曾与四光洋行挂钩，贩卖生皮、口羔皮。此人后单独领了四光洋行业务，开办裕记皮坊，在下堡的棋盘街设点，经售各种珍贵的皮张。恒兴德细皮坊，是家立号较晚的行头。

光德厚羊皮作坊（即羔皮行），在早并无羊皮作坊当行头，此家立号虽早，但还是后在庆巨成掌柜赵文华提议下，吸收此家为行头的。这家掌柜姓宋，人称宋二麻子，柜内用人五十左右，点设下堡北五道庙，常与汉口商客打交道。

通记羔皮坊，掌柜姓尉，设点在西湾子，常与山西交城商客打交道，用人最多时近百人。羔皮技术讲究“紧打细拨拉、二毛用手抓”，做出的产品要求都是蒜瓣儿花。通记羔皮坊生产的小毛羔皮褥子卖给洋行，寸毛、大毛销售国内各地。

恒兴义羔皮作坊，掌柜姓王，点设下堡南关道，柜中常有七十余人干活，加工的羔皮，主要销售到济南。原也是恒兴成分号，立号亦较晚。

除以上几家羔皮作坊行头外，下堡二道毛毛匠巷的万胜美羔皮作坊，也有些名气。这家北京有东家。当时用人八十余名，在张也有多年的历史了。张家口的毛毛匠巷、五道庙巷，是羔皮作坊的盛地，多年的老商号双合昌、玉盛常、大丰泰，及后发展的利园昌、福泰成和其他羔皮坊都设在那里，他们生产的“口皮”、“羔皮”，在国内外享有盛誉。

（四）源合祥细皮坊的内幕

李生河在源合祥三股股份中，共占两股，另一股由候元所认，每股是五百两白银。李有三子，长子李忠，从民国初年就在上堡帽铺永盛公经商，比较安分。三子李和，人称三歪眼，平素喝嫖赌，不务正业。民国十三年后，他到口外与蒙人打交道，因谋利过狠，致使得意忘形神经错乱，疯癫而死。次子李悦，号李之禄，乃源合祥的大掌柜。李生河在源合祥所投的股份，实为其数上明珠次子所垫，李悦平日在柜上兼揽业务，因他待人尖刻，故人送绰号二枣核子（意指其里外二头都尖）。掌案侯元系李悦表兄，又有股份在柜，自可掌管全柜日常派活等重要事宜。二掌案苏席，原籍河南曲昌人，曾与李悦、侯元在东关街源通永细皮坊学艺，故也被引进源合祥皮坊，主抓众人工作进度，工友称之“盯活的”，实为工头。源合祥大掌柜李悦，在其父授意下，只取“身厘劳金”七厘，以限制他人劳金上升。掌案侯元是八厘，二掌案苏席是五厘。凡顶生意的人，每年一厘生意可硬支（即预支）十两银子。吃劳金的普通工友，一年四季按标期取现金，每标二十吊钱，一年不过八十吊。每到年根工人回家，柜上另给一百个铜子，作为路费盘缠，以安定人心。柜上规定：三年一结账，扣除硬支，另付红利。但一般学徒几乎见不到红利。原来余下的款项都被账房先生揉在厚成里面了。这厚成里，包括米面、家具、销售和购买的皮货等，每一项又有许多七折八扣的名目。当时，买一斤莜面需四个铜子，按源合祥食用实际情况看，一年顶多二千斤，可他却让账房先生写成三千余斤。一件西路狐皮袍，卖给了沙市客，明明销售了五百两白银，他却让改写三百来两。他常以这种减少实际收入，加大实际支出的手段欺骗众人，所以三年结时，已无盈利，柜中账面刚好拉平，因此也就谈不上分红了。源合祥最受剥削的徒工更是苦不堪言。头年徒工整天走线缝、（缝皮）钉皮子，还干许多零活，一年不过给一百五十个铜子。三年以上的艺徒，已能熟练地加工狐肷、狐嗉的裁配工艺，一年柜中不过给五吊钱。细皮行有句俗话：“灰鼠难做瓜尖，狐腿难穿顺腿”。有些心灵手巧的艺徒，到四年头上已能掌握这种复杂的活技，一年也不过能拿七吊钱。可源合祥皮坊，销售一件脊镶嗉子皮袍，白银二百来两，卖一件狐肷皮袍，也有一百多两。一件花样新奇的狐嗉子皮袍，敢要五百来两，一件东口三道玉（也称钳淡玉）皮袍，也在四百来两白银。南客喜爱三道玉马褂（套皮袍外统称罗汉衣），虽不足半斤重，却可售八十多两白银。而买一张大岭灰鼠皮，才用一两多白银，一张普通狐皮也不过纹银四两。因此源合祥皮坊的积累，也很可观。柜中虽厚成，但架不住二枣核子整天赌场鬼混，手头一紧，他也就没办法克扣大家了。

（五）生皮行老羊行

宣统元年，京张铁路、张库公路相继通车，张家口一跃成为华北最大商埠之一，每年集中在这里的羊毛达一千万斤，羊皮一千五百万张，贸易总额达一亿五千万两白银以上。这里虽没有明确指出各皮毛行业的具体成交额，但生皮行的成交额，占有很大的比重。

生皮行，就是人们常说的“皮贩子”行当。清末民初，社会上流传着这样一句话：“钱鬼子（指钱庄银号）、皮贩子、碎销个蛋子（指旧日碎销铺后改称旅蒙业），趁机发财一串子。”当时皮都的生皮行，毛皮交易十分繁荣。生皮行细分为细毛、粗皮、羊毛三业。细皮业经营狐皮、灰鼠、貂皮、肚剥羔、黄鼠、银鼠、沙狐、旱獭等珍贵牲畜皮。粗皮行经营牛、马、羊皮、马鬃、马尾等生皮货源。大境门外的永成明商号，是以经售、收购羊毛为主的生皮行羊毛业，这家平常有二十多人做工，忙时增加到三十人，最多时雇临时工友，达六十多人。这样的买卖商号，共有八、九家。细毛生皮行，多数在大境门外正沟一带，平均每家有十五人左右，总计有二十多家这样的商号，如：得恒美、永源德，福恒美、德行成、永升明都是当时较有名气的字号。粗皮生皮行，共有三十多家，每处都有二十多人。

每逢旅蒙商整批销售给西沟各栈房细皮后，各细皮商贩便找各大栈房的“掌盘”（即谈价主）商定皮货价码，谈妥的各种畜皮需付给掌盘三分利钱，然后各生皮行再分类、配捆，将毛色鲜艳的细皮、肚扒羔等珍贵优良品种卖给洋行，余下的各种畜皮再销售给下堡的各毛皮作坊。其中还有一种行业，名为“杂子局”，他们是从细皮贩那里买上各种零星贵重畜皮材料，转手再卖到北京、天津和本地一些小本经营，自泡、自铲、自做、自销的个体毛毛匠。这些杂子局，多数是山西平定州娘子关人。这种商号有：吉隆厚、同合义、同和义（二处有别）等八、九家，每处多至十人，大部分在堡子里附近设点。生皮行另有一家与众不同，商号叫兴隆魁。这家座落在大境门外的正沟，专做蒙商买卖，颇有名气。当时张家口老年人爱说：“东口（张家口）有个兴隆魁，西口（今内蒙古呼和浩特市）有个大盛魁。”

民国十七年（1928 年）以前，张家口老羊行正兴旺时，曾有过九十余家作坊。德森长羊皮坊，在老羊行较有名望。这家设在冯窑厂附近，经理叫乔屾儒，人称他“乔老三”。乔老三的皮坊，主要业务是承揽军用皮大衣，此项业务虽担一定风险，但有油水可捞。当时，新华街是老羊行主要分布之地，如董天贵经办的永庆合老羊行作坊、李文儒经营的德胜永粗皮业作坊、杜越任经理的德合成皮坊、王永明开办的永和顺等，都设在那一带。老羊行多数是阳原、蔚县人，大字号有九十余人，小字号也有三十人。老羊行从生皮行买上生皮后，便加工鞣制，工艺需要经过焖皮，抹沙、蹬皮、洗皮等繁重的劳动，所以一般人并不愿学这行手艺。老羊行有一种规定：凡愿在老羊行学艺者，每年农历十月初一开始，可借本柜一件羊皮大衣，到第二年的四月初一，由本柜统一收回。这种规定是历史遗留，多数缺吃少穿的穷苦孩子，为此才学了这门手艺。老羊行一般对徒工待遇较高。据原粗皮业手艺人回忆，他在德合成学艺时，柜上头年发给三块现洋，第二年增到六块钱，学艺四年可吃上“劳金”，一年可领二十多块银币，吃住由柜中全部负担，但有病还得自理。老羊行是自家鞣制羊皮，一般细毛、羔皮行的生皮鞣制，需雇泡皮业加工处理，所以张家口当时泡皮业也很兴盛。泡皮业主要分布在南关道和西湾子一带。专泡羔皮的作坊有增盛源、恒盛源等商号；专泡细皮有和顺昌、富德成等作坊。像这样的泡皮坊，张家口大大小小共有十多家。

二、张家口皮毛工业发展的鼎盛时期

1909 年，京张铁路通车。张家口成为当时连接西北、华北、蒙古、陕西、甘肃、青海、新疆等地区和内地、口岸的铁路枢纽。此后，张家口到库伦（今乌兰巴托）的公路也正式修通，交通愈加方便，张家口到库伦通商也日渐兴盛。

1925 年至 1929 年间，是毛皮发展最鼎盛时期。当时达到千户，较大的座商 300 户，每户 30 人至 60 人。旅蒙商人必备条件是会蒙语，熟悉路途，熟悉当地蒙民的生活情况，与蒙民交朋友，讲信誉，住在一起，吃在一起，真诚相待，不分彼此。住上几天，临走时给对方留下生活用品如砖茶、生烟等，换取对方一年来吃肉后剩下的皮子及毛类，统统交换带回（因蒙民没有空闲的地方存放）。每户较大的坐商，一年输蒙砖茶 200 多箱、东生烟 20 多驮（每驮两吨）、布 200 匹、靴 50 至 150 双，当时旅蒙贩运的牛车约 2 万多辆，骆驼 6000 多只。张市皮毛加工业历史久远，已具备熟练技艺和相当生产规模。

三、张垣皮毛简介

（一）皮毛

1926 年以前是张垣皮毛最盛的时期。据调查，每年内、外蒙输入各种皮 1000 余万张，各种毛绒 2600 余万斤。每年输出到平、津的各种皮 500 余万张，毛绒 2000 余万斤。经当地加工制造成各种皮裘、皮鞋、皮条、毡帽等皮裘540余万张，当地加工需要毛、绒约500万斤。1926年至1936年，与外蒙不通，来货减少，只有内蒙古一个来路，且质量较次。但后来陕甘宁一带皮货大量流入（主要是羔子皮），每年在100万张以上。这一时期的内蒙古每年流入张市羊毛200万斤，驼毛20万斤，老羊皮50万张，山羊皮100万张，狐、狼皮40万张，牛皮4万张。

1945年8月，因与平、津交通不能恢复，销路闭塞，皮毛上市更少，年可收羊毛80万斤，绵羊皮4万张，牛皮2万张。据伪察省银行调查，以1947年运张之皮毛，仅达1926年前的3%至6%，输入各种皮635000账，各种毛100万斤。输出到平、津的各种皮32万张，各种毛90万斤。本地需各种皮315000张，各种毛10万斤。1948年1至9月份，因美国大量收买，销路见畅，张市可收各种皮126万张，山羊绒35000斤，驼毛18000斤，牛皮4000余张，各种皮中包括老羊皮13000余张，羔子皮5万余张。

（二）经营

自清朝末叶，向外蒙恰克图、库伦经商者日渐增多，名为恰克图货栈，库伦庄，完全经营蒙汉贸易。民初继续增加许多旅蒙商业，分散在内外蒙旗各地，均以内地之红茶、砖茶、生烟、各种丝绸、洋布、各种糖、皮靴、马鞍等换取蒙产之牲畜、皮毛、蘑菇、药材等，而牲畜、皮毛为大宗。据商部民国15年全年的统计，输出总值（指内外蒙）19579334元，输入（指由外蒙输入张垣）总值29294415元。极盛时期，旅蒙商业有300多家，张市皮毛公会有代理店20家，贩卖栈80家，其皮毛运输多以牛马车、骆驼为主，运向平津则以大车为主。1926年，蒙古人民共和国成立以后，工业较前发达，因此皮毛牲畜输出较少，旅蒙商业亦一蹶下跌，自“七七事变”以后，因八年抗日战争，两年多的自卫战争，交通受阻，销路不畅，大多数旅蒙贸易倒闭。

据伪察省银行，察省经济载，民国26年，张垣市皮裘业174户，粗皮业64户，生皮业50户，羊皮业89户，皮靴业55户，全年产各种皮袄、皮裤505000件，皮革3万张，皮条7万斤，皮靴384000双，毡帽12万顶，毡靴13万双，毛毡25万件。输出各种皮袄裤465000件，皮革15000张，皮条5万斤，皮靴335000双，毡帽10万顶，毡靴11万双，毛毡20万件。到1947年则减少到皮裘业89户，制革业29户，粗皮业9户，皮靴业39户，年产各种皮袄裤21393件，皮革6000张，皮条15000斤，蒙靴1440双，毡帽1万顶，毡靴1500双，毛毡3万件。输出各种皮袄裤5760件，蒙靴1240双，毡帽8000顶，毡靴12000双，毛毡23000件。

四、张家口皮毛工业的现状

自新中国成立以来，张家口市濒临破产的皮毛工业获得了新生，并随着社会主义建设的不断发展而阔步前进。经过社会主义改造和第一个五年计划，100 多户裘皮业、粗皮业的小手工作坊走上了集体化的道路，联营建立了市第二制皮厂（原称公私合营皮毛制造厂）、市皮毛综合厂（原皮渣废料合作小组）、宣化皮毛厂（原宣化公私合营皮毛厂）。另外，总后勤部在张家口市建立了华北军区皮毛总厂，当时的规模达 2500 余人，对抗美援朝战争军需皮衣起了很大作用，1956 年移交地方，现称张家口市第一制皮厂。1957 年，张市皮毛工业共有 4 家，职工 1063 人，其中高级工匠 217 人，厂房建筑面积 18000 平方米，工业总产值 504 万元，年利润达 42 万元。到第二个五年计划结束时，张市的皮毛工业已经得到很大的发展。到 1965 年，共有企业 9 家，其中市属国营四家，集体 2 家，区办集体企业 3 家。党的三中全会以后，张家口市皮毛工业恢复建立了各项管理制度，开展了以产量质量为中心的全面质量管理工作，推广应用了新工艺新技术，产品质量不断提高。就鞣制、裁剪技术而言，张家口市在全国居于领先地位，曾多次获得国家、省有关部门的好评和优质奖励，皮毛行业呈现出一片欣欣向荣的大好景象。

第二节　张家口的制革业

张家口的制革业分为三类：首先是白皮行，其次是黑皮行，昔日人称白皮坊和黑皮坊。在漫长的历史发展过程中，张家口这两个行业和坝上坝下各县的农民百姓曾有过密切关系。黑白皮坊所生产的“皮条”和“黑皮”产品，完全是供农民耕地种田、运输粮食及日常生活所用。第三种是张家口的制革行业，它原始专业生产“皮马鞧”，生产单位称为“鞧铺”。历史上内外蒙古和坝上各县区的人们都骑马，皮鞧是骑马鞍具的配套副件，因此皮鞧销售范围很广。这三类行业在张家口都有悠久历史，现把这三个行业的历史发展情况分述如下。

一、白皮坊（也称皮条铺）

张家口的皮条铺历来都集中在边路街（今明德南街）。北起玉带桥南至深沟口（今新华街东口），在大街的路西开设门市商号。由于车马大店都在西沙河、三合店巷、元台子、长胜街、福兴里一带。坝下来的粮车，都住在这些车马店里，这就便于农民到西沙河斗局粜粮和购买车挽具。在清末民初时，边路街有许多大饭馆，如永隆园、西域楼、东兴楼、东楼祥胜馆（现在明德南街理发楼）等。可谓饭馆云集、商号林立，是个繁华的贸易市场。

清末民初时，张家口的皮条铺有十余家，较大的字号有“天德仁”皮条铺，掌柜刘选，万全县洗马林人。1956 年，公私合营进行清产核资时，发现天德仁老账本上的建账年限是清康熙年间（公元 1622 年—1723 年），距公私合营已有三百年左右的历史。据说，泰成永皮条铺（掌柜刘子举，万全县洗马林人）是咸丰年间的老皮铺，可见张家口的老皮房的悠久历史了。此外还有“福兴和”皮条铺（掌柜的聂某，蔚县人）也都是清代的老字号。其次还有福裕诚和永义成两家老皮铺。福裕诚的石掌柜是强人（德昌厚皮条铺石昌训的祖父），他所传下来的企业直至公私合营。永义成也是清代的老字号皮铺。到民国初期所开设的皮条铺一般都是由福裕诚和永义成出号的工人，艺成出号，自己开设皮条铺。例如鸿记号章鸿、增祥号掌柜魏吉曾、福义永掌柜魏吉福、德昌厚的石昌训、复合永的姬长合等人。这些白皮行人员一般是河北省南宫人和束鹿辛集一带人。现在衡水地区仍为著名的“皮革之乡”，继承传统的工艺皮革业技术人员已发展到全国各地。

白皮行以生产车马挽具和各种皮条为主。如皮达腰、皮坐鞧、套缨子、皮长套、各种皮条笼头、皮夹板、鞭头、骡马驴屉、嚼子、鞭稍。尤其是祖皮筋子、细皮线销量最大，每年销往坝上各县四、五万斤，这种皮筋子主要用于收秋打场，做打场工具“连架”使用。坝上利用风力扬场，坝下使用“扇车”吹，所以说，昔日的白皮坊和农业生产有着极其密切的关系。车马挽具销售范围主要是坝上张北、尚义、康保、商都沽源和化德等县。在辽阔富饶的产粮地区一家一户的农民，每年把收获到的大批粮食，用各自的牛车马车成串的车从坝上运到张家口来出售，由于车辆多，使用消耗的挽具也多。还有旅蒙商的牛车队、盐城车队川流不息成串地进入张家口市内，不时在大街小巷内发生串车堵塞交通的现象。城市内的轿车（马拉轿车）也很多，专门承运客商。以上这些车辆都使用皮条挽具，因此白皮行的业务是很兴隆的。

白皮行的生产工序简易，一般小户有几个水缸和几把大刀，小拉皮刀就行。熟皮原料使用的是天镇县、阳高县的“土硝”和动、植物油。主要原料是牛皮，昔日多由大境门外生皮庄购买“杂路牛皮”，不买一等皮。杂路皮价格低、成本低、效益大。白皮行这个行业有几张牛皮，熟成皮条就能开业，下角料又能熬水胶，毛绒纺线和制毡，骨、肉渣又可作为下地肥料。由于它的资金小，生产工序短，效益快，所以说是个殷实稳当的手工行业，不少老字号一直经营了几代都经久不衰，其原因便在此。

1956 年，白皮坊行业成立了公私合营硝皮厂，刘选任副厂长（天德仁掌柜）。参加者有原工商业等十户，原小商七户，从业人员约四、五十人。全行业资金共 92450 余元。其中天德仁资金占 33.5%，共 26500 多元。1958 年 8 月，硝皮厂和制革社合并为地方国营制革厂时，共有四个行业，全部资金 161540 元。其中白皮业的资金就占 57%，共 92000 多元。从户数比例上看，制革业和黑皮行业共计 57 户，而白皮只有 17 户。硝皮厂和制革社合并后的几年内，仍然生产经营车马挽具。以后，由于农业生产逐渐走上了机械化，汽车和拖拉机代替了马车，因此白皮车马挽具也就逐渐被淘汰了。

二、黑皮行业（也称黑皮坊）

张家口的黑皮坊数量很多，都集中在元台子、福兴里、沙院、宋家大院、通兴巷、隆昌巷一带开设手工作坊，不设门柜，该行业小商小户比较多。明清时代张家口和蒙古通商之际，黑皮行业供应蒙靴业的原料。如：熏底皮、黑股子皮、黑切子皮，以及供应布鞋铺的“鞋脸皮”和修理布鞋的“钉鞋皮”。这种修鞋用的黑油皮供应到每个城镇乡村中去。以后专门为农民们钉鞋所用。清末时期，这类皮坊在张家口市就有百户以上。

公义长黑皮坊（沙院），是三家黑皮坊之一。三顺长黑皮坊（沙院）是由公义长出号的两人所开办的。福顺长黑皮坊，1923 年赵秀在该号学徒，以后赵秀出号后又开了“义源长”。“三裕成”黑皮坊的掌柜聂全忠，阳原县人。地址在三合元巷，该号的徒工以后都是制革业的老工人。德丰长黑皮坊的掌柜李云山，店址在三合元巷。德巨泰黑皮坊掌柜王登。福顺德黑皮坊以后由王肖接管经营。茂圣长黑皮坊掌柜田某，南客县人，在怀来县沙城、张家口有联号。田某具有“冀中皮乡”制作黑皮传统的技术。

黑皮坊的产品只有几种，即黑、白熟底皮、臭油皮（熟皮搓毛）、黑、绿切子皮、黑股子皮。生产熏底皮用紫草烟熏气烤而熟，副料使用阳高土硝，工序简便，易于经营，三五个人就能开办作坊。到民国初期，一些大字号如三裕成、德丰长黑皮坊多数增产了香牛皮和法兰底皮。1937 年“七七事变”后，黑皮坊生产增加了牛马带子皮，以刮“马毛”为主。马毛销往笔厂制做“毛笔”。1955 年 12 月，黑皮坊在都参加制革生产合作社，到 1958 年 8 月走上地方国营制革厂时，原黑皮坊户数共二十家。其中小商占十八户。黑皮行全部资金为 13300 余元。从业人员二三十人。

三、张家口的制革行业史

张家口的制革业，原始都以生产“皮马鞯”为主。在清朝时期，张家口制革业生产工艺还不完善，制做蒙靴主要用黑皮行的熏底皮和臭油皮、花股皮。鞯铺只生产“透油大小鞯片”，并由花鞯作坊外加工成“花鞯”后销售。其中“油鞯片”是供应靴铺做靴底使用。到清代后期，有义成洋行（在市圈内）经营由恰克图进口俄国香牛皮（整张皮）以及由日本进口日本香牛皮（半片皮）。洋行来货后再经过皮贩商人（如薛隆林等人）把香牛皮由洋行买出来，再卖给蒙靴铺。按户分香牛皮，有家乔靴铺掌柜乔老四是秀才出身，依靠官衙势力，欺行霸市，分皮不在场也得有他一份。当时曾有流言说：“乔靴铺分皮，没我的份就不行。”自从有了进口香牛皮以后，蒙靴质量和花样大有改进。进口香牛皮上有一种

“化油”，蒙民一闻皮子香味就说“赛赛”（蒙语好的意思），这种蒙靴很受蒙民欢迎。

清朝后期，张家口有个大丰公司和振业工厂，大丰公司经理是陈和亨，生产的香牛皮质量不高，振业工厂经理曹华英（任丘县人），厂地址在隆昌巷，生产的香牛皮质量也不高。振业工厂的财东是当代都统衙门的官僚周四、周五二人。当时税务人员不敢进厂稽查牛皮的屠宰印戳。振业工厂开办年限不太长即告停业。该厂的铺底由黑皮坊继续使用。广兴永皮厂，掌柜是张冠，厂址在吉宏庙街（此人原是张家口商会会长）。广兴永原来也专做皮韂。该厂由日本请来做香牛皮的工程师，订三年合同，管吃管住。日本人在生产香牛皮的时候，技术保密，不许别人看。该厂工人阎根由于侍奉日本工程师夫妇生活，所以他和日本人的关系搞得很密切，因此日本人把生产香牛皮的工艺工序教授给了阎根。此后，广兴永才开始了香牛皮的生产。瑞福成皮厂，掌柜王德善（1890 年生人），于 1905 年来三裕成黑皮坊学徒，以后出号，到广兴永皮厂工作。他专门采购牛皮，一眼就能鉴定出干牛皮的好次。他到屠宰场还能测定出活牛身上的牛皮斤量。阎根由广兴永出号时拉出几个做香牛皮技工，他为了保守做香午皮的方法，曾去北京崇外丰壁街开设巨兴皮厂（1934 年左右），所生产的香牛皮发回张家口来卖给蒙靴铺，颇受欢迎。他还在张家口开设巨兴皮厂分厂。北京巨兴皮厂仅开办二、三年就休业了。阎根做香牛皮使用南皮。南皮没有瘟虫眼，牛皮薄厚均匀，做出来的香牛皮质量高，裁蒙靴耗料低，边浅，胯头皮都能用上。张家口生产的香牛皮质量就差了，下脚料浪费大。阎根把做香牛皮的技术传给其子阎成文。1954 年，内蒙古聘请阎成文到锡林浩特，成立了皮革厂，阎任厂长。这是一家生产香牛皮、皮韂、蒙靴、马靴、皮衣、毡疙瘩等产品的综合皮革厂。

在清朝时期，张家口的老韂铺很多，但无稽可查，知者寥寥。例如，庆隆永韂铺在玉带桥南开张。“复合永”白皮坊的姬长合的舅舅刘林（1850 年左右）就是庆隆永的韂匠。天庆和韂铺开设在边路街；德圣和韂铺开设在天长院内；永义和韂辅在玉带桥北，厂址面积相当大，同时还在玉带桥北街开设门市。李全义韂铺在玉带桥北，中学街西口。李是河北南宫县人，晋泰元。东陛泰鞍韂铺也集中在玉带桥一带。还有三发涌韂铺、当时为这些老韂铺房加工花韂的“作坊”有长盛隆韂房（掌柜范三亭，南宫县人）等十多家作坊。

清末民初时期的又一代韂铺和皮厂还有长义诚韂铺（掌柜高某，南宫县人）；祥亭益皮厂（掌柜袁祥享，天津人）；福增长韂铺（在南礼拜寺巷），义巨泰皮厂（在隆昌巷）；协和增皮厂（掌柜苗锡甫），后来改名为协兴长皮厂（掌柜深县人，专做皮韂）；广兴永皮厂掌柜张冠卿，原来做韂；德长义皮厂（掌柜赵秀峰，做韂）；裕和祥皮厂（地址古宏庙街）恒兴成皮厂（掌柜潘某，原来做韂）；德记皮厂（原专做皮韂）瑞福成皮厂（掌柜王德善）；巨圣恒皮厂（王德善领东合办）；永丰德皮厂（掌柜董炳丰，是做底皮的）；同泰祥皮厂（掌柜田润生）；巨义隆皮广（掌柜任本祯）；永茂皮厂（掌柜耿兰茂)。此外还有德义信皮厂（掌柜赵瑞亭）、仓巨皮厂、裕义永皮厂、福圣公皮厂、永义厚皮厂、祥裕和毛皮厂等。民国以来，由于社会的变迁，多数商号宣告停业，到解放时期存在的皮厂只剩为数不多的几家了。最后一代的皮厂，一般是上述的老皮厂出号人员开办的。如盛义和皮厂的傅文举和徐金山等人；复义和皮厂的马双义等人都是由永义和学艺出来的人员；东泰皮厂的郭金栋；合办企业李皮厂的方金德都是广兴永皮厂的出号人员。

到民国十八年（1928 年）外蒙事变时，张家口的旅蒙商在库伦的财产被全部没收，造成严重损失。人员被屠杀，旅蒙业遂宣告破产。靴铺赊销出去的蒙靴贷款，难以偿还，甚至连欠债人都找不到，靴铺也受到经济损失，严重影响到制革业的发展。例如阎根开设的巨兴皮厂就是由于受公福成靴铺所欠的皮款难以收回而宣告休业的。以后张垣古城的制革行业便处于萧条状况。直到 1933 年—1937 年，制革业才有了好转。德国人和俄国人在张家口开办德华洋行，经营外蒙库伦所需的商品，收买大批蒙靴和皮韂，以及烟茶绸缎等物品。蒙靴业又恢复到一千多工人。蒙靴铺和皮厂都和德华洋行签定近万双的合同。在这么短暂的三、四年时间里，皮厂又发展起来。但维持时间不长便又困难临头。1937 年“七七事变”前期，德华洋行迁往天津停止收货，制革业又走向衰落地步。

在日本侵占的八年里，统治牛皮限制使用，日本人成立“军需牛马皮购买所”（在西关街）。同时，制革同业公会也成立“收购牛皮组合”，由永茂皮厂耿兰茂任组长。各皮厂入股每股一千元，按股金将牛皮分配给入股的皮厂，不参加组合不分给牛皮。所收的牛皮，好皮交军需所，次牛皮分配使用。但是，在交牛皮的过程中，组合会把好牛皮藏起来，混些次皮交任务。为了维持生产，有的皮厂只好到农村里利用夜晚偷着生产，过着艰难的生活。直到新中国成立后，张市的制革业才又得以恢复。1952 年以后，制革业走上加工定货，业务量大大提升，以后又接纳了内蒙古自治区锡盟贸易公司加工香牛皮和皮韂的任务，生产经营有了保证，每年加工定货量不断提高。据资料记载，在解放初期，金市有 47 户接受国家加工定货香牛皮 4566 张，皮马韂 2841 付。制革行业逐步繁荣兴旺起来，在社会主义道路上阔步前进。

1955 年 12 月，制革业由原工商业户 38 户，小商 13 户组织起“制革生产合作社”，社员 119 人，资金 71530 余元。在集体生产经营下，加工定货，原皮生产供应更有了保证。1956 年，皮马韂生产了 4897 付，香牛皮生产了 5215 张。1957 年，生产了 7145 张。1958 年 8 月 5 日，制革生产合作社又与公私合营硝皮厂 18 户 58 人，资金 93312 元，还有花韂行业 6 户 14 人，资金 4086 元，合并为地方国营制革厂。生产设备逐步走上了机械化的道路，皮革品种日益增多，皮马鞴 1958 年供应 18374 付，1959 年供应 23954 付，1960 年供应 13140 付，1961 年供应 12218 付，1962 年供应 697 付，1963 年供应 3940 付。直到 1973 年定皮马鞴 6000 付，74 年定 2000 付，1983 年定 3800 付，1984 年定 100 付。合并到制革厂的黑皮业和花鞴行的十四位鞴匠技工，在出口皮鞴年产 24000 余付的生产任务中，起到积极作用。

张家口的制革行业，在漫长的历史发展中，走过曲折的道路，由昔日分散的私营手工皮厂，发展到今天的现代化生产。随着社会主义经济的飞速发展，张家口的制革行业必将有更大的发展，在继承传统的基础上，创出更多的名优产品，满足人民不断增长的物质文化需求。

第三节　张家口的蒙靴业

一、张家口与蒙靴业关系

塞外古城张家口自古以来与北方蒙古地区在政治、经济等方面有过密切关系。在明朝初期，张家口即称“隘口关”，明初洪武移民，据《宣府镇志》记载洪武二十六年（公元 1393 年）因民户不足，调山西余丁充之，其中有张姓人氏来此定居，故有张家庄之称。宣德四年（公元 1429 年）张文修建城堡，命名为“张家口堡”。下堡小北门标有张家口字样。以后，张家口即称“东口”。归化城（今呼和浩特市）称为“西口”。历史上的所谓“东口”“西口”是指通往北方蒙古而言的。公元 1271 年，元忽必烈建都北京。北京至内外蒙古的交通、贸易，张家口就是必经之路。最突出的是中蒙经济贸易往来，张家口是物资集散中心。库伦又是内地所运去的物资集散中心，所以在漫长的历史中彼此有着密切关系。

1639 年，库伦地方的蒙古封建主“图谢土贡格·道尔吉”利用黄教统一了蒙古各部落，结束了割据局面。当年，他又召集附近七个旗的牧民集会，将其五岁的儿子“扎纳扎巴尔”封为“活佛”，即扎哲布尊丹巴一世。人们搭起一个个形似殿堂的大大小小的白色毡房，取名“乌格尔”（意为宫殿）。从此“库伦”名称开始诞生。直至蒙古人民共和国成立，库伦才改为“乌兰巴托”（蒙语红色英雄之意）。清朝时代，库伦活佛统治着四十八家王子（和硕），约有一百几十万牧民。其生活资料大多依靠内地供应，所以张家口古城的对蒙贸易发展早已有了萌芽。

二、张家口蒙靴业的形成

自古以来，蒙民过着游牧生活，在辽阔的大草原和戈壁大沙漠中，他们以畜牧为生，没有自己的民族工业。一切生活用品全都依靠旅蒙商来供运。蒙民穿的，吃的，用的上至衣帽绸缎，下至烟茶葱蒜等生活物品，全靠旅蒙商人通过贸易供给。蒙民一年四季都穿蒙靴，这也是蒙古民族重要的装饰品。蒙民一生之中，从小到老都穿皮蒙靴，只有如此才能适应沙漠和草原上的生活。故此，蒙民在牧区中生活是离不开蒙靴的。早在元明朝代，张家口的蒙靴业即开始诞生，因此它的发展和兴衰有着悠久历史。

三、蒙靴业发展的鼎盛时期

1644年—1911年，清朝统治着外蒙库伦活佛和四十八家王子，这些人每年都要来北京朝贡，路经张家口、宣化到达北京城。这也对张家口蒙靴业的发展发挥了积极的促进作用。蒙靴老字号德兴斋靴铺的财东李盐房，家住宣化城，他每年都要接待路过宣化的外蒙活佛、二十四家王爷去北京朝贡，（四十八家王子每年只许来北京二十四家，下年再换班去二十四家）路过宣化城就住在李盐房家中。李盐房经办住宿膳食等一切招待事务。同时，李盐房还放官贷，借给王爷们大量纹银以进京挥霍。因此李盐房发了大财，成了富翁，在张家口开设了德兴斋、德兴玉靴铺，德寿隆旅蒙商店。李盐房开设的商号资产雄厚，从业人员多、业务范围广，生意兴隆。

张库通商时期，张家口的靴铺有八十多家，从业人员两千多人。这些靴铺分布在大境门外西沟正沟，市圈内朝阳洞街两旁、大柳树底后堂巷、碱店巷营城了 带，有门市，有作坊，还有个体加工户。上堡街两侧是靴铺和鞍韂铺交错林立。金黄色的蒙靴幌子挂在门脸两边，比比皆是。经营蒙古货的哈达庄，蒙刀铜铺、糕点酒铺、蒙古帽铺、有名的东馆子（现在明德北街诊疗所楼房）、正德顺京庄饭馆、西馆子饭庄大都是蒙古人的房东。这些回族饭馆最受蒙民欢迎，因为蒙民喜欢吃牛羊肉。内蒙古十二旗办事处，旗总管的公馆等都集中在上堡一带。如公记店，花巷的中和店，朝阳洞的三义店等都是专住蒙民的客店。当时光上堡就有三家澡堂子。一年四季都有蒙民来张家口买生活用品。每天在大街上都有穿着紫袍、绿袍、红袍、兰袍的男女老少蒙民，东家出来，西家进去选购物品。站门柜的靴铺人员都会蒙语，一进门先向蒙民问好，“其赛脑”是你好，“道头稍”是请里边坐，“牙加各那”是买什么。如果不会讲蒙古话，买卖就做得不容易。每年蒙古人上五台山进香，正是靴铺做买卖的旺季。

四、蒙靴铺机构概况

张家口市的靴铺机构多样化，有的是自财独资经营，有的是合资合伙经营。有投资领东的靴铺，也有前店后厂，还有开设在背街背巷的大小靴铺，此外还有个体靴匠加工计件蒙靴的“吊工屋子”。义和永靴铺的任裕老师傅，民国七年（1918 年）到义和永学徒，十八岁跪街推销蒙靴，二十岁就封为小掌柜，到西沟外馆推销时和买主谈话还得站着，并且给买主大掌柜点烟倒茶，用恳求的态度争取和对方洽谈业务。正如俗语说的“店大欺客，客大欺店”。

大境门外的元顺合靴铺，是专做库伦蒙靴的大商号。在外蒙很有名望，蒙古人称赞它是“忽脱路，白音代”，意思是好皮子，有钱的买卖。此外大境门外还有德庆昌、德兴永等靴铺。

朝阳洞街的乔靴铺，掌柜姓乔，用钱买了个秀才，在清末时颇有点势力。当时，张家口皮厂还不能生产香牛皮和牛底靴。由俄国、日本进口香牛皮（俄国香牛皮是整张的，日本香牛皮是半张的)，每次买进口皮，大靴铺均分使用。在分皮的时候，乔靴铺到场不到场，准得分给他一份皮子。广兴永制革厂后来聘请了日本制革工程师，生产香牛皮，工艺先进质量高。但是，工艺保密不传授别人，只有掌柜侍奉日本人有了好感，日本人才传给他点制革工艺秘诀，所以，广兴永的香牛皮的质量，就高人一等。

大柳树底的德盛昌靴铺，专做外蒙靴子。本号的徒工郭垒由学艺到当上二掌柜，专门做大板尖靴子。以后，他出号自己开设了德元成靴铺，民国十四年（1925 年），仅德元成一家订货即达九千双。到 1949 年，又开设了义兴成靴铺，直至 1956 年公私合营。

在清朝时期，大境门内外的老靴铺很多。例如德盛元，双庆魁，大顺魁，德和成，公福成，天巨长，大成厚，德兴成，天盛长等等，直到外蒙事变，张家口的经济受损严重，很多靴铺宣告破产倒闭。

五、蒙靴行业组织和工人组织

从清代以来，蒙靴行业就有自己的行会组织。大境门内称为内行。团体组织叫“公益社”。大境门外的靴铺多数是由归化城（今呼和浩特市）来的，所以称它为外行。行业组织叫“永盛社”。这两个社各自选出办事人员，负责办理行业中的事务。蒙靴工人组织叫“义合社”，凡入社的工人都要交纳记名费三元，入社费五角，月费一角，共交三元六角。“义合社”社址在上堡花巷路南丰乾楼茶馆。门柜茶馆就是议事场所，此房权归义合社全体工人所有。有什么事商量，工人们都来茶馆边喝茶边议论。1920 年前后有记名工人一千多人，没记名的在外。“公益社”和“义合社”购置义坟地一块，在永丰堡西。凡是在大境门里，南至茶坊以北的蒙靴匠从业人员死亡后，都要由义合社买棺材埋殡，死在外地不管。两社在每年正月都包戏班唱大戏。蒙靴行都流传着在古昔时期供奉孙膑，裁缝供奉陈三两，皮匠供奉白头发，木匠供鲁班之说。

六、品种多样的蒙靴穿着

蒙靴样式很多，外蒙古穿大板尖靴，小板尖靴，靴头象鹰咀，钩向上弯，这样便适合在沙漠中行走，脚不下沉。外蒙所穿的蒙靴是黄色毡底皮。内蒙古是用红皮底或千层布底、熏皮底。早先的制革工艺受到科学水平的限制，还没有化学原料，而熟皮用的是土办法，如用土硝熟皮后，再用柴草烟熏。制做皮靴质量非常坚固。现在青海、西藏仍有用此土方熟皮制做藏靴，质量好，成本低，但不够美观。除香牛皮和牛底皮之外，主要副料是河北省辛集的绿股子皮、黑股子皮、黑切子皮。这些制革品惟一的生产基地就是河北省辛集。现在，各地生产蒙靴代用羊皮刷假绿色，不耐磨。蔚县麻绳用量很大。所以，张家口的鞋皮庄、麻绳铺随着蒙靴业的兴衰而存亡。

七、旅蒙商和运输队

清朝时期，张家口的蒙靴生产处于兴盛时期，由于蒙靴需求量大，全靠旅蒙商和骆驼牛车远涉张库古道长途运输推销。大境门内外的几十户大旅蒙商京外馆，在外蒙地区都有座庄分号。外馆，每年运往库伦的蒙靴约二十多万双。内蒙古商“碎销铺”专门经营内蒙古各旗业务。还有宣化、怀来、怀安、阳原县的小内蒙古商“货郎帽”也有数百户，每辆牛车也代销蒙靴几十双。北京外馆义和成在张家口开设联号义和元，仅义和成一家每年即销六千双蒙靴（100 箱）。义和成专走外蒙前营、后营西路。西部皮毛药材出产最富。鹿茸、灰鼠、狐皮、羚羊角等。每年进口蒙马数千匹。大境门外的蔡喜子因为专买义和成的残次马而发了大财。中小户个体“货郎帽”也有几百户。例如梁家十三户，每年春出冬回，专门销售蒙靴布匹杂货，自己养牛，自己赶车。宣化旅蒙商户更多。走货郎帽的在牧区每天赶着牛车串营子，到蒙古包中做买卖。这些小蒙商每年只能销售蒙靴三四十双。但是，几百户总销量也上万双。

张家口各行各业所生产的蒙古商品，要依靠骆驼队和牛车运往内外蒙古。张家口的驼户多，大多在深沟一带（今新华街），主回族人经营的多。清朝时，宣化郝家（回族）养驼四百多条。马家十七八岁时跟骆驼去库伦，有驼二十四条，雇两人拉骆驼，装运煤油、蒙靴。有七顶房子的联帮，每顶房子管 120 条骆驼，这个联帮 80 多人共拉骆驼 840 条。还得雇领队人（向导）。领队人知道哪个地方有井水，明白路程方向。马家是宣化人，来到张家口后住元台子宝兴驼栈。他依靠驼店和旅蒙承揽运输业务。货物打捆后每件约 200 斤，每驼可装两件，这个小联帮 840 条骆驼，在戈壁沙漠大草原上经历着艰苦漫长的奔波生活，每次都是满载而归。

俗话说：“火车快出不了大门外，牛车慢一年一趟大囫囵”。牛车队（老倌车）这个运输工具常年川流不息，运转在张蒙之间。这种车造价低，车轮粗宽，适合沙漠上运行（不下沉）。养牛车户多在大境门外南天门、菜市村、陶喇庙一带。南天门殷家养车上千辆。这种牛车跑库伦，还要在内蒙古拉盐运碱，一串就有数百辆，在张库古道上盘行。大境门外西沟的“汉淖坝”（距张市 45 华里），从古以来由于牛车和马车往来不断，所以汉淖坝上的山路车辙足有一尺深，这也是张库“中路”必经之路，是中蒙贸易交往的历史鉴证。张蒙贸易的畅通形成了“靴茶之路”，在古代交通落后的情况下，专赖骆驼和牛车进行运输确实不易。1909 年以前京张铁路未通，内地运输也是骆驼，京西门头沟的煤，运进北京都是骆驼运输。古时陕甘、新疆驼队和骆驼车是普遍的运输工具。

八、旅蒙商和蒙靴业的损失

清朝统治外蒙时期，张家口的大旅蒙商在库伦设有分号，在各蒙旗座庄人员很多。有的开铺子，有的串营子经营买卖。据说民国四年（1914 年），沙皇帝俄支持蒙民在外蒙东部桑子贝（第二大城市）叛乱，凡在家蹲点的掌柜都被杀害，财物全部损失，而在草原上串营的伙计们幸免于难，四散逃回。民国九年（1919 年），第二次外蒙事变，库伦的旅蒙商人员大多被杀，财产损失更为严重。当时，串营子幸免于难的人们，要求回内地人员站在一边，不回来的站在一边。凡要回来的人在半途中都被外蒙兵杀害。由于旅蒙和蒙靴业与各个行业均有经济上的密切关系，所以靴铺成了间接受害者，赊销欠款无处索要，仅巨兴隆靴铺损失即达三万多银元。到民国十八年（1928 年），内地和外蒙的贸易完全断决后，苏俄在张家口的远东银行（上堡）同样倒闭关门，俄国钞票成为废纸，存有俄国钞票的中国人损失惨重。

九、德华洋行时期的蒙靴业

民国二十年（1931 年）左右，有德国人白伯斯、俄国人拉兹夫来张家口开设德华洋行（简称德华），先在上堡圈内营业，后迁移下堡西豁子，专门经营外蒙古商品运往库伦。在开始时大批廉价收购了靴铺积压的外蒙大板靴子，同时大批定购蒙靴，收购烟酒茶布货物，使得靴铺又走上复苏道路。当时巨兴隆靴铺就和德华签定蒙靴合同九千双，小靴铺联合起来三、四家签定合同也达几千双。以后蒙靴业都又活跃起来，制革厂也开始生产蒙靴，当时广兴永，巨盛恒、德记等大皮厂向德华交售大量的马韂，并与德华定蒙靴合同，每家都在上万双左右。因此，靴匠工人（吊工屋子）数量又有所发展。前期靴铺解雇的回乡靴匠，外蒙逃回来的靴匠，多伦的蒙靴工人都闻风而来张家口干活。所以，当时全市共发展到一千多靴匠（据义合社交费得名证明）。靴匠每天工资收益可达到两块银元左右（相当莜面一百斤）。

制革厂自产香牛皮通过靴匠加工时，有的粗制滥造，绱靴针码大，质量不高，德华验收严格，因此，常有翻修退货的情况出现。广兴永经常请靴匠吃饭修理蒙靴及工活。德华洋行收购蒙靴、鞍韂之外，还大批收购烟酒、砖茶、绸缎等蒙民生活用品，在西豁子场地货积如山。随之骆驼队运输业又兴盛起来。1932 年曾承运德华货物，联帮十顶房子四百多骆驼装砖茶 70%，蒙靴约 30%，在一年之中往返跑八趟（4 次），四十天往返一次。德华货物运输除骆驼以外，还用俄国汽车运输。张家口靴铺大批交德华蒙靴之外，还有的靴铺到包头蹲点销货，通过货栈销往外蒙西部地区，以蒙靴、布茶交换皮毛贵重药材等物。到 1934 年左右，由于内蒙古形势变化，德华洋行撤销张家口的机构，迁往天津经营。靴铺不愿去天津交货，因此蒙靴销售下降，蒙靴行业又走上萧条危困的道路。只有张家口韂铺掌柜张柱和永义制革厂仍去天津交售皮马韂和蒙靴。“七七事变”日本帝国主义侵占华北和内蒙古，德华洋行在中国北方的经济贸易终于破产，同时，张家口的蒙靴业和其他各行各业对外蒙古的贸易也从此结束。

十、伪蒙疆时期的蒙靴业

日本帝国主义疯狂推行对满蒙的侵略政策，日寇由察北进攻，侵占了张家口，扶持蒙奸德王德穆楚克栋鲁普和伪军头子李守信，成立伪蒙疆傀儡政权。当时，张家口的老靴铺因为屡受外侵，经济受到严重损失，老靴铺相继倒闭。由于依靠内蒙古蒙靴销量不大，所以部分靴铺则改变经营渠道，转向包头，通过包头旅蒙商运往内蒙古西北额济纳旗的阿里河边界线上，和外蒙古西部的蒙民交换货物。当时，张家口有十几户靴铺派员常驻包头。例如任裕靴铺常期驻包推销蒙靴，义巨泰制革厂伙计刘芳于 1938 年驻包头推销大板尖蒙靴达八年之久。义巨泰是个自产香牛皮的分厂，但是不外卖香牛皮，而搞自料外加工蒙靴，通过包头渠道销往外蒙古。巨兴降靴铺的赵喜章常驻海拉尔销售蒙靴。这些都可以说明当时外蒙古蒙民需要的情况。以后直至日本投降，才停止了外蒙边境的贸易。

十一、新中国成立后的蒙靴业(1949 年—1956 年)

全国新中国成立后，各少数民族人民在中国共产党的领导下，分别成立了自治区政府。民族贸易市场很快恢复起来。蒙靴行业如雨后春笋，快速发展起来。靴铺组织成立了“蒙靴行业公会”，行业主任安文焕（祥顺魁）靴铺，通过公会集体承揽锡林浩特贸易公司的蒙靴，加工定货的数量很大。由于各家靴铺人数不等，因此按字号分配蒙靴 30%，按每户工人多少再分配 70%。由于在人民政府的领导下，有组织有计划地发展了生产，所以不仅提高了质量，更增加了产量。新中国成立后，蒙靴工人有了自己的工会组织。工人们和部分靴铺掌柜成立了“第一蒙靴产合作社”，负责人有郭殿兴和何殿举。社员有二十多人。

1956年，蒙靴业参加公私合营时也出现了不同的情况。私营时，由于靴铺为了减轻经济负担，不雇佣长期工人。所以1956年合营时，全部蒙靴从业人员不满一百人。其中企业主28人，全部财产核资金额27190余元，其中义森厚靴铺最多一户3432元。资金在1700余元的三人，1500多元的有8人，500多元6人，200至300元有9人，150元1人。合营后，组建成蒙靴鞍韂厂。在厂党委领导下，大力发展集体生产，蒙靴销路发展到全国牧业区，内蒙古东至海拉尔，西至额济纳旗，甘肃、青海、新疆、西藏等地。充分发挥了张家口蒙靴这个传统产品的优势。

第四节　张家口的鞍韂业

金，元，明、清几个朝代都在北京建都，那时的官宦，府衙，马军、简贵和底民除坐轿、坐车和乘船步行之外，骑马是唯一的快速交通工具。所以说北京的鞍韂行业在金、元、明、清时代是一个兴隆茂盛的工商业体。北京也是鞍韂技术精华工艺的发源地。

张家口是塞北重镇，工商巨埠。北邻蒙古草原，远通外蒙库伦（现在乌兰巴托），西去绥远（现呼和浩特）、包头、宁夏、兰州、新疆等地。张家口作为牲畜皮毛商品转运必经之路、集散之地，所以鞍韂行业供应牧业地区有着悠久的历史传统。但是，由于时代的变迁，北京的鞍韂行业逐渐淘汰，北京的鞍韂技术工人渐渐流散到张家口来。所以说，张家口的鞍韂技术源自北京。

一、北京鞍韂行业历史情况

（一）鞍韂门市

北京前门大街路西三间大门柜的永庆鞍韂庄，专门承揽前朝官府和军阀时代骑兵马队的大批鞍具。该企业资产相当雄厚，是经营年限较长的老字号。东四牌楼南大街的兴隆鞍韂铺，经营民族用品鞍韂为主。在30年代还存有紫檀木马鞍、鱼骨花马鞍、西藏马鞍。这个门市还经营西藏产的“氆氇”、南京“库锦”（做少数民服族装花边用）。德胜门外的永胜部鞍子铺和德外的双盛永老杨家鞍子铺，他们专做清朝时代官衙所用的高级鞍韂和军阀时期的高档鞍具。热河都统汤玉麟绰号“汤二虎”，由该号买了一对宋代“龙头马镫”，售价七百多银元。老杨家专门泡制“滚江皮条”，特制各式各样的皮嚼克、皮笼头、前胸、后鞦等产品。据悉，老杨八掌柜年已八十多岁，仍在德胜门外鞍子铺勤劳干活。他善于创制新品种。杨家祖辈数代经营鞍韂业，是河北省庆云县杨庄子人（回族），其子孙来张家口和西北、东北开设鞍子铺的很多。

（二）北京鞍子作坊（暗作坊）

北京鞍子作坊不占门市，如东四牌楼东大街和西大街的张聋子兄弟二人，两家鞍子作坊，资产雄厚，占有一所四合院瓦房。东四弓箭大院的耿跛子鞍子作坊，他的鞍匠技术全面，能做全国各民族所喜用的鞍杈。工艺精巧，能贴鱼骨花鞍、珍珠鞍、鱼鳞鞍杈、鹿角条全种镶盘、四镶条鞍杈、景泰兰沙鱼皮鞍杈、仿造库伦鞍杈、各内蒙古鞍杈、黑股子皮洛王府鞍杈、西北大四平鞍杈和大批储存羊尾白鞍杈，以供骑兵马队使用（每个一元银元）。这些鞍子作坊供应北京“外馆”（旅蒙商业），同时还供应各省的鞍子铺。直至1940年前后，由于社会市场的变革和企业主人的衰老，此行业才逐渐消失，鞍匠们流落到各地开办鞍子作坊。李二虎远去包头，后套砍鞍子。来到张家口的鞍匠也很多，这就为张家口制鞍技术的发展奠定了基础。

（三）北京马鞍副件作坊

北京马鞍副件作坊大小户有八类：1.马镫作坊：都在前门外打磨厂一带，为复兴源镫局，王师傅专打马银丝镫、巴掌镫、条镫、大头镫、和尚头镫、马花镫、转环镫、轻便镫、活口保险镫，仿造古样“龙头镫”。2.铜作坊：在东四牌楼一带生产铜钻花鞍条、坐丁、马嚼铜式件、铜花云全鞍条、铜泡、铜束等。3.烧兰坊：烧景泰兰作坊，可称为特种工艺。制做景泰兰鞍条，坐丁鞍泡，景泰兰马嚼式件、景泰兰提胸、景泰兰马镫等。以上产品由铜铺制做“铜部件”，再由烧兰作坊雕刻花纹，焊丝铜花，最后烧瓷。一般珐瑯厂不承揽景泰兰鞍条。4.兽骨作坊：制作骨头鞍坐丁、骨捎绳眼，因它不磨衣服故很受蒙民欢迎。作坊主要生产“骨头牙刷把”毛笔杆骨头顶、鼻烟壶盖和烟千，骨头筷子。5.马肚带作坊：生产牛毛肚带、牛毛扯手，在清朝时代还制织丝线肚带、丝线扯手捎绳和丝线板克嚼高级马装具，到民国初期仍然在使用。6.缝花南作坊：专缝皮马花边各种压楞皮云马韂，打磨厂深沟天兴和韂房李掌柜是天兴和的徒工。7.南下洼子的制革业，生产各种透油皮马韂。皮韂上画花云子，盖商标记“京都皮韂”字样销售各地。8.马屉作坊：是家庭工业，都在德胜门外，专门承擅大批“树棕屉”，专供各地胺子铺销售，是家庭妇女们的针线活，物美价廉，每个屉价八角钱。由于时代的变迁和行业人员的衰老，市场消费的变化，北京鞍韂行业逐渐自然淘汰，直至新中国成立前仅存者寥寥无几。因而，鞍行工人大部分转向张家口来。

二、张家口鞍韂行业分布情况

(一)朝阳洞街的老字号

三发涌鞍子铺的后一代老掌柜名范贵，其子五十多岁，在张北县开鞍子铺。玉带桥的东升泰鞍子铺掌柜陈正功和晋泰元鞍铺老掌柜雷丰年已八十六岁，仍经营其业。后来的北京双盛永的后代人杨希章也在张开设双盛永鞍子铺，杨佩环开复盛永鞍子铺，杨佩珍开通德永鞍子铺。老杨家后辈人杨佩瑶和杨佩恩去绥远开设义盛德鞍子铺。还有去东北长春的杨佩玺开永盛茂鞍子铺。长春还有一家杨家鞍子铺。这些杨家鞍子铺师徒多是庆云、盐山、阳信一带的回民。他们都有泡制“滚江皮条”做各种高级马装具的技术，产品很受喜好骑马者的欢迎。所以，当时蔚县庄的老鞍子铺东升泰等商店因工艺落后、人员衰老而被淘汰息业。

30 年代前的旧中国，各地方有很多爱好骑马之人，讲究“压走马”，尤其东北军奉派骑兵最多。察哈尔都统“高二绝户”高维岳爱骑好马，每天早起乘马，随从护兵马弁数十骑出大境门外游玩。当时，“布鞴全套马鞍”每套八元五角。张北县“夜猫张”张诚德的骑兵师，讲究骑好马用好鞍鞴，后调来张家口任保安司令，又调往河北省泊镇。日本投降后，张诚德骑兵想返回坝上老巢，但在山西省偏关被八路军击毙。察北地方保商团袁福的骑兵马队，都爱好骑马和使用高级鞍鞴，都讲究鹿角条鞍杈，俗语：“买起马，置不起鞍”。赵承绶骑的是“千里驹”马。用的是最好的鞍鞴。张家口的鞍鞴另一个销售渠道是军队打官马的和山东马贩。每年到六月六开桥之后，马桥就在大境门外坝岗上，那里是牲畜的交易场。开桥时由内蒙古赶来的成群马匹和牛羊进口来销售，还有旅蒙业交易回来的大群牛羊马匹。每天早晨，任买主选购。尤其是山东马客成群买马，成套买马鞍，一帮一帮地赶着马群返回山东，年年如此。张家口的牛羊马店也很多，有名望的老字号为兴隆马店，老掌柜叫马连科和天德马店，掌柜叫戴华臣。连升店、光文店等店都是河北省沧盐地区回民开办的。仅在孤魂庙街（现在古宏庙街）开设皮条铺就有数家，从业人员全是山东回族人，专做滚江皮条大马笼头、大鞭、马拌、供应马贩使用。到 30 年代后期，随着牲畜市场的消失，这些马店也就不存在了。但是鞍鞴行业尚能继续为牧区蒙民服务。

(二)张家口的马鞍作坊

鞍子作坊是专砍木马鞍杈的专业生产，不占门市，只有三发涌老鞍子铺有砍鞍杈车间，销售范围很大，供应内蒙古和外蒙古。据蒙靴老工人说，德和成老靴铺已传三代，当时和三发涌鞍子铺住对门，上堡大街两侧蒙靴铺和鞍子铺林立。还有花巷沙院内的李高明鞍作坊，民国二十一年来张学徒，李高明之弟李高成是由外蒙古回来的鞍匠，回来后落户到内蒙古“佳卜斯”（现在化德县）。由外蒙回来的还有蒋威成鞍匠，山东武县人。他们做的木鞍杈规格质量好，驰名内蒙古。还有左司巷的“范脱子”鞍作坊、花卷路南的“张鞍子匠”、营城子李立本父子鞍作坊，这都是由北京来的鞍子工人。泉胜涌鞍作坊掌柜杜万玉（也是由北京来的鞍匠）技术全面，他由开鞍作坊，发展为泉胜涌鞍子铺，后来又发展到张北县绥远两地开设分号鞍子铺。社万玉是河北智深县人。他传授的徒工多人，都是泉胜涌出色的鞍工，技术全面，能做高级鞍衩。如镶鹿角鞍杈，贴鲨鱼皮鞍，贴鱼鳞鞍，砍各种蒙古鞍杈。以后，这些徒工又开设了鞍子铺，他们主要皆以砍鞍杈为主，供应内蒙古各旗，把砍鞍技术工艺基本上一代一代地传授下来。

（三）张家口制革厂的马鞯制作

张家口的制革厂有很多，大小户有百余家，生产香牛皮和其他皮革。专做油鞯的有数家大厂，如老字号德长义、齐老大齐老二，专产皮鞯为主，以后有广兴永制革厂，经理是张冠卿（原商务会会长）。该厂生产名牌香牛皮和皮鞯，质量最高。因为广兴永聘请日本人技师泡制香牛皮，用化学原料配方泡制。配方严守秘密，不让别人学看，只有侍奉日本人生活的工人阎根，学到一些制革配方技术的秘诀。同时广兴永的人员还去过日本学习技术。所以，阎根的儿子阎成文学到了制革技术的秘方。新中国成立后，内蒙古锡林浩特聘请阎成文创建了锡林浩特皮革厂。在草原上兴建了制革、制裘、制毡、制鞯、蒙靴马靴、皮衣等综合企业。

张家口生产透油皮鞯是由德长义制革厂发展起来的，还有德义信、聚盛恒、长义诚、德记、永义和、福义和等等皮革厂都生产皮鞯。制造透油皮鞯的工艺非常精细，麻油、桐油就得上十二道，还有硝熟、搓揉、修里、炀面、铺整、透油等等泡制工艺。此种皮鞯早已停产。现在只有少数几人尚能制作。透油鞯有绿油色、紫油色、本黄色，形式有方鞯、圆鞯、条鞯等各种不同形式。内蒙古和外蒙所用样式都有区别。真正传统技术做鞯，鞯表面光滑明亮如同玻璃，很受蒙民喜爱。自外蒙事变后，鞯的产量下降，只供应内蒙古各旗。“七七事变”后，日伪统管牛皮，制鞯行业受限，透油鞯便绝迹了，直到新中国成立后才恢复生产。

（四）张家口的花鞯作坊

鞯坊是专门承揽制革厂和鞍鞯铺的皮鞯加工缝皮边业务。30 年代前，张家口鞯坊也有大小户数十家。其中，蔚县人张柱的花鞯大作坊有几十个鞯匠。还有长盛隆鞯坊业主范三亭、河北吴桥县人，该号工人有二三十人。缝花鞯也是传统技术。花鞯种类很多，有单边、双边鞯、有单塄四云、六云、双塄四、六云。三道塄四云六云鞯、六云双塄麻花鞯草龙鞯、五福棒寿大小花鞯，汉文大小鞯等等花鞯，这些工序是手工操作。如挖皮花云子，压皮塄边、用丝线缝云子边。花鞯是蒙民最喜欢使用的马装具。制做花鞯云子和边，都用绿股子皮、黑股子皮。从全国来说，只有河北省辛集是唯一生产地。还有辛集的弓弦、狗皮鞭捎，其原皮料用骡马、驴皮后屁股上的皮子制作“股子皮”，质量坚硬耐磨。这种股子皮早已断茬灭迹。股子皮是皮马韂和蒙靴生产的主要副料，为了使皮靴和蒙靴使用寿命长，发展河北辛集制革很有必要。现在用羊皮代替的现象应该改变。皮韂花边云子是用丝线手工缝，针码整齐美观，坚固耐磨，若用缝纫机“扎”，蒙民不太爱用。缝韂艺术用双针引线熟练快速，但是这种作坊工房简陋。靠窗户安装“木板大炕”，白天干活利用日光，夜晚干活每人面前挂一个油灯。日常生活，吃饭、睡觉休息，都是在这个“大木炕”上活动。每天要坐在“马扎子”上干十几个小时的活，条件非常艰苦。1930 年以后，因受外蒙影响，此行业也逐渐衰落、萧条，作坊倒闭。至 1956 年，参加公私合营的仅有工人 20 余人。

(五)张家口马鞍副件作坊

钻花马镫作坊（铁匠炉）专做熟铁马镫，巴掌镫、大头镫和尚头镫、转环镫。蒙民最喜欢用钻花马镫。这些铁炉还做“蒙古火炉”和“狼夹子”，专门销售到蒙古地区去。后来，钻花马镫消迹，钻花工人后继无人了。如景泰蓝铜镫和“龙头马镫”，只有北京镫局生产过，张家口是没有这种技术工人的。还有一种铸铁马镫。

白铜铺专做白铜鞍条、鞍坐丁、烟袋锅、火链、其他铜品。据农机厂退休老工人铜匠杨增说，1912 年，的他来到张垣小河套天成楼学徒，掌柜吕庆竹。上一代掌柜是李产起的老铜铺。还有同福楼，早年都做过银首饰，以后增加做铜鞍条坐丁等品，雇佣工人很多。产品销售内蒙和外蒙。由北京来的芦文珠（河北吴桥人）和同福楼徒工张廷才、高金、杨增等人合伙开办的兴隆和铜铺。该号工人多，销路广，后因市场变化、业务萧条，工人解散回乡务农。新中国成立后，有一段时间有内蒙古单位在蔚县农村订过“烟锅”业务。在 1956 年公私合营时，少数铜作坊工人有杨增、滑品等人合营到农机厂，转业改行，技术失传。张家口的白铜行业技术是个传统工艺，供应少数民族铜制品，也有着悠久的历史。

此外还有两个行业；织牦肚带，它利用蘑菇铺串蘑菇的牦绳，廉价进料，打织成花样牦肚带，非常美观、价格低廉。织牦肚带是个又脏又苦的行当。另外有小铁匠炉、王金兄弟二人专打马嚼环、转环、铁千子性口咀连等品，一概利用废铁丝产品，坚固价廉。1960 年兄弟二人相继死亡，技术因此消失。以后，由北京进贷活口“千子”，但不坚固。

总之，鞍韂是古今牧民的生活必需品，是古代人民主要的交通工具。鞍韂业有着悠久的历史。1984 年，《历史知识》第四期刊载的文章讲：婚礼新妇入门跨马鞍兴于唐代，坐马鞍之侧，则谓乘马鞍之义。唐代妇女多能骑马，不仅民间，即使统治阶级贵妇也不例外，因而婚仪新妇乘马鞍成为当时社会一种婚仪。妇女跨鞍是直接承继北方鲜卑族的风俗。

蒙靴和鞍韂有连带关系。在旧时代，张家口从大境门至朝阳洞、南玉带桥，大街两旁的靴铺和鞍韂铺鳞次栉比，居邻隔壁都是鞍韂蒙靴作坊。据蒙靴退休老工人许专说，南牌坊德兴斋靴铺的财东是宣化李盐房。德兴斋掌柜相传数辈，德兴斋对门就是德寿隆旅蒙业，财东也是李盐房，这都是有名望的老字号。他所在的复盛永鞍子铺和德寿隆住同院。蒙靴和鞍韂这些产品都是由旅蒙业销售到内蒙古和外蒙古的。当时，上堡的旅蒙业大商号和个体户很多，（个体户、叫作“走货郎帽”）一个人赶着一辆牛车，拉着蒙民们需要的东生烟块、酒、布匹、鞍韂等日用杂货。旅蒙业各有各的行商地区，各走一旗，各走一路，每年春去冬回。关于鞍韂商品，各旗使用各旗的马鞍，样式各不相同。如东、西乌旗用乌郡式鞍杈大圆檐；东西苏旗用小西苏鞍杈配条韂，二官坐鞍配方韂。鞍韂还远销到新疆。张家口的鞍韂在和外蒙古通商时期，大量远销到外蒙，由南天门的“老倌车”（牛车）一串一串地集中数百辆远远运输到乌兰巴托，往返需要一年时间。还有骆驼队如新华街的德恒驼店，三代饲养骆驼，以运输业为生，承运货物，远去兰州东北关外，北去卡克图直至大库伦。过草原渡沙漠、跋山涉水、远程三、四千里。在那风雨天气或冰天雪地里，夜行昼息，用木桶驼水，用于牛粪燃火煮饭，生活非常艰苦。挂在驼鞍架上的红布灯笼，照亮不过三尺远。在那静静的深夜里，一串串驼队上的灯笼只能作为联络的信号。骆驼队以每顶“房子”为一集体。每顶房子集合一百多骆驼，联合在一起以防土匪抢货。在那运输落后的年代里，就是这些驼队把张家口的商品远远运到外蒙，再把外蒙的皮毛畜产品、珍贵药材、库伦松等等运回来，沟通蒙古和“口里”张家口的货物交流。直至民国十八年（1930年），外蒙事变贸易宣告断绝。万兴永鞍子铺掌柜王万魁是外蒙事变幸存者。据王万魁说，事变后，俄国兵召集华人寻问谁愿回家去集合在一边，谁愿留下可以留下，以后把愿回来的人们往回送行，在库伦南边集体屠杀千百人。他的堂伯父在事变中被屠杀，丧生于外蒙。1933年，有位外国人伯必斯开办德华洋行，经营外蒙贸易商品绸缎布匹、茶、烟酒、蒙靴鞍韂等，贸易盛极一时。当时德华洋行收货员是拉兹夫，正翻译是山东人毕明齐，副翻译是孙享年。当时蒙靴业最盛，大批向洋行交香牛皮、鞍杈皮韂等货物。新中国成立后，在50年代，我市皮革社仍然生产过出口香牛皮和皮韂〔紫油单塄方塄和黄油方韂片〕，经过外贸局订货向外蒙古出口。在30年代时期，据任裕说，蒙靴铺和小作坊大小户有一百多户，日产蒙靴四、五百双，加工费每双靴一元现洋（当时白面百斤二元左右），蒙靴一双售价四十七两纹银。当时对外蒙的贸易额是相当可观的。

张家口的马鞍、皮韂畅销国内外，驰名全国，原因有多个方面，不仅有第一流的技术、工艺精细、质量高，而且品种全面、样式规格对路、供应面广，因此深受蒙民欢迎。马鞍的特点是使用桦树杈做鞍桥。崇礼县和蔚县山区桦树资源丰富，早年采购桦树杈（鞍桥）的人，著名的有张金池，河北省深县人，他常年和山区农民打交道，专业收买农民砍来的树杈，运到张家口来销售给鞍子作坊。为了使用“干树杈”砍鞍杈，必须一年顶一年的储备树杈，才能干透没有水分，保证质量。第二原因是老艺人砍的马鞍幔道好，马背上不晃动，不打马脊梁，胶缝严，不开膘。用桐油大漆油鞍子，不掉油，不怕摩擦，马鞍梁头上贴皮子，以防潮湿。砍鞍子是特种工艺，与做箱箱柜柜木工不同，砍鞍子工艺技术复杂，用几年时间也学不透。砍鞍艺术是砍、钵、焊、挖、错、不用木锯。尤其是镶鹿角鞍查，这种艺术更是特种技术，把整个鹿角用锯锯成二尺长，四分宽的鹿角条，一般鞍工是难以办到的，现在能锯鹿角条的技工不太多了。鞍韂艺术学来不易，旧社会手工作坊是依靠徒工干活赚钱，管吃饭，三年没工钱白干活。徒工们在那艰苦岁月里，学得了真功实艺，成为能工巧匠，把技术一代一代地传下来了。另一种由蒙古库伦回来的鞍匠数人，开办东玉成鞍子铺，专砍库伦式鞍杈，此种鞍杈是三圆，前后鞍桥圆，龙口圆，梁头圆。北京鞍工能以仿造这种鞍查很受骑马者的喜爱。可惜早已断庄，技术失传。

1956 年，全行业公私合营，成立了蒙靴鞍韂厂。合营后，加强了职工组织，发挥了生产积极性，增加了品种，提高了质量，增加了产量，鞍韂业务蒸蒸日上，改变了私营年代的坐等买卖的状况。合营后，组织人员外出推销采购。1957 年，工厂去大西北外联任务，到内蒙古、甘肃、青海、新疆各民族牧区推销各种鞍韂皮靴、马装具，深入旗县牧业区很受牧民欢迎。在深入牧区的过程中，和经营民族用品单位签订定货合同，仅内蒙古锡盟供销社签定的全年合同就包括马鞍 3000 个，还和内蒙古各盟旗的百货站、供销社都建立了业务关系。尤其是和甘肃、兰州、新疆乌鲁木齐民族贸易公司建立了长年订货合同。从 1956 年以后，业务关系一直不断。和西藏建立业务以后，他们还供应过大批原料。从 1956 年公私合营至 1965 年，鞍韂蒙靴业务是个兴旺发达的行业。

在 1956 年合营时期，蒙靴鞍韂广有砍鞍工人三十多人，花韂工人二十多人，蒙靴马靴工人有一百多人，马镫、蒙刀、钻花镫工人二、三十人，马装具工人有五、六十人，共有职工三百多人。年产各种马鞍 5000 多个，大小皮韂 5000 多付，蒙鞍 3000 多双，马镫 2500 多付，皮马鞍 500 余套，马装具 50000 件，新疆鞍具 200 多付。合营后，不仅沟通了销售渠道，满足了少数民族地区牧民需要，很受牧民们欢迎，而且显示出集体生产关系的优越性，企业欣欣向荣，鞍韂行业兴旺发展。

1957 年，由蒙靴鞍韂厂调给锡林浩特皮革厂蒙靴工人和花韂技工二十多人。1958 年，由蒙靴鞍韂厂扩建橡胶厂，企业领导带走了鞍靴技工数十人。数月后又把公私合营蒙靴鞍鞴厂撤销，把全部靴鞍工人合并到鞋帽厂。1959 年，鞋帽厂经营产品多样化，其企业体制是由皮鞋社、帽社、布鞋厂、蒙靴鞍鞴合并起来的。这四个车向，南至南关道街，北至朝阳洞街，人员近千人。1961 年，鞋帽厂分为皮鞋厂，制帽厂、布鞋厂、少数民族用品厂四个厂。1969 年期间，民族用品厂又扩建无线电二厂，不久又分家。民族用品厂改为皮革制品厂。鞍鞴技工数人分配到无线电二厂。在这几次分厂分家分人的过程中，把蒙靴鞍鞴技术工人调走多人，削弱了鞍鞴生产力，技术降低，产量减少。改变厂名同样使业务关系受到影响，失掉了传统名牌产品的信誉。尤其是在“文革”后期，鞍鞴事业更加削弱，生产缺乏树杈，更不重视桦木树杈的储备原料，现买现用，使用湿树杈，不保证质量，不培养技术接班人，技工老化，产品简单化，严重影响了企业的发展。在合营初期，仅库存“桦树杈”鞍桥就有三、四万块，元桦木库存一、二万根，存放场地（现在军戒库煤场）木积如山，影响了原料的质量。这种木料必须一年顶一年的储备，才能使其干透，没有水分，保证马鞍质量，保证张家口马鞍的名牌信誉。

张家口鞍鞴品种繁多，能供应全国各少数民族牧区需要，1956 年公私合营以来，业务兴旺茂盛。在“文革”时期受到严重影响。三中全会以来，畜牧业蓬勃发展，牧民富起来了，需要更好更多的马鞍具。只有做好供应工作，把鞍鞴传统工艺技术传播下去。为振兴河北、振兴皮都、为进一步发展张家口的名牌产品鞍鞴业而努力。

第七章 张家口皮革特色研究（二）

第一节 张家口纺织业

当地经济发展史的探索，也是研究地域历史的重要内容。张家口纺织业有着悠久历史，在春秋战国时期，民间就有人从事毛麻手工纺织。元代，外地纺织手工艺人大量迁入，官方设置了专门机构管理纺织业，使当地的手工纺织技艺有了更新、更快的发展。清末民初时期，张家口纺织业开始由手工纺织向机器纺织转变，初步形成了工厂规模化生产。近代张家口市纺织业得到快速发展，尤其在二十世纪七八十年代进入发展的鼎盛时期。

一、悠久历史

古代的张家口是北方少数民族的游牧区，是北方与中原地区各民族长期进行交融的地带。从秦国到辽金，张家口地域就生产以毛麻为原料的手工纺织品。据《史记》记载：汉武帝时（公元前 140 年—公元前 87 年），张家口地域产毛褐（一种粗制的手工毛织物）和毡。《后汉书》（公元 25 年—220 年）记载张家口地域“毳毛为衣”，“妇女能刺韦文绣，织氀毼”。北魏太和八年（公元 484 年）规定张家口一带“皆以麻布充税”。唐《元和那县志》称张家口一带“赋麻、布”。辽圣宗（公元 983 年—1030 年）下令“劝农桑、教纺织”，辽还通过战争，驱掳张家口等汉地数州士女为奴，到契丹从事纺织生产。

元代，张家口位于大都（今北京）和上都（今内蒙古正蓝旗）之间，具有重要的交通、军事、政治、经济地位，蒙古的贵戚和勋臣在此有大片封地。蒙古族服饰喜欢丝织品，提倡蚕桑，故手工纺织业极为兴盛。《元史》记载蔚州风土时称“蔚民性质无媚、丰华、崇俭以耕织为主”。

元太宗五年（1233 年），元河儿浑军及回族部迁居荨麻岭（今万全洗马林），命哈撒纳怯烈亦氏统之，成吉思汗征服西夏和西亚带回的工匠与商人，波斯人、西夏人、回纥人等色目人被安置在这一带。还把将恩州（今河北省东部清河县）一千户，西域（今新疆一带）织金绮纹工三百户，汴京（今河南省开封市）毛褐工三百户和驱掳的童男童女及工匠一批，以及河西（指黄河以西）各族五千口均集中到弘州（今张家口市阳原县），建立了纳失失局，给元皇朝贵族制作精美服饰，达到“树艺告成，百工以集”的局面。元时期在张家口地域建立起众多以毛纺织和丝纺织业为主，使用工奴的手工纺织作坊。元世祖十九年（1279 年），张家口地域设立的管领纺织业的官府就有十所，集中对纺织业进行管理。这十所分别是：1、宣德府（今宣化区、县）织染提举司；2、奉圣州（今涿鹿县）织染局；

3、云州（今赤城县北）织染提举司；4、弘州（今阳原县）毛缎局；5、弘州纳失失（即织金锦）局；6、荨麻林（今洗马林）纳失失局；7、弘州衣锦院；8、弘州人匠提举司；9、兴和路（今张北县）人匠提举司；10、隆兴（今张北县）毡局。元代，由于聚集了全国各地有较高技艺的纺织匠人生产的，张家口地域的手工纺织产品具有很高的水平。据《元史》记载，至元二十四年（公元 1287 年）7 月 8 日，“弘州匠官以犬兔毛制如西锦者以献，授匠官知弘州”。弘州（今阳原县）纳失失局所产之纳失失（即织金锦）是高档的衣服料，被用制元代天子的冕服、质孙服（宴服）和百官的质孙服。

明代，张家口地域由于战乱不断，民不聊生，手工纺织业逐渐衰落，官府未设立官办手工纺织作坊，但在民间仍保留着一定数量的手工纺织业。当时仍有诗人咏张家口乡村“桑柘景微茫”一类的诗句，在手工纺织集中的阳原、怀来等县有“织锦疃”、“桑园”一类的村名，由此可见当时这里纺织业的兴盛。

二、近代初级发展时期

清代，张家口地域手工纺织产品生产的较多，主要是毛织物。据清《万全县志》记载：清道光十三年（公元 1833 年），江苏崇明举人施彦士到万全县任知县后，曾大力提倡纺织，推广手摇纺织车，亲书《劝谕纺织示》布告百姓两次，两次制纺车 200 辆，雇觅中年纺织娘 10 名，教习妇女领车学习。他在告示中写道：“万邑（即万全县）男务耕耘，女休织维，非必民情好惰，亦由积习使然……”“……妇女观感，多愿领车学习，前置纺车一百辆将次用完，唯恐边远村庄，尚未周知，本县再行捐纺车一百辆，以便领取学习……”“咸赴本县衙署，领取纺车，务使家喻户晓，一体习勤，使农有余粟，女亦有余布……”。万全知县为倡导纺织业，亲置纺车，赠与农妇，并教技能，可谓费尽苦心。清光绪三十年至三十三年（公元 1904 年—1906 年），张家口一带各县开办了 4 个纺织工艺局，其中宣化、赤城、蔚县工艺局设有纺织科。同时期成立的习艺所，宣化罪犯习艺所、独石口厅习艺所也均设有手纺织科。宣统元年（公元 1909 年），京张铁路和张库公路相继通车，张家口和外蒙的贸易进一步发展。张家口的手工毛纺织品，也销往外蒙和京、津地区。在清代的自然经济时，羊毛输入多为当地加工毡毯之用。如清《宣化县志》记载：康熙五十年（公元 1711 年），“羊毛入门已经征税，做毡出门又复征税”。当时，张家口皮毛加工业也成为不少地区的主要产业。如蔚州和阳原皮毛业很出名，康保的制毡业也多如牛毛。不仅店铺有一百多年，从业人员几千人，而且所制绒毡样式精美，做工精细，受到外商青睐。

民国初年，官办的纺织业开始发展。1920 年，宣化关押罪犯从事劳动的习艺所发展成为公私合营的振新工厂，从事手工纺织业。1923 年，宣化县平民习艺所成立，当时有师傅

20 多人，徒工 10 人，主要产品为毛呢、粗布、细布、线毯等。1936 年，张家口先后成立织布厂、民生工厂、贫民工厂等官办手工纺织厂。由于铁轮织布机的广泛使用，张家口一带的民办手工纺织业在二十世纪二、三年代（日军侵占以前）有较快的发展。一些设备、资金较集中的民办手工纺织厂（作坊），如张家口信生织布厂、益生织布厂、大成织布厂、同益织布厂，有铁轮织机 50 架。另有一批独立的小手工纺织业者，一家一户为单位从事手工纺织业生产，一般只有一两台织机。

1937 年 8 月日军侵占张家口，1938 年 1 月成立“伪蒙疆羊毛同业会”。伪蒙疆羊毛同业会由日伪 8 家实业公司组成：日本株式会社兼松商店、日本株式会社大蒙公司、日本毛织株式会社、满蒙毛织株式会社、满洲畜产株式会社、三井物产株式会社、三菱物产株式会社、日本钟渊纺织株式会社。伪蒙疆羊毛同业会本部设在张家口市明德大街。日军成立伪蒙疆羊毛同业会目的是为控制张家口羊毛贸易，掠夺羊毛资源。日伪时期，羊毛被归为“军用”，输入与输出都由伪蒙疆羊毛同业会控制。1940 年以后，张家口纺织品完全为日伪控制，1942 年实行“配给制度”、“许可证制”，并成立“棉布组合”，各手工织布场，均需参加组合，只挣加工费，产品销售完全由组合控制。棉布的销售由指定的魁兴高、明迈大等 10 家商号经营。1942 年，两次共配给张家口棉布 11600 匹。日伪为掠夺张家口一带的毛纺织原料并取得纺织品，还在张家口市投资设厂两家：一个是“公大毛绒厂”，在宣化大道南口。另一个是“满蒙毛织厂”，厂址在张家口市中蒙古营和古宏庙街，雇佣工人 300 人左右，有 10 余台铁轮织机和电力弹毛、染整等设备，纺织产品主要有“张垣呢”、裹腿等，同时还生产军装和皮革制品等，以生产军装为主。1945 年，日本侵略者投降前夕，由中共地下工作者组织了工厂管理委员会，将工厂交给了八路军，使该厂开始为解放战争服务。

1945 年，张家口市第一次解放，在中国共产党和晋察冀边区政府领导下，从税收政策上对纺织业加以支持，免收纺织业、毛绒业税。原有的私营织布厂织机增加到 70 台。新发展福记、同利、明新织布厂、中新毛织社等纺织厂。宣化原日伪石棉纺织厂的工人，在晋察冀边区政府的指导下，成立了“丽华毛纺厂”。他们改造石棉纺织机器，用于纺织毛纱获得成功，成为张家口使用机器纺毛纱的第一个厂家。1946 年国民党占领张家口市后，国民党中国生产促进会察哈尔分会，于 1947 年 6 月从原信生织布厂购买了 7 台织机和其他设备，9 月建立张垣毛织厂，10 月开始生产，雇佣工人 35 人。但仅生产了少量的“张垣呢”和毛毯，1948 年因打仗停工。同年 12 月，张家口市大众合作社接管原国民党政府中国生产促进会察哈尔分会所属张垣毛织厂，次年 2 月恢复生产，生产手纺地毯毛纱、磅线（毛线）、张垣呢和毛毯等产品，从业人员最多时达1400余人，后因产品滞销等原因停产。

1948年12月，大众合作社（后改为市供销合作总社）派人接管了在张家口市桥东土尔沟的原国民党政府“中国生产促进会察哈尔分会”所属毛纺厂，这就是张家口市新中国成立后的第一个毛纺厂。接受后，于1949年2月利用原有设备，恢复生产，使用手纺毛纱，先后生产了“张垣呢”、毛毯、毛线、毛衣和毛口袋等产品。

自1949年起，在人民政府的支持和帮助下，张家口市个体手工纺织业得到一定发展，有棉织、毛纺、针织、票染、弹花等。到1954年共有124户，323人，产值31万元，能生产手工粗纺毛毯、手纺毛线、毛衣、线袜、白布等产品，以后逐步走向合作化道路。1950年正式建立第一个纺织生产合作社——“张家口市棉织社”。此后，毛纺织业、针织业、弹花业、漂染业合作社也分别于1956年到1958年间先后建立。

手工织造的粗制毛毯（包括：车毯、雨毯等），也是张家口市历史悠久的传统手工毛织物。制毡是它产生的前导，麻、丝纺织技术和它相互交融发展。传统手工毯有粗制和细制两类，在封建社会的自然经济中，毛毯生产，既是农牧民的副业，又是城乡独立的手工业。元代在张家口一带还设有“毛缎局”等官府掌管。此类产品，就地取材，织造简单，保暖、耐用、运途广，千百年来世代相传，生产并发展。《察哈尔省通志》记载，1909年张家口至库伦公路修通后，毛毯此类产品在内蒙和外蒙销路颇广。民国初年，人力织机和织造技术改进，进一步发展花格毯、色花毯、提花毯等品种。1949年后的个体手工毛毯业和后来发展起来的各种纺织和毛纺织生产合作社所生产的毛毯，仍然属于粗制产品，产品是窄幅、单层，使用的原料为本地区土种羊毛。

据有关资料记载。毛呢在张家口一带生产已有80余年。从30年代开始，在张家口市和宣化生产一种棉股纱为经，手纺毛线为纬，窄幅、先染后织、简易缩绒起毛的织物。这种产品保暖、耐摩擦，是当时一种具有地方特色的毛棉交织物，深受百姓欢迎，因产地在张家口，故起名“张垣呢”。这种产品一直延续生产了30多年。

三、鼎盛时期

从20世纪60年代开始，张家口市的纺织工业进入发展阶段，70年代进入快速增长期，到八十年代进入发展鼎盛时期。张家口市纺织企业的发展是采取政府投入资金和企业贷款自筹相结合，“母鸡下蛋”的办法，从小到大，逐步发展起来的。

1958年，张家口市棉织社转为国营张家口市棉织厂（后称色织厂）。1962年，棉织厂修旧利废，艰苦努力，改造废旧纺织机器，用机器梳毛，纺纱成功。同时，又把棉织用电力带动人力织机织布的办法用于织造毛织物。从此，向工业化大生产迈开了第一步，有了机纺毛纱和电力织造。1961年从该厂分出麻纺织生产车间，建立亚麻试验厂，1962年下马。1963年市政府重新搞亚麻纺织试验，1965年新建亚麻纺织厂，1980年亚麻纺织下马，改产毛呢，易名第四毛纺织厂。1965年，棉织厂分出毛纺车间，建立毛纺织厂。1981年从毛纺织厂分出毛条车间并入新建的毛条厂（后改名第五毛纺织厂）。同年从毛纺厂分出毛毯车间，在原七一化学纤维纺织厂下马的化纤三个车间，新建第三毛纺织厂，专门生产毛毯。1966年，张家口市棉织厂试验用胡麻纤维为原料，生产粘胶纤维。小试成功后，1968年，张家口市革命委员会决定新建七一化学纤维纺织厂，当年建成即投入生产。1979年，化纤生产部分下马，改为张家口市棉纺织厂。1966年后，张家口市毛纺织、漂染、弹花等生产合作社，几经合并、分立，发展为第二毛纺织厂和印染厂、地毯厂、长城毛纺织厂。1968年成立的张家口市“五七干校三分校”，购置设备，生产出床单，后招收工人，发展为张家口市床单厂。1980年市政府将制毡生产合作社发展而成的制毡厂（也叫滤清器厂）与该厂合并，仍称床单厂。1977年9月19日，时任中共中央副主席叶剑英、汪东兴，国务院副总理陈永贵来张家口市进行为期两天的视察，由市领导陪同参观了市毛纺厂，并同有关人员合影留念。

1978年党的十一届三中全会以来，张家口市纺织业得到快速发展。1981年河北省政府工业统筹规划，将张家口市定为河北省毛纺织工业基地。1980年3月21，张家口市成立毛纺织总厂，直接领导和管理市毛纺厂、毛毯厂、毛条厂、羊毛衫厂。1980年5月13日时任河北省省委书记、省长李尔重视察了张家口市毛纺厂和羊毛衫厂，并为羊毛衫厂题写了厂名。为了培养毛纺工业所需的技术人才和管理人才，1980年12月，经河北省政府批准，张家口市毛纺工业学校成立。该校为中等专业学校，学制三年，招生规模为600人，可跨地区招收学生，毕业后统一分配到毛纺企业工作。

1981年5月20日，撤销张家口市毛纺总厂，成立了张家口市纺织工业公司，统一领导全市的毛纺、棉织、针织，印染业，张家口市的纺织工业得到快速发展。1985年前后是张家口市纺织工业的兴盛时期。这年全市纺织工业完成总产值13859万元，比1950年的16.95万元增长816.6倍，占全市工业总产值的6.97%；利税合计296.8万元，比1955年的3.73万元增长795倍；职工人数11826人，比1950年74人增长159倍。全员劳动生产率11719元，比1950年的2291元增长4.1倍。

1988年，据全省有关纺织行业经济数据分析，当时张家口市毛纺工业在河北省实现了“七个之最”：一是生产纯毛毯最多的市，当年全省生产毛毯近10万条，全部为张家口市生产；二是生产羊毛衫（含腈纶衫）最多的市，全省生产93万件，张家口市生产33万件，占 35.5%；三是装备毛精梳精纺机最多的市，全省有 92 台，张家口市有 42 台，占 52.2%；四是装备精梳精纺锭最多的市，全省有 8560 锭，张家口市有 3440 锭，占 40.2%；五是装备绒线精纺锭最多的市，全省有 8100 锭，张家口市有 7420 锭，占 9106%；六是装备粗梳毛织机最多的市，全省有 174 台，张家口市有 53 台，占 30.5%；七是装备毛毯织机最多的市，全省有 186 台，张家口市有 65 台，占 35%。由此可见，当时张家口市的纺织工业在全省乃至全国所处的地位。1995 年 1 月，时任中共中央总书记江泽民到张家口市视察时，还亲自到张家口市第五毛纺织厂进行视察，走访了工人家庭，看望了车间生产工人，了解生产、生活情况，对企业今后的发展极为关心。视察后还委派专人与上海市第二毛纺织厂进行了联系。上海市第二毛纺织厂派来技术和管理人员对这个厂进行了生产技术指导，后来又促成了两厂的联合经营。

四、生产企业

张家口纺织行业的快速发展，使张家口毛纺企业得到前所未有的扩张和发展。张家口先后建立了多家技术先进的规模型纺织企业。

张家口市毛纺织厂：1965 年 6 月由张家口市棉织厂毛纺织车间分出建厂，主要生产粗纺毛线和毛毯。1972 年开始国家和地方为该厂投资 354 万元建起精纺绒线车间，规模为 1120 锭和与之配套的染整设备，年生产能力为 700 吨。由此河北省第一次有了精纺绒线产品。经过两年生产，上交国家利税 500 多万元，收回了国家投资。1978 年国家拨款 95 万元，厂自筹 32 万元，购进一套精纺细绒设备 1980 锭，年产能力 300 吨。自此这个厂成为全省第一家能够生产精纺细绒线、针织细绒线的厂家。1982 年由省定点，纺织工业部批准，引进意、法、英、瑞士四国六家公司具有七十年代水平的针织细绒和染整设备，规模为 4320 锭，年产能力为 700 吨。投产后，设备性能和各项技术指标均达到设计要求。当年生产精纺细绒 109 吨，实现利税 20 多万元。产品销往香港，成为畅销货。1988 年企业有职工 2832 人，固定资产净值 2773 万元，年产绒线 2300 吨，完成产值 4427 万元，实现利税 1499 万元。

张家口市第二毛纺厂：1958 年由张家口市漂染生产合作社、弹花生产合作社、麻绳生产合作社、箩底生产合作社、桥西区商业局纤维厂 5 家共 200 人合并成立张家口市纤维综合厂。该厂从 1977 年开始准备生产近代毛呢产品，后经过不断改造旧设备、购入新设备和产品结构的更新换代，于 1980 年开始大批量生产毛呢，后易名为张家口市第二毛纺厂，成为张家口市第一家用近代工艺技术和国家定型毛纺织设备生产粗纺毛呢的专业厂。这个厂生产的纯毛雪花大衣呢，1984 年荣获河北省优质产品。1988 年企业有职工 816 人，固定资产净值 225 万元，年产毛呢 60 万米，完成产值 601 万元，实现利税 133.1 万元。

张家口市第三毛纺厂：1980 年，原张家口市七一化学纤维纺织厂的三个化纤生产车间，改造为毛毯生产车间。1981 年又将张家口市毛纺织厂年产八万条毛毯的车间分出迁入合并，成立了年产 25 万条毛毯的产张家口市第三毛纺厂，专门生产毛毯。后又经扩建和更新改造，引进国外半精纺和后整理等先进设备，生产和产品品种进一步发展。到 1987 年底已经建成拥有 1360 锭，64 台纺机，形成年产 40 万条毛毯的能力。1985 年，该厂生产的纯毛水纹提花毯荣获河北省优质产品。当时能生产五大类纯毛、混纺、纯化纤产品，有数十种花色，并有一定批量的出口产品，主要销往东南亚和阿拉伯地区的国家。1988 年这个企业有职工 1809 人，固定资产净值 732 万元，年产毛毯 40 万米，完成产值 1730 万元，实现利税 623.7 万元。1998 年，在原张家口第三毛纺织厂改制基础上组建了张家口市大为纺织有限公司。有员工为 600 名、专业技术人员 78 名。企业占地面积 7.1 万平方米，总建筑面积 4.5 万平方米，固定资产 4500 万元。公司拥有毛纺织、装具两条生产线。主要产品有机织毛毯、各类毛呢、台球呢、台球布、纱线及各类服装、帐篷、背囊等，企业具有生产宽幅织物的能力（2.45 米），企业年产能力：毛毯 30 万条，毛呢 20 万米，帐篷 2.4 万顶、背囊 12 万个。公司生产设备配套齐全；检测手段完备，水、电、汽设施条件充足，环保治理达标。企业注册商标毛毯系列为“三羽”牌，台球呢、台球布产品为“弗斯特”牌。其中“三羽”牌毛毯曾经获国家“金桥奖”。

张家口市第四毛纺厂：这个厂的前身是张家口市亚麻纺织厂，1982 年该厂转产毛呢，更名为张家口市第四毛纺厂。后来该厂积极引进国内外先进技术和关键设备，坚强与上海第一毛纺织厂横向联合，用山羊绒、兔毛为原料生产出高档针织纱，企业产品向毛呢和高档针织纱双向发展，研制开发出一批中高档产品和出口创汇产品，使企业经济效益大幅度提高。1985 年，该厂生产的混纺雪花大衣呢荣获河北省优质产品。此后，研制开发的银枪大衣呢在密立平齐丰满的黑色绒毛间，均匀分布着耀眼的银白色枪毛，素中有花，独具一格，适宜做高档男女长短大衣，新产品的开发，深受当时市场欢迎。其中纯毛针织纱打入国际市场，销往东欧和韩国，成为创汇产品。1988 年，企业有职工 1511 人，固定资产净值 732 万元，年产毛呢 100 万米，完成产值 1015 万元，实现利税 239.1 万元。

张家口市第五毛纺厂：1978 年，经国家纺织工业部批准建立张家口市毛条厂，以扩大毛条的生产能力，当时规划该厂规模为年产毛条 1400 吨，建筑面积 2.78 万平方米，占地面积 103.85 亩。1981 年，从市毛纺织厂分出毛条车间并入新建的毛条厂，企业规模扩大。为了生产精纺呢绒产品，1981 年，企业引进国外先进设备及 4992 锭精纺呢绒项目，易名为张家口市第五毛纺厂。1988 年，企业有职工 2094 人，固定资产净值 970 万元，年产精纺呢绒 120 万米，毛条 1400 吨，完成产值 2503 万元，实现利税 623.7 万元。1996 年与上海市第二毛纺厂联合后，改名为上海二毛张家口市精纺厂。

张家口市第六毛纺厂：这个厂的前身是 1956 年成立的宣化纺织弹花生产合作社，后改名宣化区毛纺织厂，1972 年引进小型梳毛设备，1975 年增加纺纱机，开始生产粗梳毛纺和地毯纱，1988 年开始生产工业用呢产品，亦称张家口市第六毛纺厂。

张家口市七一化学纤维纺织厂：张家口坝上的气候和土壤，非常适合胡麻的种植，自古以来就大量种植着胡麻。胡麻榨油后，含有丰富纤维的胡麻秸却被当地老乡用来当柴火烧了，一直没有得到合理的开发和利用。利用当地的胡麻秸来搞亚麻纺织是张家口人多年的夙愿，由来已久。从 1961 年开始，张家口市棉织厂就建立亚麻车间，搞起亚麻纺织试验，但一直没有成功。几经周折，不断试验，终于在 1966 年试验用胡麻纤维为原料，生产出粘胶纤维，小试成功。为此，1968 年，张家口市革命委员会决定新建七一化学纤维纺织厂。张家口市七一化学纤维纺织厂（以下简称纤维厂）是以本地区特产的胡麻秸为原料，设计为年喷丝九百吨、织布六百万米的一座现代化中型联合企业。这个厂是 1968 年 7 月 1 日动工兴建的，因此起名为“七一化学纤维纺织厂”。从开工奠基日算起，用了不到三个月时间就完成了浆沤、喷丝、纺纱、织布等车间的主体厂房建筑，并且自力更生地安装了机械设备三百六十多台（件）。1968 年在这个工厂建设时，“文化大革命”正如火如荼的在全国展开，建设这个厂是作为“文化大革命”的成果来进行的。因此纤维厂从开工建设就带了浓厚的政治色彩。工厂施工中实行了“边设计、边施工、边投产”不科学的建设方案，一味追求时间，突出献礼，不顾工程质量，致使一些工程项目建成后，遗留问题很多，只能以后再扩建或改建，损失很大。实际这个厂真正形成生产能力是在两年后的 1970 年 8 月 30 日。1968 年底，张家口市七一化学纤维纺织厂（以下简称纤维厂）正式宣布建成投产时，生产分化纤、纺织、织布三大部分。有纺锭 9115 枚，1511 型织机 252 台，开始大批量生产粘棉、混纺布。当时全厂年生产能力：化纤 900 吨，布 600 万米。1980 年，该厂三个化纤车间转产，企业更名为张家口棉纺织厂。1983 年企业自筹资金 15 万元，增 1511 型织机 42 台，开发亚麻产品。1985 年国家贴息贷款 381 万元，开发年产 650 吨麻棉纱，次年投产，生产棉麻混纺布，1987 年投放香港市场，产品销售很好。1988 年，该厂又贷款 2301 万元，从苏联、法国、西德引进细纱、精梳、除尘等设备发展长麻产品，设计能力为年产 6000 吨长麻麻纱。据统计资料记载，1988 年，这个厂固定资产净值 1254 万元，有职工 4097 人，年生产麻棉纱 3000 吨，麻棉布 600 万米，完成产值 2945 万元，上交税金 176 万元，实现利润 464 万元，成为企业的辉煌时期。

张家口市羊毛衫厂：这个厂在 1976 年开始筹建，1977 年试生产羊毛衫 1.5 万件。1979 年正式建成投产，当年生产羊毛衫 11 万件。1980 年由省纺织局投资 50 万元，企业贷款 124 万元，建主体车间 6788 平方米，购专用设备 279 台，年生产能力达 55 万件。1985 年从日本引进手编机 50 台，从瑞士引进提花横机 65 台，1988 年从台湾购买电脑横机 18 台，从日本引进其他辅机 36 台，进一步扩大了生产能力，提高了产品质量。1988 年划出部分厂房、职工和港商组成华顺电脑毛纺织有限公司，合资资金 970 万元，主要生产出口产品。当时羊毛衫厂的产品有 20 多个品种，畅销国内外市场，订货单位很多，产品经常供不应求。

张家口市针织厂：这个厂前身是 1956 年由 35 户针织手工业者 68 人、65 台手摇袜机成立的张家口市针织生产合作社。1958 年改名为张家口市桥西区针织厂，增加手摇横机生产线生产手套产品，并购如旧铁木织机 10 余台，生产方头巾。1966 年 5 月改名张家口市针织厂。1985 年投资 14.5 美元，从日本引进 5 台纬编设备，开始生产纬编毛圈产品。1988 年又投资 23.5 美元，引进西德双面和单面提花纬编机 7 台，生产各类纬编产品品种和能力进一步扩大，形成年生产各类成衣 300 万件，涤纶装饰布 100 吨的能力。1988 年，企业有职工 716 人，固定资产净值 277 万元，年产棉毛制品 300 万件，绒布制品 100 万件，完成产值 847 万元，实现利税 125 万元。

张家口市第二针织厂：这个厂前身是张家口市被服厂，是 1958 年由几家缝纫社合并成立的。1969 年开始生产针织产品。1970 年投资 28 万元购绒汗两用台车 10 台，生产汗布和绒布产品。同年，改名为张家口市第二针织厂。1978 年增加棉毛产品设备，到 1988 年发展成为能生产汗布、绒布、棉毛三大类系列产品，年产 400 万件的厂家。1988 年企业有职工 741 人，固定资产净值 268 万元，年产纤布制品 300 万件，绒布制品 100 万件，完成产值 772 万元，实现利税 71 万元。

张家口市床单厂：这个厂是 1969 年 3 月 25 日张家口市 74 名机关干部在桥西区明德南街组成张家口市“五七”干校三分校，开始生产床单和毛巾。1970 年 4 月，该分校改称张家口市“五七”床单厂。1978 年更名张家口市床单厂。1980 年，张家口市制毡厂并入床单厂。1981 年，床单厂自筹资金 110 万元，填平补齐设备，扩建厂房，到 1985 年床单产量达到 56 万条。1988 年，企业有职工 949 人，固定资产净值 322 万元，年产床单 100 万条，被罩 600 万条，完成产值 719 万元，实现利税 20 万元。同时，还开发出印花、绣花、补花、被罩等产品。

张家口市丝绸厂：这个厂前身是 1958 年生产胡麻布和面口袋的织布厂基础上成立的张

家口市工业局纺织厂，经过设备更新，开始生产棉、麻、毛纺织品。1965 年 5 月，工业局纺织厂分为毛纺织厂和棉织厂。1979 年，棉织厂更名张家口市色织厂。1980 年后，这个厂自筹资金 65 万元，进行技术改造，新增预缩、染整、织机设备 38 台，开发花呢产品，生产出维棉花呢 23 个品种。1985 年初，该厂购进丝绸织机 100 台，成立丝绸车间。1987 年改称张家口市丝绸厂，又称张家口市毛纺织厂绒涤分厂，生产丝绸和绒涤两大类产品。1988 年，企业有职工 992 人，固定资产净值 299 万元，年产丝绸 100 万米，色织布 120 万米，绒线 100 吨，完成产值 604 万元，实现利税 9 万元。

张家口市制线厂：1988 年，企业有职工 164 人，固定资产净值 76 万元，年产民用线 379 吨，完成产值 158 万元，实现利税 7 万元。

张家口市印染厂 ：这个厂前身是 1960 年初染涤车间由张家口市毛纺织厂分出，成立了机染厂。同年 3 月，由多家合作社发展而成的纤维综合厂，分出漂染车间并入机染厂。1961 年 2 月，机染厂改名张家口市印染厂，到 1988 年累计印染布 5580 万米，并为北京、天津、上海、河北口岸加工生产出口纯棉布和化纤布。1988 年，企业有职工 300 人，固定资产净值 135 万元，年产印染布 1000 万米，完成产值 905 万元，实现利税 47.7 万元。

张家口市地毯厂：这个厂是 1956 年由 32 户毛纺织个体手工业者和当时的三区生产社毛织组的 83 人合并组织起来的。建厂时为张家口市毛纺织生产合作社，后改名张家口市地毯厂。1985 年，该厂有固定资产 184 万元，完成产值 374 万元，主要生产设备 67 台。主要产品有波斯地毯、丝绒挂毯、地毯纱。产品销往前苏联、西德、日本、美国、法国、比利时、瑞士、香港等地。国内销往内蒙古、青海、甘肃、云南、西藏等地。地毯年生产能力 7500 平方米。

同时张家口市还有张家口市羊毛针织厂、张家口市帆布厂、桥西区长城毛纺厂及县、区属等一大批小型毛纺织企业。

五、主要产品

1988 年以后，张家口市纺织业已经完成生产配套，基本形成纺织工业体系，产品有毛线（绒线）、毛呢、毛毯、精纺呢绒、毛条和其他毛织物。毛线生产从产品原料上分有：纯毛产品、毛腈混纺产品、腈纶产品等。从产品用途和结构上分有：编结绒线、花式绒线（包括：异性、拉毛、波形、珠圈、闪光等品种）三大类，近百个品种。从产品色彩上有单色、复色等 200 多个色号。毛呢生产在 1988 年已有第二毛纺织厂第四毛纺织厂、第六毛纺织厂等三家专业厂家，年生产能力 135 万米，实际年产 98.5 万米。产品品种有：纯毛和混纺麦尔登、大衣呢、制服呢、海力斯、女式呢、法兰绒、粗花呢、大众呢等九大类百余个花色品种。毛毯生产在二十世纪五六十年代，张家口市毛毯业对原来的传统工艺技术和设备机器，进行了多次改造和革新，产品质量、花色风格有很大的提高和发展，产量增加，1961年产量近6万条。1966年，张家口市毛纺织厂使用化纤原料和完整的染整工艺，制成第一批宽幅、双层达到近代质量、风格的毛毯。从1967年开始，装备了配套的国产定型毛纺织设备，1974年扩建了年产8万条毛毯生产线。1981年建成了张家口市第一个专业毛毯厂。1988年毛毯年生产能力已达80万条。通过引进国外先进技术设备，使产品品种、花色日臻增多，有纯毛和毛与粘胶、腈纶、锦纶等混纺以及纯化纤、合纤产品；有顺毛、立绒、水纹绒面产品；有提花毯、格子毯、素毯产品；有厚型、中厚型、薄型毯产品；有三色、双色、单色产品。手工织造的粗制毛毯（包括：车毯、雨毯等），也是张家口市历史悠久的毛织物。1909年，张家口至库伦公路修通后，此类产品在内蒙古和外蒙销路颇广。民国初年，人力织机和织造技术改进，进一步发展花格毯、色花毯、提花毯等品种。1949年后的个体手毛毯业和后来发展起来的各种纺织和毛纺织生产合作社所生产的毛毯，仍然属于粗制产品，产品是窄幅、单层，使用的原料为本地区土种羊毛。1988年，精纺呢绒生产达到30.42万米，能生产各类纯毛和混纺产品，有华达呢、薄花呢、啥味呢、中厚花呢、女式呢、派力司、凡尔丁等40多个花色品种。

张家口市的地毯生产历史悠久，技术精湛。以手工地毯为主要产品，其中包括以羊毛为主要原料的羊毛地毯和以蚕丝为主要原料的丝绒挂毯。1981年，张家口市地毯厂生产的小龙图案丝绒挂毯荣获河北省出口产品优质奖。1983年生产的180道和260道手工打结丝绒挂毯在双获河北省工艺美术百花奖的同时，又获得在北京召开的全国出口商品生产基地专厂建设成果展览会对外经济贸易部颁发的荣誉证书。

毛条是生产精纺毛织物和各类精梳绒线的原料。1973年，为发展精梳绒线产品在张家口市毛纺厂建成一条年产900吨，并配有20台精梳机的毛条生产线，开始了我市生产毛条的历史。1981年，新建的专业化毛条厂建成投产，包括迁进去的毛纺厂毛条生产线的设备，共配有38台精梳机，年产1200吨毛条，开始了商业化毛条生产。为了给生产高档精纺毛织物提供碳化生产线，1985年和1987年又各增加10台精梳机，共达到58台，毛条生产能力达到年产1800吨，为发展张家口市的精梳、精纺毛纺织产品提供了原料保证。

毛针织服装生产在张家口市有两类：一是以粗纺毛线编织的毛衣。二是以针织细绒线编织的羊毛衫和腈纶衫。张家口传统的手工纺毛线，手工编织毛衣的历史比较悠久，主要销路在各旗、县。新中国成立初，张家口市毛纺织合作社、长城毛纺厂、区街小型毛纺厂等均有生产，年产在数万件。以针织细绒线为原料，使用针织横机，生产毛针织服装的张家口市羊毛衫厂，自 1976 年建厂以来，生产逐步发展。1985 年合并到张家口市毛纺织厂后，生产规模逐步扩大，质量不断提高。到 1987 年，已有提花针织横机 65 台（由瑞士引进），各种型号针织横机 108 台（其中由日本引进 50 台），年生产能力达 50 万件。与此同时，张家口市区街也先后发展了一些小型集体和个体的羊毛衫生产。张家口市羊毛衫厂生产的丽竹牌羊毛衫、腈纶童套宝宝装，在 1985 年被评为河北省优质产品，21 支纯毛男开衫，被评为纺织部优质产品。新开发的棉麻衫和纯毛、腈纶产品，均分别出口到美国、法国和中东诸国，在国外有一定市场。此外，还有其他毛织物的生产：1988 年张家口市羊毛针织厂 1983 年开始生产人造毛皮，1988 年生产人造毛皮 6.4 万米。张家口市帆布厂 1983 年生产驼绒布，1988 年达到年生产 16 万米。

进入二十一世纪后，面对国内日趋激烈的市场竞争，张家口市的纺织业也面临着巨大压力，再加之政府政策支持力度不够、企业内部管理不善、产品更新换代慢等多种原因，逐渐开始走下坡路，不少企业陷入亏损。如第五毛纺织厂开始和上海市毛纺企业实行联合，尝试走出困境，但也好景不长，重新陷入亏损泥潭。随着后来国家“企业改制”和“国退民进”等企业改革政策的相继出台，张家口市纺织业日趋衰退。张家口市生产的纺织产品在市场上竞争力下降，日益萎缩，纺织企业相继被迫停产，有的企业被破产拍卖，如张家口市毛纺织厂、第五毛纺织厂、第四毛纺织厂等几家大中型企业先后破产被拍卖，原先的厂址已被房地产开发商盖起成片的住宅楼出售。有的企业无力经营被外地收购，如张家口市棉织厂“改换门庭”被外地一家民营企业收购，现为浙江金鹰股份有限公司张家口纺织分公司。“无可奈何花落去”成为今日张家口市纺织工业无奈的结局，当年纺织工业鼎盛时期的风光已成为历史。

六、张家口的毛呢、毛毯和毛针织服装

（一）张家口的毛呢

据史料记载，毛织物自古以来是张家口一带的大宗衣料之一。那时粗毛织物称：褐，乃平民百姓服用，细毛织物称：罽（ji 四声）、乃达官贵人服用。

毛呢在张家口一代生产，据资料记载至今已有五十余年。从 30 年代开始，在张家口市和宣化区生产一种棉股纱为径，手纺毛纱为纬，窄幅、先染后织、简易缩绒起毛的毛织物。这种产品保暖、耐摩擦，是当时一种具有地方特色的毛棉交织物，甚受欢迎，故起名为“张垣呢”。这种产品延续生产了三十余年。到 1963 年在最后一个生产厂家——张家口市纺织厂（即现色织厂和毛纺厂合并时的厂名）结束了它的历史。

1977 年开始，张家口市棉毯厂（即现在的第二毛纺厂）准备发展近代毛呢产品，1980

年建成并开始大批量生产，成为张家口市第一家采用工业化大生产方法，用近代工艺技术和国家定型毛纺织设备生产毛呢的厂家。1982 年，张家口市亚麻厂、宣化毛纺厂相继转产生产毛呢。仅八年时间，到 1987 年末，已拥有 4600 枚毛纺锭，94 台毛织机，年生产能力达 145 万米的设备。现能生产：麦而登、大衣呢、制服呢（海军呢、学生呢）、海力斯、女式呢、法兰绒、粗花呢、大众呢和其他等九类产品近百个花色品种。有十余个产品受优秀设计、优秀新产品奖。二毛纺的纯毛雪花大衣呢，四毛纺的混纺雪花大衣呢，均分别在 1984 年和 1985 年柴获河北省优质产品。这类产品，绒毛细洁、质地丰厚，手感好、保暖性强，呢面平整，均匀分布白色毛绒，如严冬飘雪、动静结合、美观自然，深受市场欢迎。

（二）张家口的毛毯

毛毯是张家口一带历史悠久的传统手工毛纺织产品。制毡是它产生的前导，麻、丝纺织技术和它互相交融发展。传统手工毛毯有粗制和细制两类，在封建社会的自然经济中，毛毯生产，它既是农牧民的副业，又是城乡独立手工业，有的朝代（如元朝）在这一带还设有官办手工业作坊，并设立“毛段局”等官府掌管。此类产品，就地取材，织造简单、保暖、耐用、用途广，故千百年来世代相传，生产并发展。1935 年的《察哈尔省通志》称“昔在库伦交通时，毛毯销路颇广。”此产品在农牧民和城镇中，那时也有很广的销路。

20 世纪 50 年代和 60 年代，毛毯业对原来的传统工艺技术和设备工具，多次进行了改造和更新，产品质量、风格有很大提高和发展，产量增加，1961 年产量近 6 万条。但仍不适应时代的消费需要，粗制和细制毛毯，分别于 1957 年和 1963 年停止了生产。从 1963 年开始，棉织厂（现色织厂）开始用动力机器代替手工纺毛纱，手工毛毯生产开始向近代机制毛毯迈开了第一步。1965 年毛纺织厂成立后，从 1966 年开始，又向宽幅、双层组织，使用化纤原料，完善的染整工序发展，制成了第一批达到近代质量，风格要求的毛毯。又从 1967 开始，装备配套的国产定型毛纺织设备。1974 年扩建成年产 8 万条毛毯生产线。1981 年正式建成了张家口市第一个专业毛毯广（现第三毛纺织厂）。1983 年又再一次扩建，到 1987 年末，已拥有 1360 枚毛纺锭，64 台织机，年产 40 万条的毛毯厂。1985 年，纯毛水纹提花毯荣获为河北省优质产品。此产品毯面水波纹明显顺化，手感丰满，有身骨，保暖性好，图美色艳，光泽好不串色，毛绒牢度好，耐摩擦，很受市场欢迎。生产的五大类纯毛、混纺、纯化纤产品，有数十种花色，并有一定批量的出口产品，销往东南亚和阿拉伯地区的国家。

（三）张家口的毛针织服装

张家口毛针织服装有两类，一是以粗纺毛线编织的毛衣，二是以针织细绒线编织的羊毛衫和腈纶衫。民间传统的手工纺毛线，手工编织毛衣的历史比较悠久，主要销路在坝上各旗、县。1922 年和 1935 年的史料中，就有生产毛衣的记载。新中国成立初，市供销总社毛纺织厂、个体手工业和后来的毛纺织生产合作社、棉毛生产合作社、长城毛纺厂、区街小型毛纺厂等均有生产，年产在数万件不等。尽管后来大厂把手纺毛线改为机纺，由于已不适合日益提高的消费需要，分别在 60 年代和 70 年代大厂均停止生产。由于这种产品可使用当地产的羊毛，虽为粗纺，但保暖、耐摩擦、价格便宜，尚有市场，故区街小厂仍有少量生产。以针织细绒线（有纯毛和腈纶）为原料，使用针织横机，生产毛针织服装的张家口市羊毛衫厂，自 1976 年建厂以来，生产逐步发展。自 1985 年合并到张家口市毛纺织厂以来，生产规模逐步扩大，产品质量也在逐步提高。到 1987 年末，已有提花针织横机 65 台（由瑞士引进），各类型号针织横机 108 台（其中由日本引进 50 台），年生产能力达 60 万件。与此同时，区、街也先后发展了一些小型集体和个体的羊毛衫生产。通过在毛针织服装，在品种、款式、花型、色彩等方面开发，改进成果丰硕。羊毛衫厂的“丽竹”牌纯羊毛衫，腈纶童套宝宝装。在 1985 年荣获河北省优质产品，21 支纯毛男开衫，荣获纺织部优质产品。纯毛产品，质地柔软，弹性好，是比较理的保暖服装。腈纶产品，保暖性好，弹性好，色泽鲜艳，是大众化的产品。新开发的棉麻衫和纯毛、腈纶产品，均分别出口到美、法和中近东诸国，有一定的国外市场。

第二节 张家口各区县毛皮业综述

一、康保制毡业

制毡业是以畜毛为原料的加工业。因其以毛为原料，开始便与畜牧业有着较密切的关系。相传很久以前，人们并不懂制毡，有一老牧人长年在草原上放牧，将羊身脱下之毛拣起放在自己的干粮口袋里，休息时便把口袋坐在下面，数日后，口袋里的羊毛变成既暖和又柔软的毛片，从此便发明了制毡。毡业艺人把牧羊人奉为本行祖师，称“毡坛古佛”，流传至今。旧社会，每年六月初六总要为其供奉一番，以求一年吉利。这个传说当然无证可考，但是毡业加工是劳动人民长期实践的发明。

康保县地处内蒙古高原南部，自古为北方蒙民之游牧地，属“后草地”边缘。民国十一年，北洋军阀政府在这里移民垦殖，当时便有零散毡业匠人在这一带活动。民国十四年，康保县设立，毡业便成为康保最早的手工业之一。当时有毡业老艺人侯凤祥、任吉以制毡为业来康保定居谋生，渐次有乔毡匠、庞毡匠、邢太毡匠、李善毡匠等先后来康。1930 年，康保大小工商业字号约 30 余家，制毡业便有七八家之多，从业人数达 40 余人，足见此行业之兴盛。这些艺人都从外地迁来，手艺各有所长，侯凤祥老毡匠来自山西天镇，兄弟三人均为毡匠，且有徒弟五人，以制毡为长，以做绒毡为最，兼微毡鞋、毡袜、毡帽，所制绒毡，做工精细，式样美观，柔和轻巧，是出口佳品，颇受外商欢迎。20 世纪初叶，英国人对中国的绒毡很感兴趣，女儿出嫁，能有一块中国绒毡相陪，甚是体面。任吉老毡匠做毡鞋，毡帽最为拿手，邢、庞毡坊以制作毡疙瘩出名，所制毡疙瘩，美观、轻便、舒适、耐磨、不走形，倍受顾客称颂。康保的毡业产品种类繁多，仅毡一项，按种类分有毛毡、绒毡，按用途分有炕毡、地毡，按规格分有条毡、方毡、满炕毡、对口毡。此外还做蒙古包、车马鞍屉、雨披、羊羔包、毡疙瘩（毡靴）、毡鞋、毡帽、毡袜、毡鞋里、毡被套等几十种产品。

毡业在内蒙古草原尤为重要，特别是蒙族人民，无毡便不能做蒙古包。不过蒙人制毡、工艺较粗放，将羊毛铺平，加水卷住，中间穿根木棍，以牛拉之，来回碾压，也可成毡。汉人制毡却不用此法。康保县的毡匠，制毡相当精细，若能亲临现场睹，可见其做工劳苦。大凡毡活，必经四道工序，一是拣毛，牛毛、羊毛、骆驼毛是不能混用的，把各种畜毛，先按颜色分开，白毛、黑毛、黄毛、花毛、灰毛，各放一堆，次之按毛的粗细程度分开，细而干净的毛做面子毛，花而粗次的毛做里子毛，拣毛是需十分耐心的，要用手工一撮一撮地拣。二是弹毛，把分开的毛用弹毛弓弹到柔软、均匀、平整为止。三是制坯，铺一层毛，洒一层水，加些许麻饼面，做成各种毛坯。四是洗毡，洗毡由二人操作，将坯卷起，两人坐在一条板凳上，一人手提一根绳，将坯放在绳上，用手提脚蹬来回滚动，边上水边蹬，约莫一顿饭工夫，毡便制成，晒干即可。做毡疙瘩，比制毡要精细得多，主要是制坯麻烦，要做前跟、后跟、前尖、脚面四个坯疙瘩，洗时也特别费时费力，边捶边洗，手艺差的是断然洗不到一块的。好匠人做的毡疙瘩结实、暖和又舒适，穿几年都不走样，若做不好，一冬便成了“牛粪片”。

毡业艺人不仅会做毡活，还得学会抓羊毛、剪羊毛。春秋两季抓、剪羊毛季节，毡业匠人便全体出动承揽抓、剪羊毛的活，有了毛他们做活才有原料。30 年代的康保，畜牧业较为发达，一般富户，均有三五百只羊，有的甚至上千只，抓、剪羊毛做毡活按理是足够当地艺人们春、夏两季干的。不过有些富户对手工艺人十分苛刻，除吃喝外，工人工资所得无几，远不足以养家糊口，本地毡匠一般不愿为他们干活。每年春季，康保的毡业艺人大都三五成伙到内蒙古一带去揽活，名曰“走草地”，一走便是三五个月之多，年年如此。毡匠们都会一些蒙语，也熟悉蒙民的生活习惯，和蒙民长期相处，结有深厚感情，蒙民每见到肩扛弹毛弓的毡业匠人总是盛情款待。三四十年代的康保县是张家口到库伦的交通要道，蒙民的驼队常经此地，与毡业匠人交往甚密。冬季，天寒地冻，毡业工人不能在外干活，只能回家避冬，在家中虽然也能干些零活，但收入极少。当时人们说毡匠业是“忙半年、闲半年，饱吃半年，饿半年”，因此，工人们年年劳作，惨淡经营，总无发财之户。

解放以后，康保县的制毡业日渐兴旺，人们格外倾慕毡业制品，50年代，衣民家庭富有的标志是“大红柜，满炕毡，羊毛疙瘩脚上穿”。毡业工人的生活也比之前有很大改善，跑草地者逐年减少。1956年，县城的毡业艺人组织办起了毡业工厂，多数人成了国有企业的工人，生活有了保障。农村的毡业艺人也有地可种，有活可做。到了20世纪60年代以后，随着社会的发展和人民生活水平的不断改善，制毡业便开始走下坡路，毡鞋、毡帽、毡疙瘩，很少有人穿戴，羊倌雨披已由塑胶雨衣取而代之，车马鞍屉用量甚少，毛毡虽说仍不失防寒佳品，只因多年来垦草种粮，限制畜牧业的发展，牛毛逐年奇缺，羊毛虽是增长趋势，但大都用做毛呢、毛毯之类。目前，集体毡业产品销路近于枯竭，个人加工毡活也不赶手，单靠此行已不能维持生计，毡匠大都“转业”，老艺人力不从心，青年人厌学此艺，纵观此行，若不提高质量，降低成本，标其新而立其异，恐有淘汰之危险。且喜如今坝上经营方针改为以牧为主，可以相信，毛源茂盛之日，毡业兴旺之时，指日可待。

二、阳原“毛毛匠”的辉煌历史

“毛毛匠”是旧时我国北方对技艺精湛之毛皮工匠的尊称，也是最古老的工匠之一。张家口阳原县“毛毛匠”的历史，在我国有着久远的历史，传承之完整，发展之辉煌，技艺之精湛，可以说是我国毛皮文化起源与发展历史的一个基本缩影，是一部值得研究的毛皮文化史书。

（一）阳原“毛毛匠“历史久远

人类利用动物毛皮的历史有多久？毛皮的源头在那里？这是毛皮界普遍关心的一个重大课题。根据现有的考古成果研究，人类的历史有多久，人类利用动物毛皮的历史就有多久。毛皮的源头在阳原，在东方人类的发祥地——泥河湾。阳原县泥河湾是“东方人类的故乡”。泥河湾早期人类文化遗存密度之高，年代之久远，不仅在国内绝无仅有，在世界上也极为罕见。泥河湾遗址群记录了东方人类起源、演变和进化发展的全过程，也同步记录着人类对动物毛皮利用的起源、发展和传承的历史。

泥河湾古人类赖以御寒及生存的最原始用料就是毛皮。从早期人类对动物毛皮的本能利用，到旧石器中晚期毛皮服饰的原始雏形，毛皮的主要功能在御寒、防护、伪装、狩猎，以及人类逐步告别蒙昧制作衣服的过程中得以发展。我国考古学家在阳原侯家窑遗址发掘出 10 多万年前，人类祖先用飞索石符猎的遗迹，证实当时人类不仅已经围裹兽皮御寒保暖，而且能够使用兽皮和植物纤维制造复合工具狩猎。这是早期人类利用动物毛皮的重大发现，为我们研究“毛毛匠”的起源与发展提供了重要线索，也为研究我国毛皮文化的发祥地确立了基本依据。相传在史前时期，黄帝率部落族人从陕西东迁途中，在阳原境内发明了毛皮鞣制技术，并在此建立了毛皮鞣制和毛皮加工基地。在某种意义上讲，这些加工基地就是我国最早的毛皮作坊，从事毛皮鞣制和毛皮加工的先人就是最早的“毛毛匠”。

（二）阳原“毛毛匠”有完整的历史传承

历史记录了人类利用动物毛皮的全部过程，也同步孕育了一代又一代技艺精湛、享有盛誉的阳原“毛毛匠”。据文献记载，我国商代就有皮革、制裘等各种手工艺人存在。春秋战国时期，是“毛毛匠”的成熟时期，当时的“攻皮之工”已含有“函”“鲍”“韦军”“韦”“裘”五个工种。阳原县不仅有丰富的动物毛皮资源和独特的地域优势，而且有悠久的毛皮加工历史。所以，这一时期尽管没有发现关于阳原“毛毛匠”的文字记载，但可以推断出当时阳原“毛毛匠”肯定已经具有一定规模。

从赵武灵王的胡服骑射到一代战神霍去病代郡出兵，都可见阳原“毛毛匠”的身影。元代是阳原“毛毛匠”规模化发展的鼎盛时期，阳原大地呈现出数千户工匠从事毛皮加工、毛纺生产和官廷制衣的恢宏场面。到清末民初时期，阳原“毛毛匠”涌入张家口谋生创业，成就了北方皮都张家口的辉煌，也成就了中国毛皮产业这一时期的繁荣。有关资料显示，在当时张家口从事毛皮业的 3 万多“毛毛匠”中，一大半是阳原人。“张库大道”开通后，阳原县有 1 万多人远离故土，背井离乡到乌兰巴托和俄罗斯恰克图一带谋生，其中有相当一部分是“毛毛匠”。这些人逐步在乌兰巴托定居下来，并大多集中在一条街上，形成了著名的“阳原街”，阳原县成了全国闻名的“旅蒙侨乡”。

民国后期，张库大道停用。阳原“毛毛匠”逐渐向北京、天津等地发展，并闯出了他们的天地。在北京，阳原“毛毛匠”把张家口精湛的“东口刀法”带入京城。当时北京有字号的大型皮坊中阳原人开办的就有 20 多家。在天津，享有盛誉的毛皮作坊“大丰泰”，就是阳原人开办的，位于山西路著名的“毛毛匠四合院小楼”共住 100 多户毛皮匠人，90%以上都是阳原人。

新中国成立后，原在北京、天津、张家口等地的阳原“毛毛匠”先后进入当地国办和集体办毛皮企业，成为了领导干部或技术骨干。在各地皮毛厂的厂级领导中，几乎都能见到阳原人。解放初期，设在张家口的华北军需处皮毛厂，2000 多职工中阳原“毛毛匠”就占了半数以上。阳原籍“毛毛匠”虽身在外地，仍情系家乡，对阳原毛皮产业的发展十分关心，为家乡毛皮产业的发展提供了大量原料、技术、销售等方面服务。特别是“文革”期间，因种种原因被遣返回原籍的毛毛匠，不仅为阳原毛皮产业增添了技术力量、业务骨干和管理人才，而且也将先进的信息和资源带回家乡。他们一人带一厂，一厂带一片，进一步促进了当地毛皮产业发展。20 世纪 70 年代末，阳原毛皮企业达到 200 多个。改革开放以后，阳原“毛毛匠”有了更为广阔的用武之地，全县毛皮产业走上规模化发展之路。先后阳原县拥有 500 余家毛皮生产企业，1500 多家生产加工厂，注册商标 200 余个，从业人员达 5 万多人。每年加工各种裘皮 10 万余件，销售各种裘皮、皮衣 20 万余件，年产值突破 20 多亿元。每年加工毛皮碎料 1000 多吨，占全国碎料加工量 80%。“碎皮缝整”“整皮碎用”以及“穿网编制”特色工艺，在国内外市场享有盛誉，被誉为全国“碎皮加工之乡”。阳原“毛毛匠”在激烈的市场竞争中，全县有 30 多家在国内、国际上颇有名气的大型毛皮出口企业，年出口创汇 2000 多万美元，产品远销欧美韩日等 20 多个国家和地区。阳原也成为全国唯一、世界最大的毛皮碎料加工基地和京西北地区最大的毛皮集散地。

（三）阳原“毛毛匠”独特的毛皮技艺

在几千年的漫长发展和世代摸索探求、实践传承过程中，阳原“毛毛匠”练就了一套传统裁制刀法，成就了属于京张地区“北路刀法”的精粹。精湛的刀艺既节约了原料，而且实现了料皮在毛色、图案等方面的巧妙搭配，确保了裘皮产品质量，同时具有使原料皮延长、加宽等神奇功能，一直是手工裁制使用的基本方法。基本刀法主要有：串龙刀法、斜形交错人字刀法、挑皮（卸皮）刀法、锯齿形刀法、鱼鳞甲式刀法、劈条横做刀法、花形裁制刀法、整皮裁制刀法（整皮拼接法）和单张毛皮预处理刀法等。精湛刀艺的配合应用，成就了阳原毛皮碎料加工这项既古老又现代、既传统又时尚、既节能又环保的特色工艺。“天下无粹白之狐，而有粹白之裘，取之众白也”，这是碎皮加工历史之真实写照。经过千百年的传承发展，毛皮碎料加工发展为边料拼接、穿网编织、精华集萃等三种加工工艺。特别是边角下料拼接的毛皮加工工艺，不仅化腐朽为神奇，而且赋予了节能、低碳、环保、可持续发展的新理念。该工艺已申报非物质文化遗产，阳原县被中国轻工业联合会、中国皮革协会授予“中国毛皮碎料加工基地特色区域”称号。历经千百年的历史传承，阳原毛毛匠靠“勤谨、细详、机明、厚道”的精神求生存、谋发展，不仅创造了辉煌的业绩，而且在中华毛皮文化发展史上留下了浓墨重彩的一笔，是中华民族历史上的宝贵财富。

三、宣化山羊皮褥子

宣化古城的山羊皮褥子名闻遐迩，质量上乘，是塞外一颗耀眼的明珠。在半个多世纪的风雨中，宣化皮毛行业经历了发展、磨难、起落，最终摸索出自己的发展道路，加工制造的山羊皮褥子产品成为中外的名牌产品。

19 世纪 20 年代初，宣化皮毛行业开始发展起来。1917 年，宣化有皮坊 33 家，职工 1500 余人，年产山羊皮达二十万张。当时绝大多数产品远销国外。宣化产的山羊皮褥子在国际上也享有一定声誉，英、法、美等国外商纷纷前来采购定货。当时经营此种产品的有怡和洋行、华太洋行、永兴洋行、聚利洋行、协和洋行、益昌洋行、禅臣洋行等。当时宣化的皮毛行业已经发展成为具有多家分设单位的大行业，商号间的相互竞争极大地推动了宣化皮毛业的发展。宣化皮毛行业在 1924 年进入发展鼎盛时期，生产的山羊拔绒皮（山羊皮拔针）畅销国际市场。1925 年，皮业职工达四千余人，皮坊达 83 家，年产山羊皮 156 万张，全行业共获利润白银一百五十万两。宣化山羊拔绒皮畅销的同时也为日后的失败埋下了祸根。1926 年皮毛行业发展由盛转衰，产品大量积压，国内市场销售受限。1937 年 8 月，日本侵入宣化，开始将宣化皮坊所有的羊皮大部分强行收买，付给款项都寥寥无几，各家皮坊亏损很大，皮坊只剩下 20 家，勉强维持。这时皮坊只能做些绵羊皮衣和起青皮少量产品，出口已全部断绝，皮毛完全被控制，私人企业无法经营，工人大批失业，所剩皮坊，苟延残喘，奄奄一息。新中国成立后，宣化的皮毛业才得以起死回生。1956 年公私合营，宣化皮毛业重新走向发展的道路，成立宣化皮毛厂（现已为国有企业）。该厂继承和发扬了宣化山羊皮褥子制作特技，产品质量不仅保持了宣化生产的独特技术，而且有了进一步提高，在全国和河北省同行业产品中名列前茅，多次被评为名牌产品。

为了不使制皮技术失传，山羊皮褥子和起青皮的特点及其制作过程简要介绍一下。宣化的山羊皮褥子和山羊皮的特点是：首先在山羊皮鞣制上不仅要达到板质柔软，还要保持其一定壮性。因为山羊皮褥子在国外纯属防寒用品，不比其它裘皮制品作服装用。因此这与其独特的生产方法是分不开的。做山羊皮的板质较厚较硬，在鞣制上，特别是在铲皮工序上要加一次扬铲，把脖子、脊子的地方都要沟平沟软。山羊皮褥子在配制上每条褥子要配成皮形，就是每条褥子要配成长 5 市尺，宽 2.3 市尺的个皮。大羊皮要 1.5 张到两张才能配成。小羊的皮，最多要用 4 张。褥子不论是用几张皮，配出来的褥子必须是上有头，下有尾（一般称坐子）中间平整，毛色一致，成为完整的一张山羊皮，这是宣化传统特有的操作技术。最后在成品修理上，要用裁刀将毛锋修理铲平（一般叫杀褥子），这也是过去其他地方掌握不了的操作方法。新中国成立前，鞣制裘皮都是手工操作，泡皮辅助材料是用黄米面、小米稀饭、土硝、食盐等。泡皮是用大木缸。每缸平均能泡 80 张。现将解放初期鞣制山羊皮，半成品料（鞣制成熟皮）成本介绍如下作为参考。（以 80 张山羊皮计算）：1、濛皮沫泥：用徒工 2 人，价值工资 2 元；2、登泥皮：用技工 3 人，工资 6 元；3、洗皮：

用普工 2 人，工资 4 元；4、翻出缸，用徒工 2 人，工资 2 元；5、铲皮：用技术工 8 人，工资 16 元；6、辅助小米：用 20 斤，现估价 5 元；7、黄米面：用 30 斤，现估价 9 元；8、土硝：用 40 斤，现估价 4 元；9、食盐：用 15 斤，现估价 2 元；10、细砂土：用一小车，现估价 5 角。以上熟制工料总计 50.5 元，以 80 张皮计，平均每张成本 0.63 元。

起青皮是宣化的特产，操作过程复杂，技术性极强。现将起青皮制作过程叙述如下：

选生皮：生皮有几种：如山羊皮、马鹿狍皮、野山羊皮等，都要肥板皮最好。

制皮：制皮有两种方法，一是包沙法。1、包沙，用水将皮板刷二次，隔十二小时一次，程度以软为准；2、抹沙（也叫抹泥），用细沙拌成浆，抹在皮板上，需抹两次，时间十二小时，到二十四小时后把沙抖掉，再产净肉渣；3、铲肉渣，是把皮放在木杆上，用大铲除掉皮面上的肉渣（要适当）；4、泡水，将皮平放在地面上用水播闷全皮面泡些水，泡八、九小时后，再播闷一次水，将皮面洗净，把边沿上的水甩掉；5、扶灰，将石灰提前一天用开水破成灰膏，用时再调软好用，刷浆灰抹在皮板上（程度一公分厚），把皮合成半张皮式全晒，但不能互压，以防止晒坏；6、扫皮，就是晒肪，把皮边向太阳晒，用扫帚将毛扫开扫顺为准。晒时不需温度过高，最高摄氏 20 度，按时播动，每日早晨到十时，下午四时左右开始晒，晒扫三天就基本能起毛。二是水泡法。将生皮用水泡在缸里，两天后就软了，用铲将肉渣去掉后再泡五至六小时，取出把水甩掉。

拔皮：拔皮是用手把皮上的粗毛先拔掉，后再拔皮上细绒，要求是毛和毛绒两样不能混在一起。

沧灰拔：沧板子，是把去掉绒毛的皮板子放在石灰水池子里沧。时间需半月左右，程度是把板子泡得厚了些，名称是叫“泡熟了”。

出皮（系揉制方法）：1、出皮：就是把灰板用刮刀刮完灰泥。再用清水洗净表面上的灰。放在配好的鸽子粪缸里，泡三十多小时，中间要提几次缸（温度要适当，防止烂坏），皮板子软了（叫榻皮）出缸再用刮刀把皮上的杂物刮掉。2、硝皮：是把刮好了的皮和硝水放在锅里加温（10—20 度）用手推动使硝浸透皮里，浸到适当了取出放在冷的地方（冷 12 小时左右）。3、烩皮：是硝好了的皮子重新浸硝，开始和硝皮一样，就是出锅时全取出，重把硝水温度增高（40—50 度），一张一张加高温，晾在室外木杆上冷却，使皮子硬了放在缸里。4、熏皮：是用泥土作好一个直角炉子（上小下大），用高粮头子放在炉里点火，然后在炉上把皮子折成角型熏（折四次），连熏二次，再隔四小时熏一次。全过程要求是熏得皮子色红了软了，火的温度要适当，熏完放在缸里闷十多小时。5、掉渣子：是把熏好的皮子再用高温度硝水拉一次和烩皮差不多，单张从锅里拉时温度要比烩皮时的温度再增高十来度，冷却后把皮的肉面上的渣子用刮刀刮下来。

铲渣子：铲渣子，先将皮子用水闷好，用铲刀去掉皮面上的肉渣（要求是去净渣面要平），晒干叫胎子皮。

染皮：1、先洗胎子，是把皮子用水取掉皮内一部分硝（要适当），拧干抖展包好，不让干边防止起硝疙瘩；2、颜色，是把槐籽放在锅里煮烂再加黑豆皮煮一会就过颜色，加上白矾晾冷后染色；3、染色，是把胎子皮放在案板上用刷子把色刷在皮面上刷两次。一次刷好色，把水拧干后，再刷二次，之后吊在杆上晒干。颜色配料，以六十张皮为标准用料："色"槐籽三斤，黑豆皮二斗，白矾一斤；"绿色"，槐母籽三斤，黑豆皮四斗，白矾一斤，黑矾二两；"草绿色"槐籽三斤，白矾一斤。

铲青皮：铲青皮，是把染好色的皮子闷好水，用铲刀铲下毛面的一层青皮（也是一层渣），要求把渣取出取净，要平整，晒干。

搪皮：塘皮，是用水把皮子闷好操软用厚刀把皮子压平展，晒干即成品。浩特（过去称贝子庙）即呼和浩特市，统称蒙古路，也叫达皮。其特点是，绒厚毛细，绒毛一般齐。屠宰不去羊头，皮是带头皮，个大出皮率高。蒙古人宰羊不杀羊头。在肋窝处用刀拉一小口，将其一股致命动脉割断，羊随即而死。这种宰法据说羊不出血，羊肉好吃。汉人宰羊将羊头割下来。不带头的羊皮，一般叫屠皮。

起青皮，是用山羊皮加工而成，以内蒙古浩特（贝子庙）出产的，而且是蒙屠宰办法的山羊皮即达皮为最好。内蒙古产皮张面积大，没有剥刀伤痕，制出来的成品实用，且表面平整。其次是，毛绒充足。付产品——毛绒多，成本低。每张冬皮能下山羊毛半至一斤，羊绒二两至半斤。所用的辅助材料很简单，有土硝、鸽子粪、石灰等七种材料。工业生产必须根据国内外市场需要，有目的、有计划地生产。一个名牌产品的成形不易，保持更难。这就要求不仅要有各方面的有力扶植，还要生产单位为了不断提高产品质量而努力。

四、蔚州皮毛业发展概况

在历史上，蔚州皮毛业是当地农、商两家用以生财赚钱的重要行业与途径。这一带艺人多，范围广，工艺制作精细。在张垣一带享有盛名，产品远销国内外。尽管蔚州皮毛业历史尚不可考，但据申德华同志《皮都史话》所载："明宣德年间，张家口上下城堡的皮毛作坊，已初具规模，基本形成了裘皮业、粗皮业和白皮业。"张垣距蔚州仅三百里之遥，根据蔚州百姓好学好模仿的传统精神，蔚州的皮毛业不会晚于明代。到清代，尤其清中、后期，蔚州皮毛业虽说不居百业之首，但确实很发达了。那时蔚州各地，有了大小皮毛作坊、店铺字号达 170 多家，从业人员约五千多人。据了解，蔚州城内就有大型皮毛作坊三处，小型作坊十余家。这三家大型皮毛作坊的字号分别是“谦、生、义”，地址在今县土产公司院内，为蔚州最大的一家皮毛字号。手工艺人、学徒、杂工计 280 多人。远在清咸丰、同治、光绪年间，各村镇曾设有他的店铺和加工作坊，总数约八百人左右。他们以生产羔皮为主，远销山东。其皮货在山东济南府享有极高声誉，当时的济南商（指皮毛商）声称，非蔚州“谦、生、义”的货不买。后有私人小皮贩至济南销皮货，只有提到“谦、生、义”字号，方得出售。该字号于‘七七事变“前倒闭。第二个大皮毛字号是“逯元昌”，地址在蔚州城十字街以东（今县医院东端），内有人员近三百名，以经营加工组毛为主，如羔皮、肚剥羔、灰鼠皮、红狐皮、沙狐皮等。其货多销至关南、中原一常。第三大字号是“德巨生”，地址在古楼后旧招待所三部处，内有人员约 250 名，总经营、加工老羊行皮件如皮袄、皮裤等，其货多销至东北抚顺、大连，内蒙古等地，最远销往新疆一带。并与张垣一些老羊行有着密切的业务关系。其它如百人左右的作坊有东关的“同顺兴”和“顺兴恒”，西关有“明吉永”，南关有“景兴庄”等。三五人所筹的小作坊不计其数。

历史上的蔚州皮毛业讲究工艺技术，从熟制到成品，先后经十几道工序，即泡皮（即熟制）、洗皮、铲皮（分湿、干两种），配活、靠活、裁活、剪活、水活、钉活等。在整个制作过程中要求很严格。如配活：须把皮张的毛色、长短、大小、粗细、花形等配备均匀。线缝间隔要一致，无线头，皮板里面无脏物。成品毛花均要求呈蒜瓣形。他们所出产品，因制作精良，美观耐用，被张垣一带及其远、外商客美称其为“洁白如玉、柔软似缎”的蔚州皮货。在清代，已经是远销国内外的上等皮货了。当时，蔚州各皮毛字号，所经营的皮货品种很多，初步了解有皮褥、皮袄、度裤、皮帽，敞衣，兜蓬、坎肩等。以上皮货由以下两大类皮毛制成。即粗皮（大毛）和细皮。粗皮有老羊皮、羔皮（分津羔、口羔）、豁子皮（山羊皮）、滩羊皮（宁夏皮）、西二毛（包头度）等，细皮有狐皮、虎皮、豹皮、貂皮、山狸、灰鼠、兔皮等。

昔日的蔚州皮毛业是当地的重要产业，曾帮助当地一部分人发家。从生皮进货到成品推销，从工艺到管理等方面都为外地艺人或商客所称道。有很多的优点，值得我们借鉴。

第八章　河北其他皮革特色区域

第一节 中国皮革皮衣之都·辛集

一、辛集市皮革概况

辛集之名始于明朝，原为束鹿县，汉高祖6年置县，至今已经有2200多年历史。1986年撤县建市，位于河北省石家庄市东部，北距北京、天津均为250千米，石德铁路、307国道、石黄高速公路横贯东西，安辛公路、天王公路纵穿南北，总面积960平方千米，辖七乡八镇，人口61万人。其中，城市建成区面积25.71平方千米，人口20余万人。2010年，地区生产总值完成248.16亿元、财政收入1亿元、全社会消费品零售总额135.45亿元、存款余额达到186.83亿元，其中城乡居民储蓄余额156.59亿元。

辛集有着雄厚的工业基础，皮革、化工、钢铁机械、农产品加工是这里的四大支柱产业。明清时期以来，辛集是华北的重要商埠，有“河北一集”的盛名。先后拥有皮革商业城、辛集国际皮革城、河北一集市场、机械配件市场、禽蛋市场等大型专业市场18个，年成交额75亿元。其中，机械配件市场连续五年被国家评为“全国十大农机交易市场”，是中国北方最大的农机配件集散地。这里还有丰富的农业资源，有“全国粮食生产先进市”“中国梨果之乡”之名。梨果业是辛集市一大富民产业，优新梨果面积达35万亩，全部通过无公害环评认证，在河北省位居首位，产品畅销20多个国家和地区，并于1997年在全国率先打入美国市场，年创汇1500万美元。辛集还有着深厚的文化底蕴，有“诗洋画海金束鹿”的美誉。近代涌现出了公木、方纪、赵望云、任率英等一批文化名人，连续被国家评为文化、教育、科技工作先进市。教育事业发达，高考成绩连续20多年位居河北省前列。文化事业繁荣，是国家命名的“中国现代民间绘画画乡”，辛集农民画连续三年荣获全国农民画大赛金奖，被列为河北省非物质文化遗产。科技力量也较雄厚，拥有各类科研机构26所，各类技术人才4.97万人，占全市总人口的8.17%，为经济发展提供了充足的智力资源。

皮革业是辛集市传统优势产业，素有“辛集皮毛甲天下”之美誉。1993年以来，辛集实现了快速发展，成为中国最大的制革制衣生产基地和交易中心之一。2001年，辛集市被中国轻工业联合会、中国皮革工业协会授予“中国皮革皮衣之都”荣誉称号。2010年，辛集拥有皮革企业1356家，自营出口权企业410家，规模以上皮革企业239家，从业人员8万多人，拥有各类技术研发设计人员1200多名。全行业实现销售收入120亿元，出口创汇

4.2 亿美元，上缴税金 2 亿元。至 2018 年，辛集市拥有皮革业户 1438 家，其中生产企业 676 家、规上企业 145 家，从业人员 16.2 万多人，拥有技术研发设计人员 1200 多名。2018 年，年产皮装近 1700 万件、革皮近 12000 万张、皮具 10600 万套件、皮鞋 302 万双，占国内市场总量的 40%；皮衣裘皮产品出口包括俄罗斯、韩国、日本等欧美亚 78 个国家和地区，占出口市场总量的 66%。

二、辛集皮毛皮革行业发展历史

(一)“七七事变”前的辛集皮毛业

1. 皮毛集散中心的形成

据明清两代的《保定郡志》《保定府志》和清代《束鹿县志》记载，明代中叶的木丘村是辛集皮革的发祥地，如今尚存“回龙镇皮毛街遗址”。回龙镇为汉朝以前的古村镇名称。据有关文献记载，辛集镇在明朝以前称为廉官店。在那时，毛皮业已很有名。新疆皮毛商人在廉官店设有办事处，直至 1937 年“七七事变”以前才被撤走，历时四五百年。

明清时代，河北是京畿重地，辛集位置适中，为东、西、南各省进京必经之路，加之滹沱河流经镇北，有水运之便，更为皮毛集散地提供了交通条件，于是辛集镇的皮毛加工业和皮毛商业迅速发展起来。清代中叶，辛集镇已经发展成为我国著名的毛皮集散中心。清光绪六年（1880 年）至民国二十六年（1937 年），辛集毛皮加工业，特别是皮毛商业，一直保持着前进的态势，是辛集皮毛业发展的鼎盛时期。这一时期，辛集镇以贩卖生毛皮为主，皮毛加工业技术水平也显著提高，逐步形成了完整的生产交易体系，皮毛皮革制品产量大大增加，集散范围和数量更加扩大，出现了一批大皮庄、大皮店。民国初年，辛集镇更垄断了全国皮毛交易额的 70%，因而获得了“辛集皮毛甲天下”的美誉。据民国《河北通志稿·食货志》记载，民国初年（1912 年），辛集镇仍然有大量的皮毛皮革制品占领市场。年制羔羊皮袄、皮裤 19760 件，皮褥子 1253 条，硝皮 6843 张，皮绳、皮条、皮鞭等共计 21635 件，毛毡、毛片、毡鞋等 12454 件。当年出口皮袄、皮裤、皮褥子 17853 件，价值大洋 108476 元。据 1927 年《河北省工商纪要》、1928 年《河北省省政统计概要》和 1930 年《河北省财政年鉴》记载，当时河北省 9 类出口产品中皮毛制品占 7 类，辛集皮毛制品出口量名列榜首，成为河北省的一大经济支柱。据 1936 年统计，当时辛集镇有皮毛制革业 10 个行业 361 户，从业人员 11640 人，占工商业人口的 2/3。辛集镇拥有大皮店、大皮庄 80 家，另外周围的 20 多个村庄的皮毛业户 1500 多个，从业人员共计有 4.8 万人。

2. 鼎盛时期的重要特点

辛集皮毛业发展的鼎盛时期呈现出多个行业特点：第一，在辛集皮毛业发展的过程中，皮毛商业一直占主导地位。据统计，至 1937 年前，辛集镇有专营生皮毛转运批发的皮庄、皮店 123 家。80%的生皮毛经过整理分类后直接转销全国各地或出口国外。每天来自生毛皮产区的马帮、骆驼队、车队络绎不绝，源源不断地把生毛皮运进辛集，在镇周围堆积的生毛皮像一座座小山。第二，皮毛行别和产品种类繁多。繁盛时期的辛集镇有皮店、毛店、大皮庄、牛皮庄以及白皮、黑股子皮、绿股子皮、底皮、面皮、毡毯、水胶等作坊 1500 多家。主要产品有白皮、杂皮、羔子皮、山羊皮、地毯、毛线、毛绒、马褂、马鞍子、皮包、钱包、大毡鞋、坤毡鞋、套马杆绳以及车马挽具等几百种。第三，皮毛加工技术精湛。其中辛集首创的驴皮加工工艺复杂，产品质地坚韧柔软，尤为畅销国内外。裘皮产品也是强项。制作流程有选皮、爪皮、剪毛、泡皮、去油、沙土埋、晾干、铲皮、熟制、去灰爪梳、剪平、着水、整理等。第四，皮毛货源遍及全国皮毛产区。山东省的济南、济宁、临清、德州、阳谷、范县，河南省的郑州、许昌、洛阳、开封，陕西省的输林成阳、西安、亳州、南宿，绥远省的包头，察哈尔省的张家口、多伦，内蒙古的呼和浩特等，都有大批皮毛商人向辛集镇贩运皮毛原料。据不完全统计，1933 年辛集镇的皮毛原料品种和数量为牛皮 13.3 万张、牛犊皮 7.5 万张、细毛皮 35 万张、山羊皮 10 万张、粗毛羊皮 30 万张、骡马驴皮 26,5 万张、水牛皮 1.5 万张、山羊板皮 15.5 万张、难羊皮 3000 张。第五，皮毛皮革制品产量大。从清代中叶开始，产量逐年增加。据 1937 年前统计，年产绒片大毡 6 万条、毛绒 3000 斤、毡鞋 35 万双、黑斜皮 8000 张、绿斜皮 2000 张、鞭鞘 4 万把、鞭头 48 万个、鞭把 7.2 万根、对口皮条 1.8 万千克、大皮条 33.6 万条、搭腰后秋革 6 万件。第六，生毛皮和皮毛皮革制品畅销国内外。因辛集镇皮毛皮革制品精良，不仅国内畅销，而且是国际市场上的热门货。清光绪二十六年（1900 年）后，欧洲、美洲、亚洲的一些国家和地区的商人蜂拥而来，在辛集镇设立洋庄 24 座，他们坐地大量收买生毛皮和皮毛革制品，成批地运往国外。“夜不闭城，日进斗金”是当时的写照。据统计，当时辛集镇 80%的皮毛皮革制品运销出口。

3. 皮毛资本家获得极大发展

繁荣的皮毛业发展也带来了丰厚的经营获利。在皮毛业的经营角逐中，辛集皮毛资本家获得了高度发展。在辛集镇 70 多家皮庄中，“袁记皮庄”“全聚皮庄”和“聚泰皮庄”三家是规模最大的，垄断了皮毛商业的 60%。其中，“袁记皮庄”资本最雄厚，在全国各大城市都有很大影响。“全聚皮庄”的掌柜杨瑞庭是有名的“皮毛通”，他信息最灵通，行情掌握得最准确。他要求各分号的业务员每天都给他写一封信，详细报告那里的有关皮毛业的行情和本皮庄分号的业务情况，进行一番分析后，决定第二天的价格。他所确定的价格恰当地反映了市场的实际情况，不仅影响了辛集的行情，而且影响了全国的行情。“聚泰皮庄”掌柜李长谦，因为善于经营，善于外交，与外商签订了大批合同，因而他连年坐上席，成为辛集镇上红极一时的“李东洋”。1935 年，辛集“聚泰皮庄”把一批巨款存进“北平中国银行”，约定农历七月十五左右取款。农历六月，中国银行的几个职员路过聚泰皮庄北平分号，脱口骂出“这些皮猴子真脏”，激怒了掌柜李长谦。李掌柜立即打电话给中国银行要求兑现存款，因无法凑足巨款，行长亲自登门赔礼道歉，并在万国饭店请客。此事在北平曾风传时，说辛集镇的“聚泰皮庄”李掌柜晃动了中国银行。

（二）战争时期的辛集皮毛业

1937 年，日本帝国主义发动了卢沟桥事变，开始了全面侵华战争。辛集镇皮毛资本家纷纷关闭了皮庄，逃往各大城市。1938 年冀中根据地建立后，辛集镇许多年轻的皮毛工人毅然参加了吕正操领导的八路军。为了支援抗日战争，满足八路军、游击队军事装备的需要，一些皮毛工人冒着被杀头的危险，在地道内、夹壁墙内搞起了地下毛皮加工，制作马鞍子、手枪套、马靴、马鞭等产品，及时送到八路军和游击队手中，为抗日战争的胜利做出了贡献。抗日战争胜利后，商业又活跃起来，皮毛业又翻了身。1946 年起，又办起了大众、裕大、利华三家银号，为辛集毛皮业提供金融服务。到 1948 年年底，辛集皮毛业拥有制革作坊 80 户，从业人员 364 人；皮件作坊 19 户，从业人员 84 人；车马挽具作坊 39 户，从业人员 149 人；制毡作坊 23 户，从业人员 200 人。

（三）国营辛集皮毛制革厂

1959 年，辛集白皮厂、束鹿县纤维皮毛厂、万聚白皮厂合并成立束鹿县综合皮毛厂，为国营工业企业单位。综合皮毛厂以手工操作为主，辅以简单的大缸、大铲等设备，加工羊皮、牛皮、骡子皮、驴皮等日用皮件，时有职工 550 名。1966 年更名为束鹿县皮毛制革厂，时有职工 1052 人，固定资产 967.9 万元，其中机械设备 554.2 万元，资金 300 万元。分制革、毛皮、皮件、机修、腌制 5 个车间。产品分革皮、毛皮和皮件三大类，140 多个品种。制革产品主要有猪皮修面革、正面革、服装革、手套革、二层革、兰里革、猪底革、带子革、鞋面革等；毛皮产品有改良羊剪绒服装、领子、奶山羊染色裘服、兔皮服装等；皮件产品有各种男女皮夹克、皮钱夹、劳保手套、皮腰带、工业轮胎等。产品畅销全国各省市自治区，并远销美国、日本、英国、法国、加拿大、南斯拉夫、印尼、新加坡、马来西亚、缅甸等 30 多个国家和地区。

国营皮毛制革厂一直是全国制革行业的重点企业，研究成果众多。1970 年，以铬鞣、醛铝鞣取代了沿用四五百年的硝面鞣制毛皮工艺，产品不怕潮湿，能抗 75℃高温，不着虫，不冒硝，无臭味，质量上了一个大台阶。1978 年 7 月，又研制成功了尿醛树脂合成鞣剂，取代了甲醛鞣制旧工艺，填补了省内空白。1980 年，完成了轻工部下达的“绵羊皮大油板脱脂研究”重点科研项目。先后自制了超声波控制喷浆干燥机、绷板干燥机组、液压去油机、电子量革机、液压程控可倾斜螺旋转股、熨皮机等皮毛皮革生产专用设备，大大提高了机械化水平。同时，从联邦德国、意大利进口了具有国际先进水平的片皮机、干燥机、拉软机、打光机等 16 台设备。

国营皮毛制革厂，在辛集皮毛皮革业发展中起着重要引领作用。首先它保存和培养了一大批皮毛皮革技师，使辛集皮毛业后继有人，为重铸辛集皮毛业的辉煌发挥了重要作用。其次在皮毛业传统手工业向现代化机械生产的转变起到了带头作用。再次是创造了一批名牌产品。1978 年，在全国皮毛皮革产品质量评比中，绵羊皮、兔皮、狗皮 3 个品种名列全国一类产品第一名。1981 年猪皮修面革被评为全国一类产品第二名。

（四）恢复和发展时期的辛集皮毛业

十一届三中全会后（1978 年—1991 年），辛集皮毛业迎来了再造辉煌的机遇。但由于长期受“左”的思想影响，不少人头脑中存在种种顾虑。针对这些问题，市委、市政府积极引导，并采取了一系列举措。一是国有、集体、联户、个体一起上，走四轮驱动的路子，要求乡乡、村村、户户上皮革。二是放宽政策，在人才流动、技术服务、贷款发放、企业登记、土地使用等方面同等对待。三是典型引路，大张旗鼓地宣传表彰皮革专业村以及率先致富的皮革专业户，带动全市发展。四是着力发展专业群体。辛集皮革业再次进入高速发展期，形成了一批皮革生产专业群体。1991 年年底，全市皮毛皮革业加工企业发展到 2042 个，其中乡办厂 16 个、村办厂 53 个、联户办厂 244 个、个体办厂 2104 个。加工企业遍布全市 10 多个乡镇的 160 多个街村，形成了小规模、大群体的生产格局。

（五）皮革商业城和制衣工业区

1992 年，为扩大产业优势，解决皮革业户家庭生产、分散经营、有市无场的问题，辛集于 1992 年 6 月 7 日，成立了中国辛集皮革商业城建设指挥部。在指挥部一次会议上，市长边春友传达了市委常委扩大会议关于建设“中国辛集皮革商业城”的决定，并对建设皮革城的意义、可行性以及规划设想发表了重要意见。商业城建设指挥部先后由副市长于宝珊、刘存柱任总指挥。1993 年 3 月 6 日召开了“中国辛集皮革商业城”建设誓师动员大会，皮革商业城全面开工。1995 年 8 月 16 日，中国辛集皮革商业城管理委员会成立。管委会主任至今先后由刘运铎、霍彦波、梁建词担任。由于政策优惠、环境优越、效益显著，商业城的规模迅速壮大，日益繁荣。每年冬季皮货销售高峰期间，有商家 1000 多家，摊位

1400多个，日成交额600万元，日客流量五六万人，来自国内十几个省市的购货汽车2000多辆，周日达到3500多辆。皮革商业城的建设和繁荣，不仅促进了全市皮毛皮革业的迅猛发展，还促进了金融、交通、商业、邮电、文化、教育、卫生、城市建设等相关行业的大发展，成为全市经济社会发展的助推器。进入21世纪，随着生产规模的扩大和市场结构的调整，皮革商业城逐步由市场向工业区转变。2005年，报经国家发改委批准，将中国辛集皮革商业城设立为国家级开发区。皮革商业城以及制衣工亚区，现占地2417亩，建筑面积260万平方米，固定资产34亿元，进区企业489家。2010年生产皮革服装480万件，皮具3100万件，从业人员6.5万人。主要生产经营皮革服装、裘皮、手套等5大类1000多个品种。辛集皮革城已发展成为全国规模最大的皮装生产基地和交易中心，被河北省政府评为“十大专业市场”和“发展特色产业知名市场”，被农业部命名为“全国乡镇企业示范区”。

（六）规划建设制革工业区

随着商业城的建设和繁荣，辛集制革业也都得到了快速发展。到1996年，全市拥有制革企业近900家，分布在18个乡镇，20多个专业村，产值3.5亿元。但是，由于这些制革企业规模小，生产不集中，设备较简陋，导致产品质量较差，制革污染也得不到有效治理。辛集市委、市政府于1994年做出了建立制革工业区的决定。明确规定到1997年年底，全市所有制革企业一律进区生产。1994年7月12日，市委书记连春友、市政协主席杨广达、市委副书记李敬臻、副市长刘计良和市皮革协会、土地局、工业局、城西办事处等部门主要领导，到试炮营村就建立制革区问题进行现场办公，解决实际问题。1994年下半年，试炮营制革工业区开始动工，并同时建设了治污设施。试炮营制革区于1998年10月通过了省环保部门组织的专家团验收，投入正式运行。试炮营制革工业区现占地318亩，总投资8000万元，拥有制革企业41家，年加工各类服装革、鞋面革400万张，年实现税收1100多万元。10余年来，市制革工业区规模不断扩大。现占地2200亩，建筑面积90万平方米，固定资产24亿元，进区企业90家。2010年生产革皮5000万羊皮标准张、毛革一体鞋500万双。主要生产牛皮沙发革、服装革，绵羊皮服装革、鞋面革，毛革一体革和皮革服装。辛集市制革区2000年被河北省评为“乡镇企业示范区”和“十大工业园区”，2002年被农业部评为国家级“乡镇企业科技园区”。

（七）规划建设辛集国际皮革城

在“中国皮革皮衣之都”辛集城区东部，有一座建筑风格有着鸟巢和水立方混合体之称的辛集国际皮革城。辛集国际皮革城的建设是辛集市委、市政府发展产业集群、推动转型升级、做大做强皮革业的战略举措，是辛集市的“一号工程”，是 2009 年河北省重点项目，是 2011 河北省旅游业“十二五”重点项目。辛集国际皮革城总占地 2100 亩，总投资 66.6 亿元。其中到 2014 年年底，完成五个中心，占地 1500 亩，建筑面积 136 万平方米，投资 46.6 亿元。2010 年，该皮革城建成开业，不仅有 50 年不落后的建筑风格，而且入驻了 1200 家企业、32 个世界品牌、100 多家国家品牌和省级品牌，已成为全国五星级专业市场、全国诚信示范市场、中国北方唯一以皮革为主题的 4A 级购物旅游景区，旺季日客流量 1 万人次，年营业收入实现 60 亿元，解决了 3 万人就业。2011 年，辛集市描绘了以辛集国际皮革城为龙头，全力推进规划占地 5600 亩、投资 168 亿元的“一城十中心”项目，树立“世界皮革看中国，中国皮革看辛集”的中心地位，全力打造辛集皮毛百年老店，努力实现由“中国皮都”向“世界皮都”跨越目标。如今，“一城十中心”中的名品购物、电子商务、文化旅游、商务接待、品牌产品制造、原辅材料交易“六个中心”已建成开业。研发设计检测中心、国际物流配送中心、生皮交易中心、国际会展中心“四个中心”，正在加紧招商建设中。其中的“国际会展中心”选址在辛集国际皮革城对面，占地约 160 亩，预计建筑面积约 20 万平方米，投资在 12 亿元左右（其中包括一个皮革博物篇）。其主要目的一是定期举办辛集国际专业皮革展，二是集中常年展销辛集的外贸产品。“国际物流配送中心”规划占地 240 亩，投资 6 亿元，以便将来源于全国各地、世界各地的原材料拉回辛集，又将各类皮革产品发送到全国各地、世界各地，实现“买中国卖中国、买世界卖世界”的目标。恢复辛集在清末民初时皮革业在全国，乃至全世界集散地的地位，成为名副其实的“中国皮革皮衣之都”。“生皮交易中心”规划占地 200 亩，投资 2 亿元，主要经营未熟制的貂皮、狐狸皮、貉子皮、兔皮等各种精细皮及细杂皮，使辛集皮革业在国内外市场更具竞争力。短短五年，“一城十中心”项目就有六张蓝图变成现实，并且取得了产品向零售批发购物于一体发展，产业向规模化、多功能、专业化、集中化聚集，皮革文化向时尚、旅游、多彩迈进的成就。辛集国际皮革城得到了国内外皮革同行的普遍赞誉。2015 年中国品牌价值评价信息发布，“辛集皮毛”品牌强度达到 624，品牌价值 132 亿元。这标志着辛集正在加快向“世界皮都”迈进步伐。

近年来，辛集市持续实施名牌战略，至 2022 年，荣获中国驰名商标 7 个、省著名商标 33 个、省名牌产品 19 个，名牌拥有量居河北省前列。皮革业高新技术企业 12 家、科技型中小企业 147 家、省“专精特新”中小企业 3 家、国家级绿色工厂 4 家、省级绿色工厂 5 家。通过持续举办系列活动，创新性开展国内外产业和消费区域联动，区域品牌影响力得到显著提升。

（八）优越的发展环境

辛集建立了统一领导机制，完善了对园区实行集中职能，封闭管理，赋予管委会协调工商、税务、物价、公安、卫生、动检等部门分支机构的管理职能，未经管委会许可，任何部门和单位不得进区收费、检查、评比。1994 年 4 月 25 日，市委、市政府正式批准成立辛集市皮革协会、辛集市皮革工业公司，实行两块牌子一套人马，为事业单位。会长先后由市政协主席杨广达，副市长刘计良、张书凯、王铁仁担任，秘书长先后由谢忠生、刘运铎、张国强兼任，副秘书长先后由张彦杰、许岷担任。2002 年 5 月 16 日，成立了皮革业发展委员会，全权负责皮革行业的发展，统一制订行业发展规划，统一协调行业税费征管，统一负责重大项目建设。主任先后由副市长刘计良、张书凯、王铁仁兼任，常务副主任先后由刘运铎、张国强担任。强化了部门服务措施，建立了行政“直通车”服务制度，市级领导、职能部门分包企业，及时协调解决项目建设、企业发展中遇到的问题。组建了皮革业服务中心，与市行政服务中心合署办公，34 个具有审批职能的部门进驻，对项目审批实行行“一门受理”、“一站式”审批、“一条龙”服务。成立了皮革协会、驻俄办事处和皮革商会，并设立了绥芬河分会和俄罗斯分会，在对外贸易、市场营销等方面提供全方位服务。石家庄海关、河北省出人入境检验检疫局在辛集设立了办事机构，成为河北省唯一功能齐全的县级外贸口岸。实施了倾斜支持政策，为加快项目建设，吸引国内外客商到辛集投资创业，在占地、用电、税费减免、设施配套等方面，制定出台了一系列优惠政策。主要包括对客商投资兴办符合条件的项目用地，保证在约定时间内办好有关征地手续，并发放土地证，特别是对投资规模大、收益率高的项目，一事一议，特事特办；对新建、扩建项目实行行“一费制”，除上缴上级部分外，辛集市所有行政事业性收费，一次性按低限收取，重大项目可进一步减、免、缓，并对项目投产后的各项行政性收费，第一年免收，第二年减半征收，第三年低限征收。

第二节 中国箱包之都·白沟

一、白沟概况

白沟新城位于北京、天津、保定三角腹地，处在“京津变都市圈”与“环首都经济圈”核心区域。北距北京 12 千米，东至天津 108 千米，南到保定 62 千米，面积 64.3 平方千米，建成区面积 25 平方千米，常住人口 15 万人。白沟新城交通便利，人杰地灵，历史上曾是中国北方著名的水陆码头。“日过千帆，商贾云集，货通大江南北，商流九州东西”是当时的真实写照，并有“燕南大都会”的美誉。白沟先后被国家发改委等 11 部委确定为“全国小城镇发展改革试点镇”，被中国世界贸易组织研究会授予“中国商贸名城”和“中国产业集群品牌 50 强”称号，被联合国开发计划署命名为“中国可持续发展小城镇试点镇”。2007 年 4 月，被中国皮革协会授予“中国箱包之都·白沟”荣誉称号。2010 年 4 月被中央编办、中央农办、国家发改委、公安部、民政部、财政部联合批准为河北省唯一的“经济发达镇行政管理体制改革试点镇”。2011 年 8 月被河北省委、省政府批准为副地市级规格，命名为白沟新城，发展定位为保定东部中心城市。2014 年 12 月，被确定为 2014 年河北省特色产业名县名镇河北省箱包产业名城。2017 年 12 月，被河北省工业和信息化厅确定为 2017 年河北省特色产业名县名镇北省箱包产业名城。2020 年 12 月，被认定为 2020 年河北省特色产业名县名镇（河北省箱包产业名城(复核)）。2022 年 8 月，白沟新城通过 2022 年河北省第一批洁净城市（区）评估。2023 年 2 月，工信部公布 2022 年消费品工业“三品”战略示范城市名单，白沟新城上榜，特色优势产业：皮革制品制造。

二、白沟箱包特色产业的发展现状

白沟箱包产业已形成一个以“白沟市场”为中心，辐射周边 6 个县（市）、55 个乡镇、50 多个自然村，从业人员超过 10 万人的区域特色产业集群。2011 年，工业经济完成总产值 120.97 亿元，同比增长 26.8%，实现箱包行业增加值 0.36 亿元，同比增长 253%；利税 7.8 亿元，同比增长 325%；完成固定资产投资 6.85 亿元，同比增长 364%；直接出口 421 万美元，同比增长 99.9%，出口交货值 26.81 亿元，同比增长 26.1%。2022 年，实现箱包业产值 161.28 亿元，同比增长 8.27%；营业收入 153.73 亿元，同比增长 8.36%。

（一）箱包专业市场欣欣向荣

白沟箱包产业发展得益于“前店后厂”的模式，白沟箱包专业市场包括白沟箱包交易城、国际箱包城和银领国际商务大厦三大箱包交易市场，营业面积累计 3.4 万平方米，入驻商户合计 8775 个，2011 年，箱包产业市场成交总额为 138 亿元；与箱包产业配套的原辅料市场规模庞大，拥有五金皮革城、服饰辅料城、免费皮革市场三个专业市场，营业面积累计 13 万平方米，入驻商户合计 1092 个，主要供应皮革、布料、五金等箱包各环节使用的原辅材料。2011 年皮革、五金等原辅料市场成交总额为 75 亿元。白沟的南北物流中心和联运市场，连接了白沟与全国 31 个省区市的县级以上城市。以箱包交易城、国际箱包城、银领国际为龙头的箱包营销中心，以五金皮革城、服饰辅料城为核心的原材料供应基地，以联运市场、物流中心为中枢的物流系统的完善产业链已经形成，并日益巩固着白沟箱包在全国同类市场中不可替代的优势和地位。截至 2022 年，白沟新城拥有 14 个专业市场，产业内现有规模企业 400 余家，加工企业 3000 多家，个体加工户 7000 多户，同时拥有电商 4 万多家，年均箱包产量高达 8 亿只，占全国箱包产量的四分之一，年市场成交易额达到 1141 亿元。“白沟箱包人”已带动周边县市 30 万人次实现箱包生产加工就业，2 万人从事服饰辅料生产及销售行业；从事箱包电商企业 4 万余家，带动 15 万人次实现就业。

（二）箱包品牌经营收效明显

2007 年以来，白沟政府采取措施促进箱包品牌发展，一是按照《白沟镇人民政府关于中国箱包之都品牌推荐活动的申报、认定、奖励办法》的规定，白沟每年组织一次“中国箱包之都品牌评选”，评出白沟十大知名品牌，作为下一年度的培育重点；二是举办箱包设计大赛，激励技术创新和产品创新，鼓励企业参与各地举办的中国皮具设计大奖赛。三是强化企业品牌培训，邀请全国著名的品牌策划专家、营销专家、管理专家为白沟箱包企业经营者、管理人员定期授课，讲授品牌管理知识、企业管理知识，开展短期、中期和长期的企业培训工作。通过一系列活动，使白沟的企业经营者深深意识到了技术创新的重要，争先培育箱包自主品牌。2007 年以后，箱包产业内累计注册商标 1400 多个。至 2022 年，白沟箱包累计培育自主品牌 1500 多个，打造河北省著名商标 37 个、河北省名牌 11 个。白沟箱包产业集群辐射周边 10 个县（市），从业人员超过 150 万人，2021 年箱包业产值 155.19 亿元。

（三）工业聚集区取得长足发展

2007 以后，为进一步细化和延伸箱包产业链，首先，白沟地方政府成立了“白沟新城招商投资促进机构”，配备了专业的招商队伍，建立了常态化招商机制，科学制订并严格执行工业聚集区招商计划，指导全区招商工作的开展。现在白沟新城工业聚集区内引进北方商贸城、国际运动休闲健康港、白沟泰阁新型建材城项目、白沟海天国际家私城项目、白沟绿色食品城、现代箱包物流仓储项目、白沟腾冠服装产业园项目、年产 1000 万只拉杆箱项目、工业 CT 机项目、年产 1200 万只（形杉）皮具生产线项目、年产 400 万米箱包用美布项目、年产 50 万只毛绒制品项目、洪峰五金产北园项目等大批市场前景好、投资模大的项目，壮大了白沟企业队伍，提高了产业综合竞争力。一是加大力度培养原有箱包企业做大做强。自中国箱包之都确定以来，白沟经营者决心将企业做大做规范，纷纷引进标准化企业管理模式，一方面引导企业健全内部部门设置，提升企业经营行为，完善企业相关资质，提高从业人员综合业务水平；另一方面加强对箱包质量和价格的管理，严厉打击质量差、价格乱、安全隐患高，严重损害白沟箱包声誉的非法生产和非法经营企业，从而有效抑制不良竞争。其次，进一步优化白沟金融环境，自白沟的行政建制升级后，工商银行建设银行、农业银行、信用社等金融机构纷纷升格为县级支行，扩大了贷款审批权限，在一定程度上解决了企业“融资难”的问题，为更好地支持白沟企业发展，同时相继成立了符合国家发展政策的融资担保机构和小额贷款公司，为白沟箱包企业发展优化了融资环境。目前白沟产业聚集区内拥有箱包生产规模以上企业350多家、规模以下企业3000多家，主要生产学生包、拉杆箱、休闲包、背提包、摄影包、电脑包、礼品包、各种包装包等100多个大类，上百万个花色品种，销往全国31个省区市的大中小城市，远销俄罗斯、南斯拉夫、法国、澳大利亚等190多个国家和地区。2016年11月，华北地区首个市场采购贸易方式试点在白沟箱包市场启动，商户可以就地办理出口通关手续，“白沟箱包卖全球”的发展势头更加迅猛。2022年，白沟拥有3000多个自主品牌，吸引了国内外近万个品牌入驻，全国市场占有率达35%左右，产品远销俄罗斯、印度等130多个国家和地区，是中国最大的箱包产销基地之一。

（四）地方管理政策日趋规范

为营造良好的企业营商环境，白沟新城先后出台了《关于对外地企业、商户实施优惠政策的规定》《优化发展环境十项制度》《白沟镇优化环境“十禁止”》《工业城“五统一”管理细则》等多项规定和办法。这些政策的出台不仅坚定了企业发展信心，更加快了企业发展步伐。为拉动企业发展，白沟新城统一组织企业每年参加4—6次大型展会。自2007年以来，企业和商户先后参加中国进出口商品交易会、中国国际皮革展、香港亚太皮革展、义乌小商品博览会、迪拜皮革制品博览会、南非国际贸易展览会等国内外专业展会近30次，尤其是在参加第105届、106届、107届、108届、109届、110届广交会和迪拜皮革制品博览会上，以“中国箱包之都·白沟”的形式“抱团”参展，大大扩大了白沟箱包的知名度。为加大白沟贸易促进平台建设的力度，政府牵头搭建研发设计平台，解决白沟企业研发能力弱、设计能力不强的现状问题，并积极推动“产学研”合作模式，引进行业专家和高级技师，指导箱包新产品研发和设计。为保证箱包产品质量，政府投资组建了白沟箱包产品检测中心，为提高利用低成本的电子商务开展国际贸易的能力，引导企业积极搭建电子商务平台。同时每年由政府牵头组织当地企业和商户举办“白沟中国箱包节”。

（五）白沟箱包海内外闻名

历史上的白沟曾是中国北方著名的水陆码头，如今的“中国箱包之都”河北白沟一是加强基础设施建设，按照“亮、绿、净、美、畅”要求，创造优美的人文环境，使来白沟的人们感受到这里的变化、发展、提高，实现人人口碑相传，提高白沟的知名度、美誉度。二是通过定期组织承办“白沟（中国）箱包节”、“白沟杯”中国模特大赛、“白沟杯”

中外相声电视大赛、“白沟杯”全国行业歌手大奖赛、旅游行业研讨会等活动，有效提高了白沟及箱包产业的知名度，美誉度。三是用多种方式积极搭建“中国箱包之都网”“白沟企业在线”“中国箱包批发网”“白沟国际贸易网”等专业网站，让人们更直观地了解白沟，提高白沟的知名度、美誉度。四是借助有组织地参加国内外相关行业展会，尤其是2007年至今，白沟箱包企业以“中国箱包之都”的名义抱团参加上海国际皮革展、香港亚太皮革展、广交会，以及国外的箱包专业展会，白沟以箱包为载体展示在世人面前，大大提高了白沟的知名度、美誉度。2007年以来，白沟箱包产品出口快速增长，远销俄罗斯、中东、东南亚、南美洲、非洲等190多个国家和地区，吸引了海内外客商来白沟市场采购，大大促进了白沟箱包企业的外向型发展。截至2011年底，白沟拥有一般纳税人企业87家，通过IS09000国际质量体系认证的企业46家，自营进出口83家，其中有出口实绩的企业36家。2009年首次实现直接出口848万美元，2010年完成2122万美元，2011年完成4221万美元，同比增长分别为150%、98.9%，2011年出口交货值完成26.81亿元，同比增长26.1%。2010年被河北省商务厅认定为“河北省商务厅重点联系的出口聚集区”。 2019年至2021年，白沟箱包的电商成交额分别为120亿元、150亿元、165亿元。经过箱包产业与电子商务深度融合，白沟箱包销售已进入以短视频和直播为主的新电商时代。

（六）箱包行业组织服务水平逐渐提高

一是白沟箱包产业生产力促进中心肩负着业务培训、信息交流、产品检测等专业服务使命，对学历要求不高的中小企业老板提供了专业知识和信息交流平台，转变从业人员的思想，建立诚信理念，提高从业人员素质。二是在中国皮革协会的指导和帮助下，箱包企业于2009年成立“白沟箱包皮具协会”，承担了企业间技术合作、经验交流和信息传递的重担，为企业创造良好的创业环境和公平、公正的市场竞争氛围，促进行业健康有序发展，目前会员人数已超过200家。三是白沟人才交流市场，本着把“人才市场建成人才的集散地、人才的输送站”的原则，不断完善招聘大厅配套设施，配备电脑等现代化设备，将用人单位招聘信息、求职人员、专业工人及毕业生的自然情况、求职意向及时发布，大大吸引了高素质从业人员就业。四是引进外脑带动箱包产业发展，按照“产学研”相结合的模式，2011年成立了白沟新城箱包专家会所，研究分析行业发展趋势，创新箱包产业经营模式，预测箱包流行，为白沟箱包产业服务。五是建立从业人员培训机制，白沟政府每年组织清华大学专家教授来白沟为箱包企业主授课，扩大企业主的知识面，转变他们的思想，提高他们的经营能力；与保定市工信局建立长期联合培训机制，组织企业赴保定、北京等地参加培训，提高企业管理水平，利用工业企业对标行动工作的开展，组织企业与企业之间以及企业内部各部门、个人之间开展“对标”行动，促进企业、员工全面进步。

三、促进白沟箱包产业发展的措施

白沟新城管委会坚持科学发展观，始终把白沟放在北方、全国乃至世界的大坐标中，确立了商业化—工业化—城市化—国际化这一具有战路意义的“世界箱包看中国，中国箱包看白沟”的口号，全力打造中国最大的箱包产业集群和“中国箱包之都”。

白沟在促进箱包产业发展方面采取了一系列措施：第一，改变企业小富即安意识，建立行业诚信的理念、制约白沟箱包产业及企业发展的最重要因素是“人”。由于白沟家家户户从事箱包生产，对学历要来不高，这种短视的利益限制给白沟造成了负面影响，使白沟加工作坊陷入困境。另外，受根深蒂固的文化熏陶及怀有小富即安的心理，白沟企业经营者间缺少江浙地区合作意识。白沟产业合作比例很少，都在各自经营，单打独斗。为此，白沟新城管委会积极引导从业人员打破小富即安的保守意识，提高自身各方面的素质，并加强企业间合作，建立员工与企业之间、商城业主与企业之间、企业与业之间的诚信合作关系。第二，引导企业做大做规范，提升企业管理水平。健全企业内部部门设置。白沟箱包企业要向正规化发展，建立健全企业内部各部门的机构，做到权责明确、各司其职。鼓励箱包企业规范经营，白沟箱包企业单体模小，很多企业证照不全，为此管委会指示相关部门积极办理营业执照，组织机构代码证、税务登记证及箱包产业需要的相应业务许可证等证件。提升企业综合管理水平。一方面建设服务质量管理体系，提升服务水平，另一方面实施标杆管理，提升企业基础管理水平。规范生产经营行为，加强对箱包价格的管理，严厉打击质量差、价格乱、安全隐患高、严重损害白沟箱包声誉的非法生产和非法经营企业，从而有效抑制不良竞争。第三，加大投入力度，解决箱包产业人才短缺的问题。白沟有大大小小企业及作坊上万家，用工难是很多企业最棘手的问题。在白沟投资建设白沟人才市场办公场地，本着把“人才市场建成人才的集散地、人才的输送站”的原则，不断完善招聘大厅配套设施，配备计算机等现代化设备，将用人单位招聘信息、求职人员、专业工人及毕业生的自然情况、求职意向及时发布。建立“白沟人才”网站，拓展企业用工渠道，实行企业招聘会员制度，使企业间互通信息、资源共享，通过互联网系统，让人才与企业实现远程对接。针对众多企业对员工工种的需求，建立白沟箱包职业技术学院，培养所需专业人才。第四，加大箱包产业招商力度，完善箱包产业链条。白沟箱包业虽已具备一定的规模，但是按照箱包产业链条上的皮革、五金、任、织带、拉链拉头、松紧带、线、粘扣带、扣具、标、包装等众多子行业而言，因白沟不具备生产配件的配套企业，所以加大了箱包产业链上游企业的招商力度，尤其对样料、配件企业应给予较大的政策倾斜，吸引原辅材料生产商到白沟投资建厂。此外，还组织了多种多样的推介活动，力推箱包品牌经营。白沟箱包产业已经具备了做大做强、持续发展的基本条件。

白沟箱包产业正式走向正规化离不开官方的“定调”扶持。1993年，政府在当地建设了白沟箱包交易城，制定“3331”工程，意在扶持更多箱包企业。2001年以后，随着全球经济一体化发展，白沟的箱包也迎来黄金期，借助广交会等平台的加持，首先是供应商资源丰富，白沟人心齐，跟义乌一样，当地人的劲儿都往一处使，都来做箱包，久而久之，积累了丰富品类资源。男包、女包、学生包、旅行包、电脑包……可谓是国内规模最大、品类齐全的箱包专业市场。白沟还拥有得天独厚的物流体系。白沟目前拥有三大物流中心，与国内外130多个国家和地区建立了业务往来，每秒钟就有2件快递从白沟发往全球各地。从制造到物流，在白沟一站式采购这一点，就吸引来大量客户慕名而来。其次，产品质量可靠，也是白沟企业崛起的关键。白沟箱包的生产环节被层层分包给不同的工厂，当地拥有大量技艺娴熟的工人，每个门店、摊位都是亮证经营，从而保证产品生产质量。这些年在京津冀协同发展浪潮下，政策上对白沟也有诸多利好。2016年9月，国家相关部门联合批准白沟箱包市场成为第三批市场采购贸易方式试点，这也是河北省外贸历史上率先获批的国家试点。

第三节 肃宁和枣强

一、“中国裘皮之都”肃宁

（一）肃宁概况

“中国裘皮之都”肃宁县隶属河北省沧州市，位于河北省中部，地处北京、天津、石家庄三大城市和沧州、保定、衡水三市的中心位置。境内公路四通八达，京九、朔黄两条铁路交叉过境并分别设站，大广（大庆—广州）高速和保沧高速均过境肃宁，肃宁也成为中国北方一个十分重要的交通枢纽站。

毛皮产业是肃宁的特色主导产业，先后被国家标准委确定为“国家级标准化特种动物养殖示范区”，被河北省政府认定为“省级裘皮服装加工出口基地”。2005年10月，被中国轻工业联合会、中国皮革协会正式授予“中国裘皮之都·肃宁”称号。2010年5月，中国·尚村国际皮草交易会被中国市场学会商品批发市场发展委员会评为全国十大影响力博览会，2011年9月，河北省旅游局确定肃宁裘都商城为国家3A级旅游景区。2011年，全县毛皮业完成产值81.2亿元，实现税收10400万元，占全县税收总额的8场，出口创汇

16000 万美元，毛皮动物养殖量达到 346 万只。

（二）肃宁毛皮产业发展历史及特点

1. 发展历史

肃宁毛皮业最早起源于明末清初，当时是农民糊口的手段。一些手工作坊制作出鞭头、鞭梢、车马挽具四处销售，逐渐形成了历代沿袭的传统工艺和则销渠道。销售范围涉及河北、山东、内蒙古、东北三省等地。改革开放以后，肃宁毛皮业得到迅速发展，先后经历了三个阶段。第一阶段是 20 世纪 80 年代的“原皮购销阶段”，经销品种由牛、羊、猪等粗皮拓展到貂、狐、貉、兔等细皮，毛皮交易市场规模逐渐扩大，辐射范围由国内拓展到国外，成为华北重要的毛皮集散地。第二阶段为 90 年代前半期的“市场流通+初加工”阶段，这一时期全县相继出现皮革加工企业 80 多家，其中规模企业 12 家。当时也出现了一部分制裘企业。但由于产业产品结构单一，无论是与河北的辛集，还是浙江的海宁等地相比，都无优势可言。为此，肃宁立足从事国际毛皮生意人员多、尚村是毛皮集散地等特有优势，扬长避短，提出了以发展裘皮产业为重点的创业目标。第三个发展阶是 90 年代后期的“市场流通+裘皮加工”阶段。经过几年的调整、发展及龙头企业和市场的带动，实现了“两个转变”，产业由制革向制裘转变，产品由半成品向成品转变。裘皮业已成为肃宁的新发优势和最大亮点。截至 2013 年底，肃宁县毛皮加工企业及摊点共 1300 多家，其中规模以上裘皮生产企业 31 家，超亿元企业 5 家，产品销往 30 多个国家和地区，年毛皮业产值 110 亿元，服装品牌创意设计贡献率 2.78 亿元。

2. 现状及特点

随着肃宁毛皮业的发展，逐渐形成了珍稀毛皮动物养殖、市场集散、原皮鞣制染色、裘皮加工、制衣制件、出口贸易一条完整的产业链，成为全国的裘皮原料交易中心、裘皮产品生产中心、裘皮服装贸易中心、裘皮产品研发中心、裘皮产业信息中心和裘皮产品质检中心，并呈现出以下几个特点。

第一，毛皮动物标准化养殖规模不断壮大。2003 年，肃宁县畜牧局、质量技术监督局联合制定了《狐狸饲养管理技术》等养殖标准，并被沧州市定为地方标准。2005 年 6 月又制定了《貉饲养管理技术》《貂饲养管理技术》等养殖标准，并通过河北省组织的专家论证会讨论通过，确定为省级养殖标准，并由省质监局在全省推广。全县建有 12 个改良站，40 多个畜牧兽医诊疗点，负责常见病诊疗、饲养技术咨询和疫病预防。为普及养殖知识，多次聘请专家和技术人员深入到乡、村、农户，举办养殖管理技术讲座，进行现场指导。建立了两个民间养殖技术协会组织，在各村建立了养殖分会，全县 60%以上的养殖户已成为协会会员。全县有年出栏千只以上的毛皮动物养殖场22家，其中年出栏万只以上的较大规模养殖场13家，养殖专业村达到了38个，20年出栏貂、狐，貉、微兔等珍稀毛皮动物346万只。全县规模养殖场都建设了自己的准化屠宰室，在重点养殖区域建设了12个标准化屠宰点和84支屠宰服务队，对基层人员进行专业培训，并在全县推广了电击或药物注射等标准化路宰方法。初步建立了县、乡、村、场和民间组相结合的监管体系，建立了由畜牧、林业、技术监督等部门人员组成的毛皮动物标准化居家执法队，乡镇成立了标准化监管队，强化监督检查，确保所有动物都按标准进行规范屠宰和取皮。全县所有的养殖场户都全面采用了标准规定的规范屠宰方式。此外，活体交易市场也进一步规范。为了实现活体交易市场的规范可持续发展，保障珍稀毛皮动物的人性化屠宰，肃宁县建设了活体交易市场。该市场位于原皮市场东侧，占地148亩，总投资1500万元，建设有屠宰、电击等标准车间。该市场与原皮交易市场、成衣市场一起构成集活体交易、原度交易、半成品及成衣交易于一体的大型综合毛皮交易市场，进一步巩固了肃宁中国裘皮之都的地位。

第二，裘皮原料集散中心地位更加巩固。尚村原皮交易市场占地187亩，建筑面积计划11万平方米，总投资1.25亿元，建有商住楼328余套，市场内露天交易场所占地4万平方米，5个露天交易大棚共450平方米，已建成商铺328间，入驻率达100%。毛皮交易市场作为全国最大的表皮集散地，是目前国内规模最大、现代化水平最高的裘皮服装原料交易市场。毛皮市场交易分两种情况：一是市场露天交易，此种交易以集市为主，10天6个集市，每逢农历的1口、2日、4日、6日、7日、9日为交易日，交易品种以貂、貉、狐狸、獭兔、黄狼等珍稀动物皮张为主，全年成交皮张10000万张以上。二是市场门店交易，此类交易全天候进行，入住商户来自香港深圳、东北、广东及河北等地，以裘皮原料的购销为主，一般都有固定的客户群。为了适应行业的发展需要，在原有毛皮市场基础上，2012年投资3.5亿元，建设占地11万平方米的原皮市场东扩项目，进一步提升了市场功能，扩大了原皮及半成品交易品种及交易规模。

第三，裘皮产品加工中心基本形成，裘皮研发交易中心初具规模。只有形成自己的裘皮服装加工基地，才能带动成衣市场的长期繁荣。全县共有毛皮规模加工企业1202家，其中，年产值超于万元的105家，拥有华斯、天龙、库氏、肃昂、博丹、兴艺、潮宁、龙洋、华泰、华润等一批知名加工企业，车产各类表支服装280万件、半成品80万作、革皮服装159万件，产品畅销俄罗斯、美国、德国、日本、韩国、中国香港等30多个国家和地区。以企业为主体，依托中国美术研究院，在北京设立了研发中心。同时，聘请知名专家，在尚村组建了2个裘皮研究所，使全县的原皮硝染、成衣制作水平产生了质的飞跃。“怡嘉琦”“蓓得尔”“肃昂”等品牌产品均获准佩挂“真皮标志”，畅销欧美、日本、俄罗斯等 30 多个国家和地区。尤其是华斯集团“怡嘉特”商标获得“中国名牌产品”“中国驰名商标”称号，其设计的裘皮服装已达到国际额先水平，并成为世界名牌裘皮服装生产企业的加工基地。基于背靠京津，并有京九、朔黄两条铁路交叉过境，大广、沧保两条高速均在肃宁有出口的交通区位优势和裘皮服装加工出口、市场集散的产业优势，肃宁正被国内外裘皮客商所看好。由浙江客商投资 1.5 亿元、建设一个面积 12.8 万平方米的现代化高档次、与国际接轨的专业表皮市场，主要经营裘皮服装、服饰。该市场占地 92 亩，其中一期工程总建筑面积 3.5 万平方米，总投资 6500 万元，分为 8 个开放式商铺区和中央精品商场。其中开放式商铺区共 358 间，已经建成并投入使用，2011 年，裘皮服装交易市场销售额达到 15 亿元，交易各种毛皮服装服饰 25 万件。与此同时，裘皮产品质检中心和裘皮产品信息中心地位也初步显现。肃宁设立的毛皮产品检测机构，被确定为省重点支持项目，肃宁的裘皮产品质检中心地位初步显现。2007 年，中国毛皮信息中心正式落户肃宁，构筑严密的网络体系，提供最完整、最快捷的毛皮业市场行情及政策信息，及时了解国际国内毛皮产业动态，成为世界裘皮市场的“晴雨表”。

（三）毛皮产业发展的工作措施

肃宁在毛皮业发展中把握特色，发挥优势，采取了一系列措施，卓有成效地推进了各项工作开展，倾全县之力把毛皮产业做大、做优、做强。

第一，科学定位，明确产业发展思路。多年来，国际市场的不断开放为肃宁毛皮产业带来了难得的机遇，该县认识到只有跨越式发展才能真正推动县域经济发展，也只有发展特色产业、开放型产业，才能打开发展突破口。通过对肃宁毛皮产业的正确分析和定位后，决定把毛皮产业确定为第一立县主导产业，把毛皮产业作为实现县域经济跨越式发展的突破口，举全县之力抓好毛皮产业。通过制定《肃宁县毛皮产业十二五发展规划》，具体确定了产业、产品、布局三定位。明确了“立足于打造优势增强产业竞争力，立足于扩大开放增强产业吸引力，趋利避害，扬长避短，切实营造生产成本最低、交易最便捷、商家最赚钱的发展环境”的产业发展思路。这样定位的原因在于，首先，裘皮产业正面临着国际产业转移机遇期。在世界产业结构调整中，裘皮业受成本、资源、政策的影响，在经历了 20 世纪 80 年代由欧美国家向香港转移之后，香港成为世界皮草加工基地，香港地区也出现了上述三个问题，出现了向内地转移的趋势。其次，裘皮产品消费市场蕴藏着巨大商机。除美国、意大利等传统的裘皮产品消费市场外，中国，俄罗斯也正逐渐成为巨大的裘皮产品消费国。同时，裘皮制品的应用范围随着社会发展和科技的进步也在不断扩大，也存在着广阔的发展空间。最后，肃宁毛皮业具有劳动力成本低、原料充足且价格低廉、能更充分地享受国家税收优惠政策、产业链条完整、专业协作便利，从根本上解决了环保制约、交通便捷等优势。

第二，营造毛皮业发展最优环境。肃宁县在毛皮产业发展过程中，努力为产业发展营造生产成本最低、交易最便捷、商家最赚钱的发展环境，以增强产业的吸引力和凝聚力，从而达到把当地企业扶起来，把外地企业引进来，使毛皮产业迅速发展起来的目的。在硬环境建设上：肃宁县将尚村镇纳入县城总体规划，新建、扩建了镇区道路，规划建设了 8 平方千米的裘皮服装加工基地，投资 1300 万元新修了县城通往尚村皮毛市场的专用公路，投资 1.2 亿元新建了尚村皮毛交易市场，完善了尚村皮毛市场的信息服务、商贸流通、仓储、企业窗口、外贸出口代理、国际国内货物托运、银行结算、电子商务等多种功能。同时，在市场附近建设了多个餐饮、服务场所，投资建设了日处理能力 2 万吨的污水处理厂，实现对硝染企业的统一集中治污。在软环境建设上：修订完善了《皮毛产业发展优惠办法》、《皮毛市场内的优惠政策及管理办法》《皮草加工出口基地投资优惠办法》等一系列政策措施，进一步增强了对毛皮业的政策扶持力度。利用各种形式加强诚信建设，全力打造诚信肃宁，使广大毛皮客商到肃宁发展放心，到肃宁创业顺心。组建了尚村镇区治安巡逻队和毛皮市场管委会，充实了公安、工商力量，从根本上杜绝了欺生排外、强买强卖等行为，规范了市场交易秩序，并建立健全了公安、社会、专业联防组织三位一体的治安防范管理体系，优化了社会治安环境。在毛皮业的养殖、加工、交易、运输等各个环节严控各项检查和收费，各项检查收费活动实行许可制度，对未经许可进行检查收费的责任人及部门领导严惩。同时，开辟了“绿色通道”，对从事毛皮运销的车辆严禁检查。组建了 2 个裘皮研究所，与 12 家科研单位联合开展技术攻关活动，聘请多名专家学者定期到肃宁对毛皮企业进行技术指导；筹建了 2 所毛皮技工学校，为毛皮企业培养技术工人；建成了中国尚村裘革网站，创办了《尚村裘革报》，对产业进行集中宣传，提高了产业的知名度。

第三，大力实施“走出去和引进来”战略，打原料牌、唱招商戏。萧宁县采取“小团队、多批次”的招商模式，开展了多次毛皮业专题招商活动。先后组织企业到深圳、香港、温州、上海、重庆、攀枝花等地举办专题招商活动 40 余次。通过连续三年开展对香港、深圳等地区招商活动，提高了肃宁毛皮产业如名度，彰显了肃宁裘皮原材料优势，使了解肃宁的香港、深圳地区的毛皮客商由过去的 10%提高到 70%以上。同时，连续成功举办了 12 届“中国尚村国际皮草交易会”，会议规模越来越大，规格越来越高，内容越来越丰富，特色越来越突出。《人民日报》《经济日报》《消费时报》《中国皮革杂志》《北京皮草杂志》《香港文汇报》以及凤凰卫视、新华社、中央电视台等多家新闻媒体都多次对肃宁的皮草交易会进行过全方位多层次报道。

第四，促进产业核心竞争力提升。为促进产业持续健康发展，提升产业核心竞争力，肃宁县采取了多项措施：一是鼓励企业创新技术和产品，加大新产品开发力度，在技术上盯住国际顶尖水平，从国外聘请高级技师，引进先进设备，提高裘皮产品加工制作技术和水平。肃宁已有多家企业与意大利、德国、中国香港订立了技术支持协议，开发出了国内领先、不同档次、品种多样的貂、貉、獭兔、灰鼠等裘皮服装及各种裘皮编织服装服饰。二是引导企业实施品牌战略。企业要想长远发展，品牌是根本，没有品牌的企业，不可能做大做强。肃宁县多次聘请专家和成功企业老总举办“品牌兴企”“品牌发展战略”等专题讲座，鼓励企业创名牌的奖励措施，有效激发了企业树品牌、创名牌的主动性和积极性。三是加强企业内部管理，实施质量体系认证，已有 40 多家企业通过了 IS09000 质量标准体系认证。

针对毛皮产业的发展优势，肃宁县确立了毛皮业“十二五”总体发展思路：“抢抓机遇，发挥优势，打造毛皮业发展软硬环境，使肃宁成为国内外毛皮资本、人才聚集洼地，建设形成产业关联度高、分工明确、辅助配套行业齐全的毛皮产业集群。”同时以市场建设为依托，全力打造裘皮产业六个中心。第一，全力打造裘皮原料交易中心。在原有毛皮市场基础上投资 3.5 亿元，建设占地 11 万平方米的原皮市场东扩项目，进一步提升市场功能。同时在工业区，建立了海关的保税仓库，给进口企业提供服务及资金支持。第二，全力打造裘皮产品生产中心和裘皮产品研发中心。肃宁县已有省级研发中心 2 个，在装皮服装的设计加工上，围绕品牌化、时装化、标准化、系列化，改进工艺，提高产品的质量和档次。第三，全力打造服装交易中心。在原有服装市场的基础上，投资 4.5 亿元，在大广高速口建设服装市场二期工程，使成衣市场规模达到 13 万平方米，成为京津最大的裘皮服装交易市场。第四，全力打造裘皮质检中心，升级裘皮质检中心 1 家。“十二五”期间把它组建成国家级中心，并与检疫、海关等部门互认（目前已有保税仓库一家）。第五，全力打造裘皮信息中心，利用原有的皮毛信息网及农产品特养协会价格指数发布系统为皮毛客户提供服务。“十三五”期间，肃宁县裘皮服装产业转型加速，沧州市皮毛皮革商会在该县成立，国家毛皮质检中心建成投用，“肃宁裘皮”获批地理标志保护产品，肃宁县获评“全国裘皮服装产业知名品牌创建示范区”。针纺服装产业势头强劲，全县针纺服装产业年产值由 20 亿元增长至 72 亿元。源发针纺产业园获评“河北省纺织服装创意设计示范园区”，该县获评“中国针纺服装名城”。

近年来，肃宁县委、政府又通过抓龙头带动、市场支撑、工业支撑、科技与品牌、污染治理、治安保障、宣传推介等，不断壮大产业规模，推动产业转型升级。围绕发挥华斯公司龙头带动作用，开工建设了投资 51 亿、占地 1350 亩的华斯产业园，目前投资 4 亿元、占地 70 亩的一期工程华斯国际裘皮城已完工并投入使用，投资 13 亿元、占地 300 亩的二期工程已开工建设。围绕加快毛皮市场建设，先后开工建设了投资 8 亿元、占地 132 亩的裘都商城和投资 5.5 亿、占地 118 亩的原皮交易市场东扩等项目。围绕做牢工业支撑，规划设计完成了总投资 20 亿元的裘皮服装加工园项目，建成占地 70 亩的标准化厂房。围绕实施科技支撑和品牌战略，国家质监总局正式批准在肃宁建设国家毛皮质检中心和国家级毛皮实验室，目前主体工程已完工；围绕延伸产业链条，引进了总投资 7.6 亿元的上海润妍化妆品项目和裘皮边角料二次加工项目。围绕根本上解决产业污染治理问题，投资 3500 万元建设了第一污水处理厂，日处理污水达 2 万吨；规划了投资 5.4 亿元、占地 150 亩的毛皮循环科技示范园项目，将现有 20 家硝染企业进行整合并全部迁入园区，目前正进行项目前期和征地工作。围绕优化市场环境、加强治安保障，增强尚村镇区和工业区警力配备，全面实施天网工程，实现 24 小时不间断监控；围绕加强宣传推介，先后成功举办了共 14 届中国•尚村国际皮草交易会，中国裘皮之都影响力不断提升。

二、中国皮草科学发展示范基地•枣强

（一）枣强概况

枣强县隶属于河北省衡水市，地处河北省东南部，京九铁路穿境而过。县域面积 892 平方千米，设 6 镇 5 乡 553 个行政村，人口 37.8 万人。枣强县有着悠久的历史，因枣木得名，故称棘津。西汉元朔三年（126 年），汉武帝始置枣强县，至今已有 3000 多年的历史。传说商末丞相比干曾在大营一带射狐制裘，被视为营皮鼻祖，秦始皇统一六国后，赐封大营为“天下裘都”。枣强是西汉儒学家董仲舒的故里，也是革命老区。近年来，枣强县经济建设和社会各项事业都保持了良好的发展态势。全县已经形成以皮毛、玻璃钢两大传统产业为主，以托辊、燃气调压器等新兴产业为辅，多点支撑、梯次发展的产业格局。先后被命名为“中国皮草科学发展示范基地•枣强”、全国对外开放县、全国科技工作先进县、中国玻璃钢工业基地县。

（二）枣强毛皮产业特点和行业优势

枣强大营是裘皮业的发源地，经过多年发展，已经成为全国重要的裘皮加工、集散基地。毛皮加工业年产值突破 100 亿元，上缴税金 2.3 亿元，占全县工业总产值、财政收入的 70%以上。2008 年 10 月，中国皮革协会授予其“中国毛皮科学发展示范基地•枣强”称号。随着枣强毛皮产业的发展，裘皮业不仅成为枣强县经济的支柱，而且也成为全市乃至河北省重要的区域特色产业之一。

第一，悠久的毛皮产业历史渊源。裘皮业相传为商朝宰相比干在枣强大营为官时始创，距今已有3000多年的历史。秦始皇曾下旨赐封枣强大营为“天下裘都”。明朝嘉靖年间，营皮被额定为“土贡”，因此名扬天下。郑和下西洋时，营皮以“皮板柔软、毛眼遂适、色泽协调时尚”而进入欧洲上流社会；清道光年间，英国、俄罗斯、日本、荷兰等十多个国家的客商开始在大营设立货栈。到20世纪六七十年代，营皮曾长期作为出口免检产品远销海外。

第二，雄厚的企业和群体基础。截止2022年，枣强拥有皮毛加工企业18000多家，一般纳税人企业1300余家，年销售收入140亿元，产品涵盖十大系列4000多个品种，拥有注册商标363个、省知名品牌18个、真皮标志15个，年加工各类裘皮服装500多万件，畅销世界60多个国家和地区，并已辐射到周边5市县500多个村庄，部分产品已占据市场主导地位。其中，裘皮褥子产销量超过全国60%的市场份额，皮草编织制品产销量超过全国70%的市场份额，毛领帽条产销量超过全国80%的市场份额。裘皮服装在国内外占据主导地位，是出口俄罗斯的最大基地，占据俄罗斯市场70%的份额。超千家。区域品牌“大营裘皮”被列为国家地理标志保护产品。大营一带“村村干皮毛、户户搞加工、人人懂经营”的局面已经形成。毛皮也以大营为中心，已辐射到周边5市县500多个村庄，从业人员达到30万人，皮毛专业技术人员超过2400人，形成了方圆百里的皮毛经济圈。经过多年的发展，目前，全县拥有宏巨、凯美隆、诺维拉、大华等一批规模大、效益好的骨干毛皮企业。这些企业对枣强乃至全国毛皮业发展起到了积极的推动作用。主要生产经营生皮、熟皮、半成品、裘皮服装、裘皮编织、毛领帽条、裘皮饰品、剪绒、工艺品九大系列品种。经过多年的发展，实现了生产产品由仿效制作向自行设计的转变、加工销售由挂靠品牌向创建品牌的转变、出口方式由间接贸易向直接贸易的转变、生产工艺由传统手工向现代技术的转变，营皮产品的质量和档次跃上了一个新台阶。

第三，创建了优越的发展环境。枣强县秉承“亲商、爱商、富商、安商”的宗旨，突出“一个中心”，健全“两个机制”，优化“三项服务”。一个中心，即完善政务服务中心，为客商提供“一条龙”、一站式服务。“两个机制”，一是服务责任机制，在服务过程中，推行首问负责制，引导办理制和限时办理制；二是工作协调机制，与税务、工商、环保、检疫、消防、国土等部门建立经常性联系制度。三项服务，即为投资落户的客商提供贴身服务，为企业建设提供全方位服务，为企业投产后提供经常性服务。同时，对重点毛皮企业实行挂牌保护制度和“通行绿卡”制度。多措并举，营造更加和谐的社会环境、透明高效的法制环境、廉洁务实的政务环境、竞争有序的市场环境和生态良好的自然环境。

第四，对外贸易高速增长，企业品牌发展迅速。枣强的毛皮产品原材料来自芬兰、丹麦等国际著名毛皮拍卖行以及世界各地，年进口各类皮张 3000 多万张，产品主要销往俄罗斯、北美、西欧等几十个国家和地区，是名副其实的“买世界、卖世界”。2005 年毛皮产品出口额近 10 亿美元，占全国毛皮产品总出口额 19 亿美元的 50%以上。原来营皮产品主要以皮张、褥子等原材料、半成品为主，现在主要以成品服装、流行饰品为主。冰蝴蝶、鑫怡特、金帝英姿等 30 多个服装品牌已经在国际市场享有一定声誉。

第五，繁荣的市场交易。大营镇拥有大营国际皮草交易中心、大营国际裘皮城等大型皮毛交易市场，市场总面积近 10 万平方米，经营面积 6 万多平方米，拥有门店 1671 个，上市摊位 5000 个。每天客流量 1.5 万人，高峰时可达 10 万人，日平均成交额 150 万元以上。2008 年 5 月，大营国际皮草交易中心被中国商业联合会命名为“中国大营裘皮制品及辅料第一市”。尤其是大营裘皮世贸城建设项目、大营裘皮新城项目，这些项目成为全国一流的毛皮专业交易市场。2008 年 11 月，大营镇被中国商业联合会授予“大营·中国市场名镇”的称号。自 1992 年以来，枣强县已连续 20 次成功举办中国·大营国际皮草交易会，每届皮草会都有近万名中外客商云集大营，交流信息，洽谈贸易。

第六，完善的环保设施建设和现代化工业区。投资 7000 多万元兴建了日处理 3 万吨的大营污水处理厂。坚持“以防为主、防治结合”的原则，对企业排放污水一律集中处理，做到达标排放，为皮毛产业健康、可持续发展提供了良好的环境保障。坚持高起点规划、高标准建设、高效能管理、高速度招商，规划建设了大营皮毛工业区。已完成投资 6 亿多元，建成面积 2500 亩，形成了“两纵五横”格局，实现了水、电、路、信等“六通一平”，进区企业达到 190 家。涌现出了宏巨、凯美隆、兴宏、雪娇尔、大华公司等一批年销售额超亿元的龙头规模企业。

三、枣强皮毛产业发展思路

枣强皮毛业的发展始终坚持一个目标，两个关键，三个突破，促进了皮毛产业的快速、健康、可持续发展。

第一，枣强皮毛产业积极开拓国内外市场，瞄准同行业国际、国内的先进水平，采用新工艺、新设备，新技术，加快了技术改造，提升了装备水平，提高了产品档次，实施了名牌战略，增强了市场力。积极开拓美国、韩国、日本市场，实现了皮毛业市场的多元支撑。在软环境方面，认真研究上级有关政策，根据皮毛产业发展实际，进一步完善促进毛皮业发展的政策措施。针对“三乱”问题，坚持标本兼治，强化执法监督和行风评议，为企业发展全力打造宽松的发展环线。加强治安防范力度，完善社会治安防控体系，严厉打击不法行为，全力营造安商、富商的环境氛围。在硬环境方面，按照省级环境优美小城镇标准，拉大镇区框架，搞好镇区绿化、美化、硬化，不断加快城区建设，营造优美环境，继续按照“高起点规模、高水平建设、高速度招商、高效能管理”的思路，把毛皮工业区打造成项目落地、客商入驻的创业宝地。进一步搞好市场的运营、管理，发挥好交易中心在国内外著名的皮毛专业市场中的带动效应。发挥大营污水处理厂的治污中心作用，加快镇区内污水改排管网工程建设，努力打造绿色皮毛、生态皮毛，实现皮毛业的可持续发展。

第二，扩大产业规模。皮毛业积极实施“营皮北扩”战略，在县城谋划建设毛皮发展小区，带动毛皮业向北扩展。围绕拉长产业链条，大力发展特种养殖业，促进毛皮业向养殖、销售两头延伸，增强皮毛业抵御风险的能力。引进新工艺、新技术，提升产业水平，加大新技术、新工艺、新设备的研制、开发和引进力度，开发新产品，增加产品的种类和款式，强化品牌意识、质量意识，扩大市场占有率，培育骨干龙头企业。加强引导、培训，提高经营者素质。引导企业家树立解放思想、与时俱进、开拓创新观念，树立永不自满、敢闯敢试、敢为人先、争先创优的精神。引导企业进一步强化质量管理，重视产品和市场的深度开发，倾力打造知名品牌，提高市场占有率。引导企业聘请高素质的技术、管理人才，整合人力资源，借外脑、外力提升企业的管理水平、技术水平，实现毛皮产业的跨越式发展。

裘皮产业是枣强的支柱产业，近年来，枣强把加快皮毛业转型升级作为整个产业腾飞的有力抓手，通过补链强基础，构建起了融养殖、加工、销售于一体的全产业链发展模式，推动了整个皮毛产业的转型升级。该县大营镇把“轻奢服装、高端定制”作为对接时尚前沿的主攻方向，通过引进项目、提升技艺、树立品牌等方式为裘皮业发展创造新契机，设立新型企业扶持基金，调动企业加大研发投入的积极性，提高商品的附加值，推动皮毛产业创新发展、绿色发展、高质量发展。

结 语

中国皮革协会发布的《“十四五”皮革行业面临的形势及发展指导思想与目标》指出，近年来，通过深入实施“一带一路”建设、京津冀协同发展、长江经济带发展、长三角一体化发展、粤港澳大湾区建设、自由贸易区建设、乡村振兴等一系列重大国家战路，以及多项为企业减负降本、创新赋能的政策措施，不仅为产业发展提供了有利的贸易环境，也增强了区域发展协同性，全面提高了资源配置效率，为皮革行业高质量发展注入强劲动力。

在新形势下，党中央、国务院根据供给侧结构性改革的新路径，提出构建“加快形成内循环为主、国内国际双循环相互促进的新格局”。以供给结构动态适应人民日益增长的美好生活需要为特征的内循环体系正在逐步成型，为中国皮革行业依托双循环新格局，谋求更加广阔的发展空间提供了难得的发展机遇。中国皮革协会理事长李玉中在中国皮革协会第九次会员代表大会暨九届一次理事扩大会上强调，“十四五”是我国皮革行业实现高质量发展的重要阶段，皮革行业将呈现新的发展趋势和方向：产业在发展动力、市场结构性调整的过程中，各方面的资源要素将加速聚集和重组，行业分化更趋明显；皮革行业将提升产业链各环节的自动化、数字化、智能化水平和协同能力，加快迈入数字化智造新时代；皮革产品向专业化、个性化、时尚化、品质化、绿色化、智能化方向发展，安全性和健康性将受到前所未有的重视；环保低碳、可持续性将贯穿产业发展始终，并驱动产业链上下游各环节实现绿色革新。

京津冀皮革业要实现高质量发展，也要积极推动产业质量变革、效率变革、动力变革；夯实全行业高质量发展基础，才能有效应对当下和未来的各种挑战。

参考文献

[1] 中国皮革协会开展全国皮革行业基层党建创新典型案例征集活动[J]. 梁玮.西部皮革,2022(11)
[2] 扎根皮革行业 绽放青春光芒——中国皮革协会奖学金获得者感受与体会系列报道之四[J]. .北京皮革,2021(06)
[3] 阜新市清河门皮革产业基地晋升为国家级外贸转型升级基地[J]. .皮革与化工,2018(02)
[4] 中国皮革协会常务副秘书长聂玉梅一行亲临四川省皮革行业协会考察调研[J]. 唐汉.西部皮革,2021(11)
[5] 扎根皮革行业 绽放青春光芒——中国皮革协会奖学金获得者感受与体会系列报道之二[J]. .北京皮革,2020(10)
[6] 基于皮革产业下双创人才的培养——评《众创空间：从“奇思妙想”到“极致产品”》[J]. 盛莹.皮革科学与工程,2019(05)
[7] 以科技创新为引领 推动皮革行业可持续高质量发展——首届中国皮革协会科技成果应用奖获奖项目介绍（一）[J]. .北京皮革,2023(01)
[8] 京东与中国皮革协会达成战略合作 推动皮革行业品质升级[J]. .皮革科学与工程,2016(03)
[9] 承前启后谋发展,继往开来谱新篇 中国皮革行业步入新起点、新征程、新跨越 中国皮革协会举行换届选举并正式发布《皮革行业“十二五”规划指导意见》[J]. 曹玉亭.西部皮革,2011(18)
[10] 中国皮革协会推荐全国皮革行业基层党建创新示范案例和优秀案例的通知[J]. .北京皮革,2022(08)
[11] 原位生长纳米炭纤维增强 C/C 复合材料的弯曲破坏过程(英文)[J]. 卢雪峰;肖鹏;徐先锋;陈洁.Transactions of Nonferrous Metals Society of China,2014(10)
[12] 原位生长纳米碳纤维/硅复合材料及其储锂性能(英文)[J]. 刘鸿鹏;乔文明;詹亮;凌立成.新型碳材料,2009(02)
[13] 碳纳米管负载纳米硫化锌的制备与表征[J]. 杜铁鹏;郝春成.青岛科技大学学报(自然科学版),2007(06)
[14] 聚吡咯纳米线的制备及其酸碱响应活性[J]. 刘宸.科协论坛(下半月),2012(06)
[15] 原位生长的异质纳米棒阵列对乙醇气体的高选择性检测[J]. 隋丽丽;黄微微;王平;徐英明;程晓丽;霍丽华;姜惠烨;赵冰;张文治;王政军;刘亚红.应用化学,2021(07)
[16] 双键超支化聚硅氧烷在芳纶纤维表面的原位生长[J]. 杨旋;涂群章;沈新民;黄皓;房中行.复合材料学报,2021(09)
[17] 冷轧对原位生长三维石墨烯/铜基复合材料性能的影响[J]. 于镇洋;吕本元;何威.材料导报,2020(S2)
[18] 碳纤维表面原位生长碳纳米管的研究[J]. 李丹;尚建丽.材料导报,2014(04)
[19] 醇热法制备氧化铜-多孔氮化硼纳米纤维复合物[J]. 张旭;宋涛;王伟佳;郁超;黄阳.河北工业大学学报,2018(03)

[20] 基于金属有机骨架的纳米酶及其应用研究进展[J]. 高春;张松涛;庞欢.化学通报,2022(09)
[21] 科技推动皮革行业可持续发展——第 34 届国际皮革工艺师和化学家协会联合会(IULTCS)大会隆重召开[J]. 周诚.皮革科学与工程,2017(02)
[22] 科技推动皮革行业可持续发展——第三十四届国际皮革工艺师和化学家协会联合会(IULTCS)大会隆重召开[J]. 周诚.皮革与化工,2017(01)
[23] 科技推动皮革行业可持续发展——第三十四届国际皮革工艺师和化学家协会联合会(IULTCS)大会隆重召开[J]. 周诚.西部皮革,2017(05)
[24] 科技成果为皮革行业可持续发展注入新动能——第 36 届国际皮革工艺师和化学家协会联合会（IULTCS）大会技术报告摘要汇总（一）[J]. 王宵宵.北京皮革,2022(Z1)
[25] 第 36 届国际皮革工艺师和化学家协会联合会(IULTCS)大会圆满落幕 中国成都第 37 届 IULTCS 大会周期正式开启[J]. 冉福林;王霄霄;潘飞.北京皮革,2021(12)
[26] 第28届IULTCS国际会议概况及皮革中禁用偶氮染料检测方法的最新进展[J]. 沈兵.中国皮革,2005(15)
[27] 科技成果为皮革产业可持续发展注入新动力——第 35 届国际皮革工艺师与化学家协会联合会(IULTCS)大会技术报告汇总(四)[J]. 赵立国;章景.北京皮革,2019(12)
[28] 科技成果IULTCS为皮革产业可持续发展注入新动力——第35届国际皮革工艺师与化学家协会联合会（IULTCS）大会技术报告汇总（二）[J]. 赵立国;梁玮.北京皮革,2019(10)
[29] 国际皮革工艺师和化学家协会联合会（IULTCS）呼吁欧盟立法重新考虑拟议的皮革化学品限制[J]. 冉福林 ;周富春.北京皮革,2022(10)
[30] 国际皮革师与化学家协会联合会(IULTCS)主席路易斯·佐格诺：全球皮革业携起手来共同应对挑战，开创崭新未来[J]. 苏超英;李霞.北京皮革,2020(Z1)
[31] 科技成果IULTCS为皮革产业可持续发展注入新动力——第35届国际皮革工艺师与化学家协会联合会（IULTCS）大会技术报告汇总（三）[J]. 赵立国;章成.北京皮革,2019(11)
[32] 第28届IULTCS国际会议概况及皮革中禁用偶氮染料检测方法的最新进展[J]. 沈兵.中国皮革,2005(15)
[33] 科技成果为皮革行业可持续发展注入新动能——第 36 届国际皮革工艺师和化学家协会联合会(IULTCS)大会技术报告摘要汇总(二)[J]. 王宵宵.北京皮革,2022(04)
[34] 科技成果为皮革行业可持续发展注入新动能——第 36 届国际皮革工艺师和化学家协会联合会（IULTCS）大会技术报告摘要汇总（三）[J]. 王宵宵.北京皮革,2022(05)
[35] 第 36 届国际皮革工艺师和化学家协会联合会(IULTCS)大会圆满落幕 中国成都第 37 届 IULTCS 大会周期正式开启[J]. 冉福林;王霄霄;潘飞.北京皮革,2021(12)
[36] 世界皮革专家汇聚北京共同研讨绿色创新和持续发展——第 30 届国际皮革工艺师和化学家协会联合会大会在北京隆重召开[J]. 罗永娥.西部皮革,2009(21)
[37] 第 30 届国际皮革工艺师和化学家协会联合会大会——“世界皮革科技奥运会”在北京隆重召开[J]. 陈玲.皮革科学与工程,2009(05)
[38] 科技成果IULTCS为皮革产业可持续发展注入新动力——第35届国际皮革工艺师与化学家协会联合会（IULTCS）大会技术报告汇总（二）[J]. 赵立国;梁玮.北京皮革,2019(10)
[39] 科技成果为皮革产业可持续发展注入新动力——第 35 届国际皮革工艺师与化学家协

会联合会（IULTCS）大会技术报告汇总（一）[J]. 赵立国;梁玮.北京皮革,2019(09)
[40] 第28届IULTCS国际会议概况及皮革中禁用偶氮染料检测方法的最新进展[J]. 沈兵.中国皮革,2005(15)
[41] 第36届国际皮革工艺师和化学家协会联合会(IULTCS)大会圆满落幕 中国成都第37届IULTCS大会周期正式开启[J]. 冉福林;王霄霄;潘飞.北京皮革,2021(12)
[42] 科技推动皮革行业可持续发展——第34届国际皮革工艺师和化学家协会联合会(IULTCS)大会隆重召开[J]. 周诚.皮革科学与工程,2017(02)
[43] 科技成果IULTCS为皮革产业可持续发展注入新动力——第35届国际皮革工艺师与化学家协会联合会（IULTCS）大会技术报告汇总（三）[J]. 赵立国;章成.北京皮革,2019(11)
[44] 科技推动皮革行业可持续发展——第三十四届国际皮革工艺师和化学家协会联合会(IULTCS)大会隆重召开[J]. 周诚.皮革与化工,2017(01)
[45] 科技推动皮革行业可持续发展——第三十四届国际皮革工艺师和化学家协会联合会(IULTCS)大会隆重召开[J]. 周诚.西部皮革,2017(05)
[46] 科技成果为皮革行业可持续发展注入新动能——第36届国际皮革工艺师和化学家协会联合会（IULTCS）大会技术报告摘要汇总（一）[J]. 王宵宵.北京皮革,2022(Z1)
[47] 国际皮革师与化学家协会联合会(IULTCS)主席路易斯•佐格诺：全球皮革业携起手来共同应对挑战，开创崭新未来[J]. 苏超英;李霞.北京皮革,2020(Z1)
[48] 三支决策与大数据分析模型在皮革产业中的应用探讨——评《三支决策与大数据分析》[J]. 刘丽娜;张静.皮革科学与工程,2021(05)
[49] 石碧院士 李玉中理事长应邀出席 甘肃临夏自治州皮革产业发展座谈会[J]. 周富春.北京皮革,2019(10)
[50] 无极县皮革产业推介会在温州召开[J]. 吴洪伟.北京皮革,2019(12)
[51] 胶原蛋白对超细纤维合成革卫生性能影响的研究[J]. 王学川;王晓芹;强涛涛.皮革科学与工程,2014(02)
[52] 改性纳米TiO_2/WPU复合材料在超细纤维合成革上的应用[J]. 罗晓民;刘蕊;冯见艳;杨菲菲;张鹏.材料导报,2014(06)
[53] 乙二醇和不同相对分子质量聚乙二醇对聚氨酯多孔膜性能的影响[J]. 陈雪菲;余向琪;秦永瑞;杨娟亚;胡国樑.浙江理工大学学报,2014(03)
[54] 多氨基壳聚糖衍生物的合成及在超细纤维合成革上的应用[J]. 罗晓民;张鹏;杨菲菲;刘蕊.皮革科学与工程,2014(01)
[55] 基于遗传模拟退火算法的不规则多边形排样[J]. 陈勇 ,唐敏 ,童若锋 ,董金祥.计算机辅助设计与图形学学报,2003(05)
[56] 基于自动碰撞技术的最优排样算法[J]. 陈文亮,崔英,李磊.计算机应用研究,2000(07)
[57] 二维不规则形状自动排料算法的研究与实现[J]. 刘嘉敏,张胜男,黄有群.计算机辅助设计与图形学学报,2000(07)
[58] 利用CHNN人工神经元网络进行排料优化计算[J]. 李建勇,曹月东,鄂明成,查建中.机械设计,2000(05)
[59] 利用混沌人工神经元网络进行布局优化计算[J]. 李建勇,鄂明成,曹月东.制造业自

动化,2000(01)
[60] 用神经网络解决二维不规则零件的排料问题[J]. 滕健,李滨慧,施洪生,张茵麦.机械设计与制造工程,1999(06)
[61] 多尺度脊边缘及其在图像目标分割中的应用[J]. 宋焕生,刘春阳,吴成柯,梁德群.自动化学报,1999(06)
[62] 足底压力测量技术在鞋靴设计中的应用及进展[J]. 费锐;弓太生;梁高勇.中国个体防护装备,2010(05)
[63] 一种热图像的多模板边缘检测方法[J]. 殷德奎,张保民,柏连发,王钰.南京理工大学学报,1999(01)
[64] 计算机自动排样中 NFP 问题的算法实现[J]. 龚时华,邓勇,朱国力,段正澄.华中理工大学学报,1998(12)
[65] 基于图像信息测度的多尺度边缘检测方法[J]. 杨煊;梁德群.模式识别与人工智能,1998(04)
[66] 精密皮革收缩温度测定仪. 马建中;宁铎;陈新江;张震强;杨宗邃;刘福朝;卢燕;胡静海;吕斌;马令坤.陕西科技大学.2004